Urschöpfungskraft und Freie Energie

Das Buch
Die Urschöpfungskraft, der wir Leben und Gesundheit verdanken, ist überall um uns. In diesem Buch zeigt Ihnen Anton Stangl, wie Sie die kosmische Energie ganz leicht für Ihre Gesundheit nutzen können. Unter anderem beschreibt er leicht nachvollziehbar, wie sich mit der von ihm selbst entwickelten Energiespirale Wasser und Gegenstände jedweder Art energetisieren lassen. Zudem liefert das Buch bislang unveröffentlichte Möglichkeiten, geopathischer Belastung wirksam zu begegnen. Alle hier angegebenen Methoden haben sich über Jahre hinweg im Alltag bewährt. Anton Stangl bietet Ihnen seine reichhaltigen praktischen Erfahrungen mit der Freien Energie, ergänzt durch die neuesten Erkenntnisse aus der Wissenschaft. Seine Praktiken werden auch Ihr Leben reicher und harmonischer machen.

Der Autor
Dr. Anton Stangl ist selbständiger Psychologe und erfolgreicher Buchautor. Er leitet zusammen mit seiner Frau seit Jahrzehnten in eigenen Räumen Seminare zur Persönlichkeitsbildung und Bewältigung der Lebensprobleme bis hin zu Krankheit und Tod.
Von Anton Stangl sind in unserem Hause außerdem folgende Titel lieferbar:
Heilen aus geistiger Kraft
Hoffnung auf Heilung (gemeinsam mit Marie-Luise Stangl)
Die vergessene Welt der Gefühle
Pendeln
Gesundheit und Lebenserfüllung durch Pendeln
Die Sprache des Körpers
Das große Pendelbuch
Buddhismus

Anton Stangl

Urschöpfungskraft und Freie Energie

So nutzen Sie die Quelle der Gesundheit

Econ Taschenbuch

Econ Taschenbücher erscheinen im Ullstein Taschenbuchverlag, einem
Unternehmen der Econ Ullstein List Verlag GmbH & Co. KG, München

Originalausgabe
1. Auflage 2001

© 2001 by Econ Ullstein List Verlag GmbH & Co. KG, München
Lektorat: Diane Zilliges
Umschlagkonzept: HildenDesign, München – Stefan Hilden
Umschlaggestaltung: HildenDesign, München – Tracey Bushman
Titelabbildung: Tracey Bushman, Salt Lake City, USA
Die Ratschläge in diesem Buch sind von Autor und Verlag sorgfältig erwogen und überprüft;
dennoch kann eine Garantie nicht übernommen werden. Eine Haftung des Autors bzw. des
Verlages und seiner Beauftragten für Personen-, Sach- und Vermögensschäden ist ausgeschlossen.
Satz: Pinkuin Satz und Datentechnik, Berlin
Druck und Bindearbeiten: Ebner Ulm
Printed in Germany
ISBN 3-548-74021-9

Inhalt

Einführung

Vor vielen Jahren hatte ich mitten in der Nacht einen Traum. Nein: Es war kein Traum, denn ich war schlagartig hellwach. Es war eine Art von geistiger Eingebung, die mir zuteil wurde, vielleicht aus einem kollektiven Unbewußten (C. G. Jung), vielleicht aus den morphogenetischen Feldern (Rupert Sheldrake), vielleicht von einem hochentwickelten Geist aus der jenseitigen Welt. Das Erlebnis wird mir bis zum Ende meiner Tage nachgehen. Es brachte mein Denken und mein Leben auf eine neue und sichere Spur, die ich nicht mehr werde verlassen können. Auf ihr entstand auch dieses Buch.

Es war die Zeit, da ich mich im Zusammenhang mit dem Problem des Geistigen Heilens intensiv mit dem geheimnisvollen Phänomen der Schwingung beschäftigte, ohne noch hinreichende Klarheit zu haben. Ich lag nachts im Bett und drehte mich halbwach von einer Seite auf die andere. Da hörte ich plötzlich eine laute, helle, ganz klare Stimme in gestochenem Hochdeutsch den Satz sprechen: »*Allerfeinste Schwingungen, die von der Grundsubstanz ausgehen, bewirken die Steuerung der groben Elemente, Materie und Massen.*« Augenblicklich war ich hellwach, griff im Dunkeln nach dem stets bereitliegenden Schreibblock und stenografierte den Satz. Bis ich den ersten Teil niedergeschrieben hatte, hatte ich den zweiten nicht mehr gegenwärtig und erschrak darüber. Da hörte ich diesen Satz ein zweites Mal in genau der gleichen ruhigen und klaren Weise, so daß ich meine Notiz vollenden konnte. Ich war überwältigt von diesem Erlebnis und dieser Stimme, mein Schlaf war dahin. Und ich spürte sofort: *Das ist ein Grundgesetz der Natur.* Das ist der Schlüssel zur Enträtselung von so manchen Geheimnissen unserer Welt und unseres Lebens.

Ich merkte sehr bald: Die besondere Schwierigkeit liegt in dem Nebensatz »die von der Grundsubstanz ausgehen«. Damit sind wir mitten in unserem Problem. An dieser Stelle dazu nur ein paar einleitende Sätze: Was ist die Grundsubstanz des Menschen? Kann das etwa der vergängliche Körper mit all seinen nur begrenzte Zeit funktionsfähigen Organen sein? Die Grundsubstanz kann nur das Unvergängliche in uns, unsere Lebensenergie, Seele-Geist sein. Wenn Seele-Geist in totaler innerer Sammlung auf etwas ganz Bestimmtes ausgerichtet ist, dann gehen jene allerfeinsten Schwingungen davon aus, die die Steuerung der groben Elemente, Materie und Massen bewirken. Mit diesen Zusammenhängen werden wir uns bald genauer auseinanderzusetzen haben. Denn ohne Klarheit über die Grundlagen unseres Seins werden wir schwerlich Klarheit über das geheimnisvolle Phänomen der Energie und seine Auswirkungen auf unseren Organismus gewinnen können.

Warum schreibe ich dieses Buch? Ich tue es gewiß nicht, um den zahlreicher werdenden Veröffentlichungen über die sogenannte »Freie Energie« (unter ihren verschiedenen Bezeichnungen) mit ihrem jeweils begrenzten Inhalt ein weiteres mehr oder minder gleichartiges hinzuzufügen. Ich tue es *aus zwei Gründen:*

1. Um das vielfältige Angebot an reichhaltigen energetischen und geistigen Hilfsmöglichkeiten, das unsere große Mutter Natur für uns bereithält, in seinem ganzen Umfang aufzuzeigen. Das Buch soll *einen Überblick geben über dieses weite und vielfach völlig ungenutzte Feld,* das sich jedem wachen Menschen öffnet, der sich nur darum bemüht. Natürlich kann ich in diesem einen Buch nicht auf alle Einzelheiten eingehen. Das um so weniger, als ich bzw. meine Frau Marie-Luise eine Reihe der wichtigen Hilfen schon in früheren Veröffentlichungen im einzelnen dargelegt haben. Das ändert nichts daran, daß ich hier die schier unendliche Fülle der Möglichkeiten aufzeigen möchte.

2. Ich schreibe dieses Buch, weil ich ganz klar herausstellen möchte: Wir sind, um diese so wertvollen Hilfen für uns nutzbar zu machen, *durchaus nicht von anderen Menschen abhängig.* Wir brauchen vor allem kein Geld dafür auszugeben, um sie von ihnen zu kaufen. Denn sie liegen oft buchstäblich vor unserer Haustür. Wir wissen es nur nicht. Es gibt so viele »Orte der Kraft«, die wir völlig kostenlos anzapfen können, um Hilfe zu finden.

Das will ich im besonderen *an drei Beispielen* bis in die Einzelheiten zeigen:

1. Am reichhaltigen natürlichen Energieangebot von Wasser, von Bäumen und Sträuchern und Pflanzen, aus dem sich ein jeder zu jeder Stunde Kraft holen kann.

2. Am allgegenwärtigen natürlichen Energieangebot von Steinen und Mineralien aller Art, von denen wir umgeben sind, zumeist ohne es zu wissen oder auch nur zu ahnen.

3. An dem ebenso allgegenwärtigen Energieangebot des Kosmos, das wir mit Hilfe einer relativ leicht zu bauenden Spirale – diesem Geheimnis der Natur – überall in unsere Wohnung und in unseren Organismus hereinholen können, um es zu jeder Zeit verfügbar zu haben und für verschiedene Zwecke segensreich auszuwerten. Darüber hinaus möchte ich eindeutig feststellen: Wer sich durch seine geistige Arbeit hinreichend entwickelt hat, der ist *wahrhaft getragen von der allgegenwärtigen, alles schaffenden und alles formenden Urschöpfungskraft.* Der erlebt sie in jedem Grashalm und jedem Stein, in jeder Kreatur und in jedem Lachen und Weinen eines Menschen. Der braucht keine äußeren Hilfen mehr. Der hat sich in der Tiefe seines Wesens erkannt als ein – wenn auch noch so kleines oder winziges – Glied dieser allgewaltigen Schöpfungskraft, die in ihm selbst lebendig ist und allzeit bereit, ihm *die* Hilfe zu geben, die er in seinem Hier und Jetzt tatsächlich nötig hat.

Alle in diesem Buch aufgeführten wertvollen Hilfen habe ich mir – natürlich zum Teil auch durch Anregungen von anderen – in Jahrzehnten der kritischen Überprüfung bis in die wesentlichen Einzelheiten erarbeitet. Ich werde sie mit Freude und ohne jeden Rückhalt, ohne jede Geheimnistuerei dem Leser zu seinem eigenen Nutzen zur Verfügung stellen. Er braucht dieses Angebot nur aufzugreifen, ohne daß er dafür etwas zu bezahlen hätte. Die wunderbare Lebensenergie der Schöpfung ist unser aller Eigentum, und sie liegt uns zu Füßen.

Für jeden von uns geht es dabei um nichts anderes als um seine persönliche Lebenskraft, Abwehrkraft, Immunkraft, Regenerationskraft bis hin zu seiner individuellen Schaffens- und Leistungskraft. Sehr viele Namen kennzeichnen nur immer wieder eine bestimmte Seite dieser alles tragenden fundamentalen Vitalkraft. Ob wir Aufladen mit Nullpunktenergie oder Tachyonisieren, ob wir Energetisieren oder Vitalisieren dazu sagen, schlicht von »Geist«, von kosmischer oder auch göttlicher Energie sprechen, es ist immer ein und dieselbe allgegenwärtige Urschöpfungskraft, an die sich jeder anschließen kann. Ja, sie liegt uns oft buchstäblich zu Füßen. Wir müssen das Angebot nur wahrnehmen, uns bücken, um es aufzuheben und zu nutzen. Dazu braucht niemand eine fremde Hilfe, für die er Geld zu zahlen hätte. Das klar aufzuzeigen ist die Aufgabe dieses Buches.

Um keinen Zweifel über *meine Person und meine Arbeitsweise* aufkommen zu lassen: Ich bin kein Mediziner und schon gar kein Physiker oder Chemiker. Ich bin Psychologe, vorwiegend der alten geisteswissenschaftlichen Schulung. Erwarten Sie von mir keine »wissenschaftlichen« Begründungen. In der zuständigen Literatur sind sie relativ selten einhellig, manchmal widersprüchlich und oft umstritten. Ich zitiere Albert Einstein: »Wissenschaftliche Beweisbarkeit ist eine solch komplexe Frage, langweilen Sie mich nicht damit!« Wie oft werden die »neuesten wissenschaftlichen Erkenntnisse« von neulich als schief oder gar falsch durch die dann »neuesten wissenschaftlichen Erkenntnisse« abgelöst! Spötter sprechen dann vom »neuesten Stand des wissenschaftlichen Irrtums«. Und wie oft zeigt die auffallende Überbetonung der »Wissenschaftlichkeit« gerade auch in der hier zur Debatte stehenden Branche deren wahren Mangel an. (Auch dies ist eine Form der unbewußten Überkompensation der eigenen Schwäche, die auf keinen Fall wahr sein darf!)

Ich halte mich ausschließlich an Tatsachen, die ich selbst in weit über 20 Jahren der Überprüfung immer wieder bestätigt fand und finde. Jeder kann sie selbst nachprüfen und nacherleben. Zum Teil vermitteln wir sie schon seit vielen Jahren unseren Seminarteilnehmern zu deren eigenen Verwertung, ohne je hinterher negative oder kritische Stimmen zu hören, wohl aber nicht wenige eindeutige Bestätigungen. Allein Tatsachen, die uns das reale Leben aufweist, sind letzten Endes entscheidend. So will dieses Buch nach der Herausstellung ihrer geistigen Grundlage vor allem die ganz praktische Seite der täglichen Lebenshilfen aufzeigen, die sich aus der Theorie für jeden Menschen zum eigenen Gebrauch ergeben.

Es geht hier nicht nur um die körperliche Gesundheit bzw. Gesundung. *Es geht um den ganzen Menschen,* also oft noch mehr um sein inneres Wohlbefinden, um sein Denken und um das zugrunde liegende Fühlen, das Erfühlen seiner ganzen Lebenssituation, und folglich auch um sein vielzitiertes »Glück«, und zwar in seiner ungeteilten Fülle. Immer ist die unteilbare Ganzheit des Menschen betroffen. Genau betrachtet geht es also um sein volles Lebensprogramm, letztlich auf geistig-energetischer Grundlage. Das erfaßt den ganzen Menschen und spricht die Fülle seiner Entwicklungsmöglichkeiten an. Das körperliche Wohlbefinden ist davon nur ein Teil und nicht selten gar nicht der wesentliche.

Die moderne Medizin hat heute in ihrem Kampf gegen die Krankheit ein ganzes Arsenal an chirurgischen, chemischen und sonstigen Waffen zur Verfügung. Indessen hat die großartige medizinische Technik die im Kern so einfachen Regeln der biologischen Gesunderhaltung so gut wie vergessen. An erster Stelle steht für sie immer die medizinisch-technische »Reparatur« des betroffenen Organismus. Seine Gesunderhaltung läuft allenfalls am Rande hinterher. Dazu nur die Frage: Warum nicht von vornherein das Aufkommen der Krankheit erst gar nicht möglich machen, schon die ersten Anfänge davon verhindern durch Aufrechterhaltung und systematische Stärkung des ungestörten Flusses der Lebensenergie, durch Ausnutzung aller Hilfen, die uns die Natur zur Verfügung stellt, und natürlich durch eine vernünftige Lebensweise ganz allgemein? Von allen diesen Hilfen wird im folgenden ausführlich die Rede sein.

Zwar finden sich immer wieder *Menschen, die das alles intuitiv oder durch geistige Arbeit erkannt haben* und sich in ihrer Lebensführung tatsächlich entsprechend verhalten. In ihnen vollzieht sich der vieltausendfach in sich verwobene Lebensprozeß mit seinen bewundernswerten Selbstheilungsmechanismen und Regulationskräften ganz selbstverständlich und ohne nennenswerte Störung. Sie geben ihren dafür blinden Zeitgenossen ein Beispiel. Aber die wenigsten sehen und erkennen es in seiner eminenten Bedeutung für sich selbst. Und für die meisten, die es sehen, ist es wegen mancher Einschränkung und mancher Bemühung zu unbequem. Also bleibt alles beim alten. Was sagen wir in dem bekannten, aber viel zu wenig beachteten Sprichwort? »Jeder ist seines Glückes Schmied.«

Wie seit einigen Jahrzehnten oft gesagt wird, *befinden wir uns heute in der Tat in einer Zeit des Übergangs,* einer Zeit des tiefgreifenden Wechsels im Denken der Menschheit. Wir werden uns gleich etwas genauer damit befassen. Das einseitige Vorherrschen naturwissenschaftlich-materialistischen Denkens neigt sich seinem Ende zu. Es wird abgelöst, vielleicht besser gesagt, integriert in das nun überwiegend geisteswissenschaftlich-vitalistische Denken, wie es sich schon heute in der aufkommenden energetischen Medizin kundtut. Noch wird es mindestens eine weitere, wenn nicht mehrere Generationen brauchen, bis sich dieser Prozeß auf breiter Ebene vollzogen haben wird. Aber schon dämmert dieses neue Zeitalter herauf, das uns über die Wurzeln unseres Seins umzudenken lehrt. Gewiß nicht der Intellekt, sondern die alles schaffende Urenergie, die in jedem von uns lebt, ist die Wurzel unseres Seins und die Quelle unserer Kraft.

Eine Zukunft kann es nur geben im Einklang mit dem »göttlichen« Gesetz, das heißt *im Einklang mit der Großen Ordnung,* in die uns die unfaßbare, über dem ganzen Universum stehende Urschöpfungskraft hineingestellt hat. Zu viele haben den geistigen Umbruch, der sich in unserer Zeit anbahnt, noch nicht erfaßt. Doch die Zeit drängt. Wie der vorausschauende Denker Karl Jaspers schon vor Jahrzehnten sagte: Ohne Umkehr ist das Leben der Menschen verloren. Zu dieser Umkehr, zu diesem Umdenken möchte dieses Buch mit all seinen Hinweisen zur Weckung und Stärkung der persönlichen Lebensenergie einem jedem seiner Leser einen bescheidenen Anstoß geben.

Anton Stangl

Was ist die universelle oder »Freie Energie«?

Als Einleitung dieses grundlegenden Kapitels möchte ich einige Fragen zu der geistigen Auseinandersetzung stellen, die die denkende Menschheit seit Beginn der modernen Naturwissenschaft bis zum heutigen Tag entzweit. Sie führen uns an die Wurzel dessen, worum es auch in diesem Buch geht. Kann die Naturwissenschaft erklären, wo das Leben herkommt, was es in seinem Wesen ist und wozu wir Menschen eigentlich auf unserem kleinen Stern hier leben? Kann sie die geheimnisvolle Kraft erklären, die im Atom die Elektronen mit der uns unfaßbaren Geschwindigkeit von zweitausend Kilometer pro Sekunde um den Atomkern herumsausen läßt? Oder kann sie die Kraft erklären, die in den Zellen unseres Körpers das Zytoplasma in unaufhörlicher Bewegung erhält und dabei die Lebensprozesse in diesem untersten Glied in perfekter Weise steuert? In der Tat weiß kein Biologe oder Mediziner, was das Leben letztlich ist. Kein Physiker weiß, was Energie im tiefsten Grund ist, und keiner kann uns das Wesen der Elektrizität erklären. Kein Psychologe kann uns den Kern des Geheimnisses der Liebe aufzeigen. Und kein Theologe weiß wirklich, was Gott eigentlich ist. In allen Fragen des Seins ist unsere Kenntnis dürftig. Nur durch höhere Erkenntnisprinzipien können wir sie erweitern, die sich in erster Linie auf immaterielle Natur beziehen. Sie sind außerhalb unserer heutigen Naturwissenschaft angesiedelt.

Seit Jahrhunderten liegt die (geisteswissenschaftliche) vitalistische Auffassung im Streit mit der vor etwa 500 Jahren aufgekommenen (naturwissenschaftlichen) mechanistischen Denkrichtung, die bis zum heutigen Tag im wesentlichen vorherrscht. Während diese, von bloß rationalem Denken geprägt, die vom Menschen geschaffenen technischen »Errungenschaften« und »Fortschritte« für besser hält als die Werke der Natur, beugt sich das vitalistische Denken demütig der überlegenen Weisheit des Natürlichen. Der Vitalismus sieht in allen Lebensvorgängen die sie gestaltende Vitalkraft, Lebenskraft, Schöpfungskraft, also die sie tragende Energie, die allem menschlichen Denken ein Rätsel bleibt. Wie Albert Schweitzer so schlicht wie treffend formulierte: »Kraft macht keinen Lärm. Sie ist da und wirkt.« Weil sie nun aber keinen Lärm macht, deshalb ist sie für so viele, auch für viele »Naturwissenschaftler« ganz einfach nicht da. Den Kern dieser Problematik trifft die Feststellung: »Der wahre Feind des Menschen ist die Unkenntnis seiner Unwissenheit« (Sir Richard Burton).

Alles ist Energie:
Die Urschöpfungskraft und ihre vielen Namen

Wie schon aus diesen einführenden Gedanken ersichtlich, führt uns das Problem der Lebensenergie und damit der Energie überhaupt zwangsläufig aus der Enge der Materie heraus in die unendliche Weite der für unser Verständnis unendlichen Schöpfung und ihrer allgewaltigen Schöpfungskraft, Schöpfungsenergie. Ich spreche gern von der Urschöpfungskraft, weil dieser Begriff ihre Auswirkungen im allumfassenden Sein viel deutlicher macht als der der bloßen Energie, der stark besetzt ist von seinem überwiegenden Gebrauch im technischen und engen naturwissenschaftlichen Bereich.

Von der Materie kommen wir zum geistigen und spirituellen Hintergrund unseres Seins. Eine wesentliche Erkenntnis ließ den großen Naturwissenschaftler Max Planck (1858–1947) die klaren Worte finden: »Es gibt keine Materie an sich. Alle Materie entsteht und besteht nur durch eine Kraft, welche die Atomteilchen in Schwingungen versetzt und sie zum winzigsten Sonnensystem des Atoms zusammenhält.« Und an anderer Stelle: »Das Atom öffnet der Menschheit die Tür in die verlorene und vergessene Welt des Geistes.«

Dieses grundlegende Kapitel über die Energie wollte ich ursprünglich mit einer knappen geschichtlichen Betrachtung darüber einleiten. Dadurch wollte ich deutlich machen, daß die Menschen seit sehr früher Zeit über dieses in seinem Kern noch immer rätselhafte Phänomen nachdachten und nachdenken. Das würde jedoch eine umfangreiche Schilderung von Einzelheiten bedeuten, die uns am Ende allenfalls nur wenig nützliche Erkenntnis brächte. Statt dessen möchte ich sozusagen mitten in das Problem hineinspringen, indem ich einige der Namen aufzähle, die die Menschen im Laufe der uns bekannten Geschichte für die Urenergie entwickelten und gebrauchten. Ich werde das so etwa in der historischen Reihenfolge tun. Die vielen und vielfältigen *Bezeichnungen für diese Urschöpfungskraft* dürften für sich selbst sprechen:

Die Große Muttergöttin, aller Dinge »Mutter«:
Frühgeschichtliches Matriarchat
ki oder chi (mit den Polen Yin und Yang):
Altchinesisch
TAO (das gesamte Universum und die es tragende Kraft):
Laotse (6. Jh. v. Chr.)
Prana (Sanskrit): Indien
ho (im Gegensatz zum bloß individuellen ki):
Japan
KA (im Gegensatz zum bloß individuellen BA):
Altes Ägypten
Mu (das namenlose Absolute):
Buddhismus
Ruach (Talmud):
Judentum
Odem:
Altes Testament
Lung:
Tibetische Medizin
Äther(energie):
Das fünfte Element der alten Griechen und Inder
Zentralfeuer:
Pythagoras (570–480 v. Chr.)
Prima materia, Vis vitalis, Vis medicatrix naturae:
Römisch
Mana:
Südseevölker
Archäus (das nichtmaterielle Lebensprinzip):
Paracelsus (1493–1541)
Vitis dynamis (Dynamik des Lebens):
Samuel Hahnemann (1755–1843)
Animalischer Magnetismus:
Franz Anton Mesmer (1734–1815)
Od, Odkraft:
Carl Frhr. v. Reichenbach (1788–1869)
Elan vital:
Henri Bergson (1859–1941)
Orgon(energie):
Wilhelm Reich (1897–1957)

Heute gebräuchliche Ausdrücke:	*Moderne wissenschaftliche Ausdrücke: (1)*
Urenergie, (Ur-)Schöpfungskraft	Freie Energie
Kosmische, Universelle Energie	(Freie) Raumenergie
Lebensessenz	Tachyonenenergie
Vitalkraft, Lebenskraft	Nullpunktenergie
Vitaler Atem	Schwerkraftfeldenergie
Geistige Lebensenergie	Vakuumfeldenergie
Bioenergie	Gravitations(feld)energie

Diese umfangreiche Liste dürfte noch immer nicht vollständig sein. Sie zeigt unmißverständlich auf, daß sich die Menschen zu allen Zeiten und in den verschiedensten Kulturen mit dieser Urschöpfungskraft, dieser Urenergie, beschäftigt haben. Mag es nicht sein, daß eine innere Notwendigkeit sie ganz einfach dazu trieb? So kehre ich zu der Frage zurück, die sich schon zu Beginn unserer Betrachtungen aufgetan hat: *Was ist diese Urschöpfungskraft für eine Kraft,* was ist ihr Geheimnis, was ist ihr Wesen?

- Wenn wir zu unserem Sternenhimmel hinaufschauen, der uns in seiner Ausdehnung unfaßlich weit und gewaltig vorkommt,
- wenn wir dabei den so klein erscheinenden Sonnenball mit seinem Durchmesser von fast 1,4 Millionen Kilometer über uns sehen,
- wenn wir uns klarmachen, daß unsere Erde mit einer Geschwindigkeit von 108 000 Kilometer pro Stunde Jahr für Jahr die Sonne umkreist,
- wenn wir heute zweifelsfrei wissen, daß unser Sonnensystem nur eines von hundert Millionen allein in unserer Galaxie darstellt und diese wiederum nur eine von hundert Millionen bisher bekannter Galaxien im Weltenraum ist,
- und wenn wir erfahren, daß der Raum zwischen diesen Galaxien hundert Millionen Male größer ist als die Galaxien selbst:

muß sich dann nicht der einzelne Mensch als einer von heute sechstausend Millionen Menschen auf unserem winzigen Sternchen im gigantischen Weltenraum seiner unendlich winzigen Kleinheit bewußt werden? Was ist das für eine uns unfaßbare Allgewalt, die über uns steht, mit ihrer uns unfaßbaren Energie, die alle diese Sonnen und alle diese Galaxien unaufhörlich mit rasender Geschwindigkeit wohlgeordnet um sich selber kreisen läßt? (2) Was ist das für eine ebenso gigantische wie unergründliche Energie, die hinter und in all dem steckt und dieses uns unbegreifliche Spiel der Kräfte zeitlos sich vollziehen läßt? Versuchen wir, dieser Frage nachzugehen, so können wir nach dem heutigen Stand der Erkenntnisse wenigstens einen Einblick in *die Urgründe dieser geheimnisvollen kosmischen oder universellen Energie* gewinnen. Der Klarheit halber werde ich nun die hierher gehörigen Begriffe im Folgenden aufführen und in der nötigen Beschränkung auf das Wesentliche erklären. In den folgenden Teilen des Buches wird darauf immer wieder zurückzukommen sein.

Der Ursprung des Universums liegt im dunklen. Da es nicht aus sich selbst entstanden sein kann und innerhalb des Universums nichts auf seine Entstehung hindeutet, kann die Quelle seiner Entstehung nur außerhalb sein. So sehen es alle uns überkommenen spirituellen und mystischen Bewegungen aller Zeiten und Völker: Die Quelle liegt im jenseitigen, im transzendentalen Bereich, im namenlosen Absoluten oder in der »Fülle des Nichts« des Buddhismus, im TAO Laotses, im richtig verstandenen Schöpfer »Gott Vater«, in der »Gottheit jenseits Gottes« von Meister Eckehart, um hier nur einige Beispiele anzuführen.

Den Weltenraum hielt man lange Jahre für ein totales Vakuum, sozusagen für eine gähnende Leere. Inzwischen wissen wir, daß er ganz im Gegenteil von einem geradezu ungeheuren, nicht endenden Energiefeld erfüllt ist, von einer unbegrenzten Masse von allerwinzigsten Energieeinheiten, die zumeist *Tachyonen* genannt werden. Darüber gleich folgend Genaueres.

Diese kosmische oder Urenergie, die das ganze Universum ausfüllt, trägt alle Energieformen und -arten in sich. Ihr Energiepotential ist absolut unbegrenzt, für unsere menschlichen Begriffe unvorstellbar groß. Sie stellt keine uns bekannte Energieform dar, sondern ist deren aller Mutter. Deshalb wird sie seit geraumer Zeit mehr und mehr ganz einfach und treffend:

Freie Energie genannt. Soweit diese für unsere bisherigen Erkenntnismöglichkeiten in Erscheinung tritt, geschieht das durch ihre Verbindung mit materieller Substanz, sei sie »tot« oder »lebendig«. Dabei manifestiert sie sich in den uns geläufigen Erscheinungsformen der Energie wie zum Beispiel in der Schwerkraft (daher ihre davon abgeleiteten Bezeichnungen), im Magnetismus, natürlich auch dem der

Erde, oder in der subjektiv oft deutlich zu spürenden Stärkung der individuellen Lebenskraft.

Nullpunktenergie ist der Begriff, der sich in der Wissenschaft für die allumfassende potentielle Energie eingebürgert hat, die das gesamte Universum ausfüllt. Sie ist noch ganz unstrukturiert, (geistig) ungeformt, sozusagen Energie an sich.

Tachyonen sind die allerwinzigsten Energieeinheiten des Raums, die alles ausfüllen: den Weltenraum mit seinen Planeten, den unzähligen Galaxien und Sonnensystemen, unseren irdischen Raum mitsamt der Erde und unserem eigenen Körper. Weil das so ist, dashalb können wir sie nicht wahrnehmen. Sie sind ja in uns selbst genauso wie allüberall außerhalb. Wir sind ja ein Teilchen aus ihrer unendlichen Fülle, wenn auch nur ein noch so kleines. Ein Tachyon ist so unvorstellbar winzig, daß es nur etwa ein Dreizehntausendstel der Masse eines Elektrons zu bieten hat. Bedeutende Weltraumwissenschaftler haben errechnet, daß jeder Liter Raum die Energie von 500 bis 5000 Liter Benzin in sich trage (3). Die Konsequenzen sind kaum auszudenken. Die Teilchen bewegen sich schneller als mit Lichtgeschwindigkeit (ihr aus dem Griechischen kommender Name bedeutet »sehr hohe Geschwindigkeit«), wie verschiedene Forscher behaupten. Erst mit der Verlangsamung dieser Bewegung bis auf Lichtgeschwindigkeit und darunter entstehen dann die uns geläufigen Energieformen. Daher haben sie auch keinen Spin, also keinen Impuls, sich zu drehen. Der Begriff steht in engem Zusammenhang mit der Äther-, Vakuum-, Raum-, Gravitations- oder der »Freien Energie«, die im Grunde alle so etwa das gleiche bedeuten, nur jeweils aus ihrem besonderen Aspekt gesehen.

Die Tachyonenenergie schwingt selbst nicht in einer bestimmten Frequenz, trägt aber potentiell alle Schwingungen in sich. Sie enthält demnach alle Schwingungsausprägungen und damit Energieformen, sie bringt diese hervor. Sie gibt also allem Existierenden seine spezifische Energiestruktur. Sie durchdringt das ganze Universum, ist mithin allgegenwärtig, unerschöpflich, ewig. Man kann sie sozusagen als verdichtete Nullpunktenergie bezeichnen. So bewirkt sie den Energiestrom von der ganz ursprünglichen Ungeformtheit bis hin zur vollendeten Form spezifischer Art. Und so trägt sie auch das Ordnungsprinzip von allem Existierenden in sich, gewissermaßen den Bauplan der Schöpfung, die alles kennzeichnende geistige Ordnung wie das Gesetz der

Harmonie. Das Entscheidende für uns Menschen: Sie verbindet uns mit der Nullpunktenergie und macht uns diese erst richtig verfügbar.

Neutrinos: Dieser Begriff läßt mehr und mehr von sich hören. So kann heute nachgewiesen werden, daß es sich bei der Freien Energie um die spezielle Energie der Neutrinos handelt. Die verschiedenen Namen der Freien Energie sind immer nur besondere Aspekte der Neutrinos, die letztlich die wahre Energiequelle darstellen. Es geht zum Beispiel auch bei den Tachyonen im Grunde um spezifische Neutrinoeigenschaften. Nur die Neutrinostrahlung kann die Erde mit einer Geschwindigkeit weit über die Lichtgeschwindigkeit hinaus durchdringen (nach Prof. Dr. K. Meyl) (4). Außerdem haben die Neutrinos eine ganz besondere Bedeutung für die Astronomie und Kosmologie, zu deren Erklärung derzeit geradezu gewaltige Teleskope im Mittelmeerraum und in der Antarktis errichtet werden (5). Für die Aufgaben des vorliegenden Buches können die Neutrinos meist außer Betracht bleiben. Sie würden uns eher verwirren als zur Klärung beitragen. Das gleiche gilt für die Biophotonen.

Biophotonen sind die elektromagnetischen Strahlen von einer bestimmten Stärke an (»Lichtquanten«), die aus lebenden Zellen kommen. Diese ultraschwache Zellstrahlung hat eine wesentliche biologische Funktion, die sich im lebenden Organismus vielfältigst auswirkt. Die Forschung ist auch hier in vollem Gang. Sie bringt immer wieder bedeutende Erkenntnisse für die gesamte Medizin (6).

Das Atom ist ein winzigstes Sonnensystem. Es besteht aus dem positiv geladenen Kern (Protonen und Neutronen) und der ihn umgebenden viel größeren, aber erheblich leichteren negativ geladenen Elektronenhülle. Den Zusammenhalt bewirken elektrostatische Anziehungskräfte, denen eine wechselseitige Abstoßung der Elektronen gegenübersteht. Die verschiedenartigen dynamischen Wechselwirkungen der Atome zueinander sind (je nach dem Aggregatzustand ihres Stoffes) gekennzeichnet durch ein spezifisches Schwingungsverhälnis. Die eigentlichen Träger der Materie (Elementarteilchen) sind also dynamische oder energetische Zentren, die nur einen verschwindend geringen Raum einnehmen. Hundert Millionen Atome ergäben in einer perlenschnurartigen Anordnung etwa einen Zentimeter Länge! Dabei ist das Atom im Sinne unserer groben Sprache wahrhaft »leer«. Der Schreibtisch, an dem wir sitzen, besteht physikalisch tatsächlich fast vollständig aus – leerem Raum, aus nichts. Diese *Leere* ist jedoch erfüllt von intensiven Kraftwirkungen: Die Elektronen wirbeln mit der Geschwindigkeit von 2000 Kilometer pro Sekunde um den Atomkern herum, also etwa hunderttausend Mal pro Sekunde! Dabei macht der Kern nur ein Zehntausendstel des ganzen Atoms aus. Hätte er die Größe einer Brombeere, dann würden die Elektronen in einem Radius von zwei Kilometern um ihn herumsausen. – Die zum Atomkern gehörenden *Neutronen* verkörpern die Masse. Sie haben ein geradezu unausdenkbar hohes spezifisches Gewicht: das Zugspitzmassiv in einem Fingerhut! Und diese Neutronen drehen sich mit halber Lichtgeschwindigkeit ständig um sich selbst.

Alle diese Schwingungsprozesse im kleinsten Baustein der Materie, die wir eben berührten, vollziehen sich seit dem Anbeginn dessen, was wir die Zeit nennen, seit Aber- und Abermilliarden von Jahren, und sie werden es bis in die Zeitläufte hinein tun, die wir die Ewigkeit nennen. Und so wie sich die Schwingungen im winzigsten Sonnensystem des Atoms ständig vollziehen, so kreist der Mond um die Erde, so kreisen auch die Planeten um ihre Sonne. Die Sonnensysteme in ihren Galaxien und die Galaxien im Weltenraum bewegen sich unablässig mit riesigen Geschwindigkeiten umeinander herum. So besteht das Universum in seiner Unendlichkeit aus Schwingungen, aus ewig schwingender Energie. Die Materie, die uns umgibt und die wir selbst in jedem Organ unseres Körpers sind, ist auch nichts anderes als Schwingung, sozusagen geronnene Schwingung. Unser Bewußtsein ist ebenso nichts anderes als ein Schwingungszustand, und jedes Gefühl und jeder Gedanke sind schwingende Energie. So sind Schwingungen ein Urphänomen des Lebens überhaupt. Alles ist schwingende, fließende Energie.

Zur Materie und ihrem Wesen sind nach den vorausgegangenen Betrachtungen jetzt kaum noch weitere Ausführungen nötig. Wir haben gesehen, wie sich im subatomaren Bereich die Nullpunktenergie zur Tachyonenenergie verfestigt als der untersten oder innersten Grundlage der Materie. Ihr eigentlicher Träger sind die Atome. Viele Atome bilden das umfassendere Gebilde des *Moleküls*, das je nach dem stofflichen Einsatz gleichsam verschieden zusammengesetzt ist. Und viele dieser Moleküle bilden dann alle möglichen Formen und Arten der Materie. So ist alles, was existiert, aus den gleichen Bausteinen aufgebaut. Jeder Schritt führt zur nächsthöheren Ebene. Auch bei unserem eigenen Körper ist das nicht anders: Atome – Moleküle – Zellen – Organe – Mensch. Ganz einfach und treffend ausgedrückt: Materie in jeglicher Form ist im Kern nichts anderes als gebundene Energie. Sie ist in jeweils spezifischer Weise fließende, schwingende Energie.

Für den sogenannten toten Stein trifft genau das gleiche zu. Auch in ihm schwingen die höchst lebendigen atomaren Kräfte. Wir können sie mit unseren begrenzten fünf Sinnen nur nicht wahrnehmen. Obwohl wir nun einmal in dieser Begrenztheit leben müssen, sollten wir dennoch vor dieser für uns so unerfreulichen Erkenntnis die Augen nicht verschließen. Später werden wir sehen, wie wichtig das für uns gerade dann ist, wenn wir die im Stein schlummernde, nein: höchstlebendige Energie für uns nutzbar machen wollen.

Wir sind in diesem Kapitel von der Urschöpfungskraft ausgegangen, die die Menschen von allem Anfang an spürten als die Grundlage ihres Lebens und allen Seins. Und wir haben uns nun die verschiedenen Aspekte dieser Urschöpfungskraft bewußt gemacht, die – wie wir bald sehen werden – in gesundheitlicher Hinsicht wichtig sind. So bleibt uns noch, einen Blick auf *unsere eigene menschliche Wesensart* zu werfen: Was vollzieht sich in ihr hinsichtlich dieser sie tragenden Kraft als der Quelle ihres eigenen Lebens?

Kann heute, auch nach den Erkenntnissen der Gehirnforschung und der modernen Biophysik, tatsächlich noch irgend jemand ernsthaft bezweifeln, *daß der Mensch ein Energiefeld ist,* und zwar ein vieltausendfach in sich verwobenes und doch individuell einmaliges Energiefeld, das einem Tropfen Wasser aus dem unendlichen Energieozean des Universums gleicht? Aus der Unermeßlichkeit dieser kosmischen Energie ist alles geschaffen, was existiert, und »ohne sie ist nichts gemacht, was gemacht ist«, wie es im Anfang des Johannes-Evangeliums heißt. Ausnahmslos alles kommt aus dieser einen und einzigen Urquelle des Seins: Sie ist im Innersten von jedem Stein und jedem Stück Holz oder Stahl so gegenwärtig wie im Fleisch und Blut einer jeden lebenden Kreatur und so auch eines jeden von uns. Vom Anbeginn der Dinge durchdringen sich die Atome als die kleinsten Bausteine dieser grenzenlosen Urschöpfungskraft wechselseitig in endloser Fülle in allem und jedem. Und sie schließen das vergängliche Gebilde unseres Körpers ein in die große, alles umfassende Einheit der Schöpfung.

Was unsere Lebenskraft ist und wo sie herkommt, brauche ich jetzt gewiß nicht weiter auszuführen. Wohl ist von größter Wichtigkeit die Erkenntnis, wie sehr sie als unsere Lebensquelle schlechthin unseren gesamten Organismus in den verschiedensten Lebenssituationen und Gesundheitszuständen trägt und prägt. Dieses leichthin gedachte und gesprochene Wort können und müssen wir gleichsetzen:

- mit der umfassenden Widerstandskraft unseres Körpers gegen alle möglichen Gefährdungen, also seiner »Immunkraft«,
- mit seiner Fähigkeit, das durch Krankheit gestörte Gleichgewicht des Körpers wiederherzustellen, also seiner körperlich ebenso wie seelisch zu verstehenden »Heilungskraft«, seiner vollen »Regenerationskraft«,
- und, ja nicht zu vergessen: mit seiner Fähigkeit, auch mit noch so schweren Belastungen und Schwierigkeiten fertig zu werden, also mit seiner »Belastbarkeit« und »Leistungskraft« (7). Daß auch die Belastbarkeit im Grunde nichts anderes ist als ein Ausfluß der persönlichen Lebens- oder Vitalkraft, wird oft überhaupt nicht gesehen, mit allen Problemen und den zahlreichen Enttäuschungen, die sich daraus ergeben,
- mit der »Disposition zur körperlichen Gesundheit«, die so eng damit zusammenhängt. Beobachten Sie im Leben, wer über lange Zeit hinweg niemals nennenswert erkrankt!

Nochmals: Für die folgenden Betrachtungen mit ihren vielen ganz praktischen Hinweisen ist es von entscheidender Wichtigkeit, die weitreichende, ja fundamentale Bedeutung der Lebenskraft mit allen ihren wesentlichen Aspekten zu erkennen und zu verinnerlichen.

Seele und Geist sind die zwei anderen Säulen unseres Menschseins, die für viele reichlich unklar sind. Wir sprechen doch immer davon, daß der Mensch aus Leib, Seele und Geist »bestehe«. Was der Leib, der Körper ist, das wissen wir alle, und darüber brauche ich hier nicht mehr zu sprechen. Und was ist die *Seele*? Dieses besondere Wort, diesen besonderen Begriff gibt es gewiß nicht zufällig in allen Sprachen. Immer kennzeichnet er die Tatsache des Lebendigseins. Nur solange er »beseelt« ist, lebt der Körper. Stirbt er, weicht die Lebenskraft aus ihm, dann ist er »entseelt«. Die Seele ist insofern nur ein anderes Wort für unsere Lebenskraft. Darüber hinaus verbinden wir mit diesem Wort die weite Welt der Gefühle. Wir empfinden sie ganz selbstverständlich in unserer Seele. (Das, obgleich wir heute dank Messung der Gehirnströme im EEG wissen, daß sie gemäß der Ganzheit des Menschen auch im Körper ihre exakte Wiedergabe haben.)

Die Frage nach dem Wesen der Seele, nach dem Wesen unserer Lebensenergie, führt uns zwangsläufig zurück zu der urgewaltigen Energie, aus der alle vermeintlich tote Materie ebenso gemacht ist wie alle lebenden Organismen. Mit dieser Urschöpfungskraft haben wir uns ausführlich beschäftigt. Unsere persönliche Seele oder Lebenskraft kann also auch nur ein Ausfluß sein dieser alles und jedes umfassenden Kraft und Macht der Urenergie. Sie ist der Tropfen aus deren unendlichem Ozean, wie schon einmal gesagt. Gehen wir von dieser Urenergie aus, dann betrachten wir unsere Seele aus der naturwissenschaftlichen Sicht. Das ist aber nur eine Betrachtungsweise von mehreren möglichen.

Sehen wir das Ganze von der intellektuellen Seite, dann haben wir den uns ebenso unerklärlichen und unfaßbaren Schöpfer*geist* vor uns mit dem ihm innewohnenden Ordnungs- oder (ein modernes Wort:) Organisationsprinzip. Nicht umsonst ist das griechische Wort Kosmos mit seiner ursprünglichen Bedeutung »Ordnung« zum Kennzeichen des gesamten unendlichen Universums geworden. Albert Einstein und viele andere große Naturwissenschaftler betonen oft ihre Bewunderung der geistigen Ordnung der Naturgesetze im Kosmos. Ich wiederhole die Worte Max Plancks: »Das Atom öffnet der Menschheit die Tür in die verlorene und vergessene Welt des Geistes.« An anderer Stelle sagt er: »Nicht die sichtbare und vergängliche Materie ist das Reale, Wirkliche, Wahre – denn die Materie bestünde ohne diesen Geist überhaupt nicht –, sondern der unsichtbare, unsterbliche Geist ist das Wahre« (8). Hier geht es natürlich im Sinne des altgriechischen Wortes Logos um den Geist im allerweitesten Sinn des Ur- und Schöpfergeistes, von dem das begriffliche Denkvermögen des Menschen nur seinen bescheidenen Anteil hat.

Der in unserer Sprache oft gebrauchte Ausdruck *Seele-Geist* hat seinen tiefen Sinn. Beide, Seele und Geist können nicht voneinander getrennt sein, weil sie im letzten Grund wesenseins sind. Die Einheit alles Seienden tritt uns in ihnen entgegen. Wenn wir das alles bedenken, können wir dann wirklich den vergänglichen Körper für das letztlich Wesentliche am Menschen halten? *Der Geist ist der wahre Kern auch des Menschen.* Die Seele-Geist-Energie ist immer das Wesentliche. Sie bedient sich der dem Körper geliehenen Energie. »Es ist der Geist, der sich den Körper baut«, sagt Schiller (9). So ist der Körper nur Ausdruck von Seele-Geist. Jeder feiner empfindende Mensch sieht das im Alltag tausendfach bestätigt.

Der Geist ist wie die Urenergie von Anbeginn da. Er ist wie diese absolut zeitlos. Die geistigen Energien des Menschen schwingen in ihrer eigenen kosmischen Weise. Sie sind der Kern seines Bewußtseins, ein Teil jener letzten und universalen Kraft, die alles bewegt, aus der heraus alles entsteht. An dieser Stelle begegnen wir dem, was wir *religiös formuliert als »Gott«* bezeichnen. Sofern wir uns nur freimachen von dem menschenähnlichen personalen Gottesbild unserer Kindertage, das in seinen vielen Variationen von dem kleinen menschlichen Denken gemacht wurde und uns in den meisten Religionsbekenntnissen dieser Welt begegnet. Sprachen die Menschen im frühgeschichtlichen Matriarchat – wie sich heute nachweisen läßt: jahrzehntausendelang – von der »*Großen Göttin«,* der Großen Muttergöttin als »aller Dinge Mutter«, so wechselte die Gottheit vor etwa 5000 Jahren ihr Geschlecht und wurde mit dem aufkommenden Patriarchat zum uns nun geläufigen männlichen Gott.

Besinnen wir uns auf diese gigantische, uns absolut rätselhafte Kraft, die den unergründlichen Kosmos geschaffen hat und noch weiter schafft, ihn steuert und lenkt. Sie war von Anbeginn da und wird in aller Zukunft sein, sie hat weder Anfang noch Ende. Wir können dieser uns unfaßbaren *Urschöpfungskraft* nur in Demut und Ehrfurcht begegnen. Wir können ihr *viele Namen* geben. Zusammenfassend können wir sie bezeichnen:
- naturwissenschaftlich ausgedrückt als kosmische, als Schöpfungsenergie oder als die »Urenergie«,
- vom religiösen Standpunkt aus als die höchste Schöpferkraft, als göttliche Kraft oder schlicht als »Gott«,
- intellektuell gesehen als die gewaltige geistige Ordnungskraft, die hinter und über dieser Schöpfung stehen muß, oder ganz einfach als »Geist«,
- psychologisch empfunden als »das höchste Bewußtsein«, das alles Existierende umschließt.

Ich füge an: Für einige Indianerstämme ist Gott der »Große Geist, der in allem lebt und wirkt«. Für mein Gefühl ist das in ihrer Einfachheit und Klarheit eine großartige Bezeichnung. In unseren Kursen und Vorträgen sprechen wir schlicht von »der Großen Kraft«.

Zur Betonung des *Unterschiedes zu dem kleinen, vom Menschen gemachten und von ihm abgeleiteten Bild des persönlichen Gottes* sprach der große Mystiker Meister Eckehart (1260–1328) von der »Gottheit jenseits Gottes«. Er meint ohne Zweifel dasselbe, was im Buddhismus »das namenlose Absolute« genannt wird, was viele Mystiker fast aller Richtungen »die Fülle des Nichts« nennen, der spanische Mystiker Johannes vom Kreuz »das Alles und Nichts« (todo y nada), und was Weisheitslehrer bezeichnen als »das Universalgesetz, das raum-, zeit- und formlos« ist. Sind wir da nicht wiederum bei den Tachyonen, die die kosmische, die »göttliche« Schöpfungskraft in sich tragen?

Die letzte Wirklichkeit kann nichts anderes sein als einzig und allein die unermeßliche Urschöpfungskraft mit ihren unzähligen Erscheinungsformen. Nochmals: Sie ist allgegenwärtig, sie war von Anbeginn und wird in aller Zukunft sein. So haben auch alle vielgestaltigen Formen der Lebenskraft ihren kosmischen Ursprung. Immer geht es um das letzte Prinzip des Seins, das sich in der Transpersonalität »Gottes« kundtut. – Und lassen Sie mich noch die folgenreiche Feststellung anfügen: Diese letzte Wirklichkeit der Ur-Natur kennt nur ihre unbestechlichen Natur- und Lebensgesetze. Für sie gibt es nicht gut noch böse, nicht schuldig oder unschuldig. Das Urgesetz ist da und wirkt.

Wir sind von klein auf der materiellen Ebene verhaftet. Wir leben alle mit unseren Gedanken in einer Welt von unzähligen Energiefeldern. Haben sie sich einmal aufgebaut und verfestigt, dann lassen sie sich nicht ohne weiteres auflösen. Viele glauben nicht an ihre Kraft, loszulassen und mehr ihrem eigenen Denken zu vertrauen. So leben sie in Disharmonie mit ihrer eigenen Lebensenergie und bezahlen dafür laufend mit schmerzlichem Kraftverlust. Daher gilt es, *mit sich selbst in Harmonie zu sein.* Wer sich einzuordnen weiß in die große Gesetzlichkeit der Schöpfung, der steht auf festem Grund. Der hat ein klares und fest begründetes Menschenbild und ein klares und fest begründetes »Gottes«-Bild, soweit uns Menschen mit unserem begrenzten Horizont das überhaupt möglich ist. Der weiß sich getragen von der großen Schöpfungskraft und ist in ihr geborgen, wie immer er sie nun nennen möge. So kann er das uns erreichbare volle Menschentum in sich verwirklichen, innerlich frei fest auf eigenen Füßen zu stehen. So wie Buddha in seinen letzten Worten jeden seiner Schüler aufforderte: »Verlasse dich auf dich selbst, mache dich nicht abhängig von irgendeinem anderen.« Und da er eins ist mit sich selbst, wird ihn seine Lebenskraft nie im Stich lassen.

Im besonderen: Freie Energie und Gesundheit

Im vorigen Kapitel konnten wir uns vor Augen führen, daß im Kern alles und jedes schwingende Energie ist. Ausnahmslos in jedem Fall, so verschieden die uns begegnenden Wesen und Bilder auch sein mögen. Es handelt sich immer nur um vielfältigste Erscheinungsformen der Urschöpfungskraft. Wir als Menschen und jeder von uns in seiner höchstpersönlichen Individualität sind da keine Ausnahme. Die Existenz dieser Urenergie wird heute nur noch von den »intellektualistischen Ideologen« der gestrigen Naturwissenschaft bestritten. Besonders bemerkenswert scheint mir, daß gerade der Berufsstand, der ständig und ganz unmittelbar mit den direkten Konsequenzen dieser Problematik zu tun hat, nämlich die Ärzteschaft, noch immer in ihrer großen Mehrheit hier einzureihen ist. Dazu sagt der amerikanische Gelehrte J. C. Rodale: »Die Ärzte stecken so sehr im Sumpf von Krankheit und Medizin, daß sie keine Zeit mehr haben, sich der eigentlichen Frage nach der Gesundheit zu widmen.« Eben dieser Frage möchte ich mich nun in der Folge der bisherigen Überlegungen genauer zuwenden.

Es ist sicher nicht falsch, sich vor Augen zu führen, daß *die Orientierung der westlichen Medizin am physikalischen Modell erst vor etwa 150 Jahren begann.* Ihr wichtigster Wissenschaftszweig wurde die technisch bestimmte Physiologie: der Mensch als Maschine. Das hatte der geistige Vater dieser Entwicklung, René Descartes, schon im 17. Jahrhundert so ausgedrückt, und im Zuge der sogenannten Aufklärung war die Masse der europäischen Denker von diesem Mensch-Maschine-Modell fasziniert. Es beherrschte nun die Physik und die Medizin beinahe vollständig. Wie schon beschrieben, brach dieses Bild erst mit dem Beginn des 20. Jahrhunderts langsam auf. Und es werden gewiß noch Jahrzehnte vergehen, bis sich die Erkenntnis und ihre weitreichenden Folgen voll durchgesetzt haben werden, daß der Mensch nicht ein mechanistisches, sondern ein energetisches Wesen ist.

Schon seit einigen Jahren wächst die Bedeutung des *Begriffs der »energetischen Medizin«.* Da alles schwingende Energie ist, sprechen manche auch von der »Schwingungsmedizin«. Diese Begriffe bringen zum Ausdruck, daß die Gesundheit von Leib und Seele-Geist letztlich vom harmonischen Fließen und Schwingen der universellen Lebenskraft in uns abhängt. Die Freie Energie durchzieht, »durchblutet« gleichsam alles, was lebt, vom Einzeller über die Pflanzen und Tiere bis zum Menschen, so wie ein großer Baum von einem kräftigen Wasser- und Säftestrom durchzogen, »durchblutet« wird. Die Energie ist das wichtigste, denn sie ist es, die alles in Betrieb, alles in Schwung hält.

Sämtliche biologischen Systeme unterliegen einer ultrafeinen elektromagnetischen Steuerung. Jede Pflanze, jedes Tier und jeder Mensch senden unablässig elektromagnetische Wellen aus mit Wellenlängen im Bioresonanzbereich. Darauf reagieren auch unsere menschlichen Zellen, wobei die kleinste Veränderung im bioenergetischen Geschehen sofort unseren gesamten Zustand verändert, sei es zum Positiven oder zum Negativen hin. Wie die Zellforscher heute nachweisen können, laufen in einer einzigen Zelle in jeder Sekunde bis zu dreißigtausend verschiedene Reaktionen ab, von denen wir heute viele chemischer, elektromagnetischer oder anderer Art beobachten und erklären können (10). Alle biologischen Wechselwirkungen, auch diejenigen, die die Chemie erforscht, sind elektromagnetischer Natur (11). Zusammenfassend ist festzustellen: Alle Funktionsabläufe, die wir gemeinhin als Leben bezeichnen, sind in der Tat rein energetischer Natur.

Nun zu der für dieses Buch entscheidenden Frage: *Was ist eigentlich Gesundheit?* Es gibt viele Definitionen dafür. Die der Weltgesundheitsorganisation (WHO) ist absolut theoretisch: »Ein Zustand vollkommenen körperlichen, geistigen und sozialen Wohlbefindens und nicht allein das Fehlen von Krankheiten und Gebrechen.« Das ist ein Idealzustand. Ich bevorzuge den Hinweis auf die Quelle der Gesundheit: Sie ist ein dynamisch-lebendiger Gleichgewichtszustand von Körper, Seele und Geist. Im Geistigen sind das rationale und das spirituelle Denken und Erleben in sich ausgewogen. Nur bei diesem Gleichgewichtszustand kann dem Fundament der Gesamtpersönlichkeit, den Körperzellen, dem Gefühlsleben sowie Verstand und Intuition die erneuernde Lebenskraft so zufließen, daß kein Raum bleibt für eine ernsthafte gesundheitliche Gefährdung.

Moderne Gesundheitsforscher vertreten mehr und mehr die Ansicht, daß *die Wurzel von Krankheit und seelischer Gesundheit* letztlich in der Überzeugung des Menschen begründet liegt, daß sein Leben in einen größeren Zusammenhang eingebettet ist, daß seine Lebenserfahrungen einen erkennbaren Sinn haben im Rahmen seines Lebensplanes, der sich im Lauf der Jahre immer deutlicher abzeichnet (12). Was bedeutet das für uns, wenn wir es genauer betrachten? In welchen größeren Zusammenhang ist unser Leben eingebettet? Nun, das haben wir uns bereits deutlich gemacht: Auch wir sind nur eine besondere Erscheinungsform der Urschöpfungskraft, die in allem ist, der Großen Energie, von der wir ein Tröpfchen Wasser aus dem Ozean sind. Dieser größere Zusammenhang ist letztlich die Schöpfung selbst, eben diese Schöpfungskraft, die wir Energie, Geist oder Gott nennen können, die uns überall da begegnet und einhüllt, wo wir sind: auf dieser Erde, die uns trägt. Die Urschöpfungskraft, »Gott«, wirkt durch die Grundgesetze dieses Lebens, durch die Naturgesetze. »Gott« ist allgegenwärtig, in jeder Ebene des Seins, in jeder Zelle, in jedem Molekül und in jedem Atom.

Der Tradition gemäß unterscheiden wir gern unser Leben im »Diesseits« von dem im »Jenseits«, das uns nach dem Tod erwarten würde. Dabei übersehen wir ganz – wenn wir uns an die bisherigen Ausführungen erinnern –, daß wir eigentlich doch schon immer zu jedem Augenblick im Diesseits und gleichzeitig im Jenseits gelebt haben, nämlich sowohl in der biologischen Realität unserer materiellen Existenz wie zugleich in der energetischen Realität der auch uns tragenden allumfassenden kosmischen oder »göttlichen« Schöpfungskraft. Sie ist ja in jedem von uns selbst, »Gott« ist überall. Er ist in mir so wie in jeder Pflanze, jedem Baum, jedem Tier, in jedem Sonnenstrahl und in jedem meiner Atemzüge. So ist er mit seiner Schöpfungskraft auch in jedem meiner Gedanken und Gefühle, in jedem der Vorstellungsbilder, die ich mir mache oder denen ich mich hingebe.

Jetzt wissen wir: Dieser größere Zusammenhang, von dem vor kurzem die Rede war als die Voraussetzung für unsere körperliche und seelische Gesundheit, ist nirgendwo anders als nur in uns selbst. *Wenn wir in voller Einheit sind mit der großen Schöpfungskraft,* dann sind wir im tiefen Sinn des Wortes vollkommen gesund, in innerer und äußerer Harmonie mit uns selbst, weil wir es mit unserer Welt sind. Jetzt kennen wir auch *die* Aufgabe unseres Lebens: Wir haben uns in dem unaufhörlichen Wandel unseres Lebens, der erst mit unserem Tod aufhört, mit seinen dynamischen Veränderungen zu bewähren. Das ist nicht möglich ohne dauernde Wachsamkeit, die uns achtsam jeden kritischen Entscheidungspunkt rechtzeitig erkennen läßt, so daß wir entsprechend handeln können. Wer es lernt, in diesem Sinn seine Gedanken richtig zu steuern, der ist Herr seines Lebens, eins mit sich selbst und zutiefst »gesund«. Das auch dann, wenn er körperlich nicht in der besten Verfassung sein sollte.

In eben diesem Sinne sagt der große spanische Denker Miguel de Unamuno (1864–1936) in seinem Buch »Mi religión«: *»Es gibt keine Krankheiten, sondern Kranke,* pflegen einige Ärzte zu sagen, und ich sage, es gibt keine allgemein gültigen Meinungen, sondern Leute mit ihrer Meinung.« Auf eben diese Meinung, das heißt diese Überzeugung kommt es an, die dem einzelnen Menschen zu eigen ist, weil er sie sich erarbeitet hat, weil er in sie hineingewachsen ist. Dann ist es seine echte Überzeugung, die ihn trägt, und nicht eine ihm von außen aufgesetzte Meinung.

Damit ist ein wesentliches Stichwort gefallen: *die von außen aufgesetzte Meinung.* Jeder von uns hat irgendwo sein Problem oder seine Probleme. Wer ihre Lösung von außen her erwartet oder sie nur außerhalb seiner selbst sucht, wird sie selten finden. Dieselben Schwierigkeiten werden immer wieder zu ihm zurückkommen, solange er nicht in seinem Inneren sozusagen durch sie hindurchgegangen ist, um sie so wirklich aufzuarbeiten. Er muß die aufgetretenen Spannungen unwiderruflich als höchstpersönlich zu ihm gehörig, als Teil seines eigenen Wesens erkennen, und er muß sie gewissermaßen durchleben. Dann findet er den Weg zur Lösung des Problems, den er selbst zu gehen hat, den kein Außenstehender für ihn gehen kann. Ebenso treffend wie schonungslos sagt der große Konfuzius (551–479 v. Chr.): »Der Weise sucht, was in ihm selber ist, der Tor, was außerhalb.«

Das Gesundheitsproblem, mit dem wir uns hier befassen, ist ein Musterbeispiel für diese Wahrheit. *Den einzelnen kann nur seine eigene Lebensenergie gesund erhalten und gesund machen.* Nur ein anderes Wort dafür ist seine *Immunkraft.* Sie muß stärker sein als die sich in ihren Anfängen entwickelnde Störung, dann kann sich die Krankheit erst gar nicht entwickeln. Hat sie sich aber entwickelt, dann müssen die ganzen Heilungskräfte – wiederum nur ein anderes Wort für diese persönliche Lebensenergie – mit ihr fertig werden. Die Kräfte des Arztes, der nur den richtigen Weg weisen kann, können es nicht. Die der vielen klugen und allzu klugen »Berater« können es auch nicht. Auch der Besuch von noch so vielen Vorträgen und Seminaren kann dem Hilfsbedürftigen nicht wirklich helfen, solange er sich nicht durch den sinnvoll gesteuerten und konzentrierten Einsatz seiner höchsteigenen Lebenskraft, Immunkraft, Heilungskraft, Regenerationskraft usw. selbst hilft. So wie andere Seminarleiter haben auch wir diese für so viele Menschen bittere Wahrheit in Jahrzehnten an Hunderten von Beispielen lernen müssen. Wer es als Betroffener nicht lernt, wer sich nicht selbst durch die Aktivierung seiner eigenen Kraft hilft, dem kann keiner helfen. Der bleibt immer sein eigener Gefangener.

Eine kurze Bemerkung am Rande: Eine ausgedehnte Erhebung unter Universitätsstudenten ergab, daß *Liebespaare an infektiösen Krankheiten signifikant seltener erkrankten als Nichtverliebte* (13). Was anders als die Stärkung der Immunabwehr, die die Macht der Liebe mit ihrer Aktivierung aller untergründigen Gefühlskräfte ganz von selbst bewirkt, kann die Ursache sein? Desgleichen die Lebenserfahrung: Solange eine x-beliebige Gemeinschaft in der Wirtschaft ebenso wie eine militärische Truppe beschwingt ist von einer begeisternden Aufgabe oder noch dazu durch spektakuläre Erfolge beflügelt wird, sinkt der Krankenstand auf nahezu Null. Das ist das Geheimnis der Motivation!

Lassen Sie mich ein schlagendes Gegenbeispiel bringen: *der Schlankheitswahn unserer Zeit,* von dem besonders die westliche weibliche Welt befallen ist. Wie könnte ein Mensch, der jeden Bissen zuerst auf die tatsächliche oder die geistige Waage legt, bevor er ihn einnimmt, mit sich selbst eins sein? Er ist doch im nicht endenden Widerstreit mit sich selbst. Die vielen körperlich sichtbaren und seelisch zunächst weniger augenfälligen Folgen bis hin zu schwersten

Störungen sind allgemein bekannt. Und die Vollschlanken, wie man früher sagte, die ihre Pfunde unbekümmert zeigen, die darüber auch ganz unbekümmert sprechen? Strahlen sie nicht oft genug Selbstsicherheit, Kraft, »Persönlichkeit« aus, ganz einfach weil sie sie haben? (Ganz im Gegensatz zu der bloß aufgesetzten und bewußt dargestellten, die jeder feiner empfindende Mensch rasch durchschaut.»Ich bin so, wie ich bin, basta!«) Diese Frauen sind in ihrem verborgenen Kern frei, sie leben ihr Leben nach ihren Vorstellungen und nicht nach denen von anderen Leuten. Betrachten wir es von der Lebensenergie her: Da gibt es keine Energieblockade, die sich mit jedem Kalorienzählen bestätigt und noch verstärkt. Da fließt die Lebensenergie ungestört frei in ihren Bahnen. Sie kann den ganzen Organismus, Leib und Seele, durchströmen und durchfluten bis in jede Pore. Und das ist es letztlich, was die positive Ausstrahlung und Anziehungskraft bewirkt.

Die so oft erörterte Frage: *Warum entstehen Krankheiten* bei dem einen und warum nicht bei dem anderen? Das Prinzipielle ist inzwischen sicher längst klargeworden. Es sei nochmals knapp zusammengefaßt mit einigen ergänzenden Hinweisen: Wie alles Existierende schwingende, fließende Energie ist, so ist auch der Mensch ein von vielfältigsten Energieströmen durchpulstes Wesen. Wenn noch so feine Energieschwingungen im Organismus hinreichend lange gestört werden, sind körperliche Probleme in der Folge unvermeidlich. Solche Störungen können von innen (negative Gedanken aller nur denkbaren Art) oder auch von außen kommen (negative Beeinflussung durch andere Menschen, geopathische Belastung, Elektrosmog). Solche Schwingungen können sich laufend verstärken. Sie können sich zu dissonanten Schwingungen hochschaukeln, und sie können sich selbstverständlich auch abschwächen und abbauen. Eines ist sicher: Der Organismus vergibt keinen Fehler und keine Sünde. Das Gesetz von Ursache und Wirkung ist unbestechlich. Wer sich aus seiner Ordnung und damit aus der Großen Ordnung, diesem Grundgesetz unseres Seins, herausfallen läßt, der muß dafür gnadenlos »bezahlen«. Das ist bitter. Aber es ist so. Die »Rechnung« kommt ganz gewiß, wenn nicht heute, dann eben morgen.

Sie können es als einen Lehrsatz betrachten: *Wenn die Seele mit einem Problem nicht fertig wird, dann wenden sich die gestauten Energiekräfte gegen den Körper.* Denn sie können in der Seele nicht mehr beherrscht werden. Die Entstehung und weitere Entwicklung der Krebserkrankung ist ein geradezu klassisches Beispiel dafür (14). Natürlich gilt das nicht nur für den Krebs, sondern grundsätzlich für jede Erkrankung. Diese Zusammenhänge werden zunehmend wissenschaftlich erforscht, wobei sich ein großer Nachholbedarf der Schulmedizin herausstellt.

Wie können diese negativen Schwingungen nun abgeschwächt und abgebaut werden? Das kann natürlich nur geschehen durch die Beseitigung, also den Abbau der zugrunde liegenden negativen, dissonanten Schwingungen, indem der ursprünglich ungestörte Schwingungszustand durch Harmonisierung wiederhergestellt wird. Der Kranke muß durch Abbau seiner inneren Spannungen wieder zurückgeführt werden in das Gleichgewicht zwischen Spannung und Lösung seiner Lebenskraft. (Dazu im Anschluß gleich wesentliche Hinweise.) Gelingt das, wird er gesunden. Wie schon ausgeführt, kann er das freilich im wesentlichen nur selbst, aus seinem Inneren heraus bewirken. Die Heilkraft sitzt nirgendwo anders als in der ihn persönlich tragenden kosmischen Energie oder der Urschöpfungskraft, die es entsprechend zu aktivieren gilt. Das Leben ist nun einmal ein ganzheitlicher dynamischer Prozeß, der immer und immer bestimmt wird durch den besonderen Zustand der ihn tragenden Energie. So können Energieschwingungen des Körpers, wie sie ihn zuvor krank gemacht haben, ebenso wieder heilen: Die vielen Möglichkeiten dazu werden in den folgenden Teilen des Buches behandelt.

An dieser Stelle schon jetzt der wesentliche Hinweis: *Von größter Bedeutung für Gesundheit und Krankheit sind unsere Gedanken,* unsere in voller innerer Sammlung wachsenden Gedanken. Denn sie sind die stärksten bioenergetischen Schwingungen, die wir uns nur denken können. An jedem Ort und zu jeder Zeit und ganz allein aus uns selbst können wir mit unserer gesammelten geistigen Kraft so viel geistige Energie aktivieren und auf uns ziehen, wie wir für unsere körperliche und seelisch-geistige Gesundheit brauchen. Wir sind ja vollständig umgeben von der alles schaffenden Großen Energie der Urschöpfungskraft. Wir vergessen es nur immer wieder von neuem. Das ist unser Problem. Es liegt in der Tat nur an uns, das zu verinnerlichen.

Wer sich gesund weiß, *weil er sich zutiefst getragen fühlt von der »Großen Kraft«,* weil er nicht wie der Hypochonder jede kleine Störung sinnlos ernst nimmt, der ist in seinem Leben geborgen, der ist heil. Und wer die Krankheit fürchtet als etwas Schlimmes, das gleichsam überall auf ihn lauert, der hindert dadurch von vornherein den »Heilungsmechanismus« in seinem Organismus daran, tätig zu werden. Der zieht die Krankheit auf sich, und den holen die Krankheitskeime wegen seiner geschwächten Abwehrkraft gewiß auch ein. Es ist also unser Vertrauen darauf, daß unser Körper ganz selbstverständlich mit der Herausforderung fertig wird, sehr oft wichtiger als seine von vornherein gegebene Fähigkeit, das zu tun. Denn diese kann erst durch das Vertrauen wirklich präsent sein.

In diesem Kapitel geht es nicht nur um Grundsätzliches, es leitet ja schon hinüber zu den ganz praktischen gesundheitsfördernden Maßnahmen. Deshalb muß ich im Folgenden noch *verschiedene Zusammenhänge behandeln,* die uns bei allem weiteren Arbeiten immer wieder begegnen. Sie sind allesamt *von großer praktischer Bedeutung.*

Ein solcher im Kern einfacher Zusammenhang, der in seinen zu jeder Stunde gegebenen Konsequenzen leider viel zu wenig beachtet wird, macht deutlich, worum es hier geht. Es ist der Spannungszustand unserer Lebensenergie, also der Summe der uns zur Verfügung stehenden inneren Antriebskräfte, zu verstehen körperlich und seelisch-geistig. Das folgende Schema zeigt das Grundsätzliche klar auf:

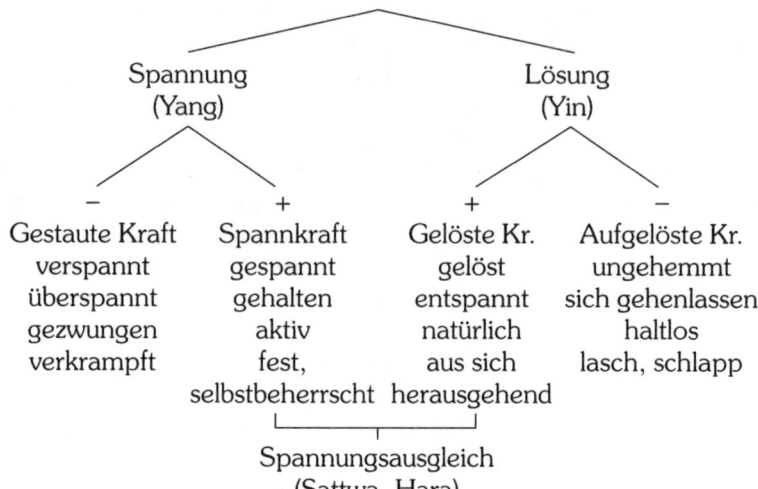

Spannungszustand der Lebenskraft:
Antriebs- und Wirkungskraft der Persönlichkeit

Spannung (Yang)		Lösung (Yin)	
−	+	+	−
Gestaute Kraft	Spannkraft	Gelöste Kr.	Aufgelöste Kr.
verspannt	gespannt	gelöst	ungehemmt
überspannt	gehalten	entspannt	sich gehenlassen
gezwungen	aktiv	natürlich	haltlos
verkrampft	fest,	aus sich	lasch, schlapp
	selbstbeherrscht	herausgehend	

Spannungsausgleich
(Sattwa, Hara)
ausgeglichen, im Gleichgewicht sein, harmonisch
alles zu seiner Zeit:
voll gespannte Aktivität wechselnd mit voller Entspannung
ruhevolle Kraft und kraftvolle Ruhe

Die für den Menschen lebensentscheidende Frage ist: Kann die Kraft, *können die inneren Antriebe frei fließen, oder sind sie gehemmt, gestaut, blockiert?* Man muß das ständige rhythmische Schwingen der Lebenskraft zwischen den beiden Polen der Spannung (Tag, Aktivität, Arbeit, Muskelspannung) und der Lösung (Nacht, Passivität, Ruhe, Muskelentspannung) – wie die alten Chinesen schon sagten: in ihrer Polarität zwischen Yang und Yin – verstanden haben. Dann sieht man es bald schon auf den ersten Blick an vielen Menschen. Dann weiß man von der außerordentlichen Bedeutung dieses Zusammenhangs und erkennt sofort vieles an den beobachteten Menschen. An anderer Stelle habe ich diese naturgegebene wechselseitige Abhängigkeit der beiden Pole ausführlich entwickelt und dargestellt, so daß sich hier eine genauere Abhandlung erübrigt (15).

Wir haben gesehen: Die kosmische Kraft ist der Ursprung aller Schöpfung. Ihr Lebensgesetz ist die schwingende Energie, an deren rhythmischen Atem uns *unser eigenes Atemerlebnis* ständig erinnert: das unaufhörliche Kommen und Gehen, Spannen und Lösen der uns tragenden Lebenskraft. Dieser Atem in seinem ständigen rhythmischen Wechsel ist zugleich die tiefste Basis für unser Fühlen und damit überhaupt für unser Leben. Schon als Fötus im Leib unserer Mutter empfanden und erlebten wir das als die Wurzel unseres animalischen Seins in der Welt.

Zurück zu unserer zentralen Frage nach Gesundheit und Krankheit. *Gesundheit* ist Ordnung und Harmonie in unserem inneren Wesen, ist Vollbesitz der Lebenskraft, ist unbehindert freies Fließen der Lebensenergie im Körper und in Seele-Geist. Der gesunde Mensch ist also im Spannungsausgleich, er ruht in sich selbst, in der Übereinstimmung mit den Gesetzen des Lebens. Ist das der Fall, dann ist auch der vom Geist geprägte Körper als seine äußere Hülle in Ordnung, alle seine Funktionen verlaufen im wesentlichen ungestört. Der Mensch ist »gesund« im tieferen Sinn.

Und was ist *Krankheit*? Krankheit ist der Zustand, wenn wir aus dieser großen geistigen Ordnung herausgefallen sind. Wir haben uns abgewendet vom Lebensgeist, wir sind von ihm abgefallen. Daher Disharmonie und Zerrissenheit. *Entweder* ist der Fluß des Lebensstroms gestört, vermindert, blockiert und die Lebenskraft entsprechend geschwächt. Dahinter steht die Verspannung, Verhärtung bis zur Verkrampfung, also der Verlust an Natürlichkeit und echter innerer Freiheit. *Oder* wir können unsere Lebenskraft nicht mehr hinreichend spannen, so wie beim Volltrunkenen oder Rauschgiftabhängigen. Sie verfließt uns aus Mangel an Selbstdisziplin gleichsam zwischen den Fingern.

Wie wir alle wissen, weil wir es Tag für Tag erleben, sind so wie sämtliche Lebewesen auch *wir Menschen ständig vielfältigen Reizen ausgesetzt.* Jeder dieser unzähligen Reize verlangt von uns die Wiederherstellung des inneren Gleichgewichts. Die polaren Kräfte der Spannung und der Lösung oder Entspannung gilt es immer wieder in Einklang zu bringen. Dann gibt es weder einen Energiestau noch ein ungeregeltes, unbeherrschtes Dahinströmen und Verfließen der Lebensenergie. Dann sind wir in der Harmonie und damit gesund. Diese nahezu unausgesetzt wechselnden Schwingungen im Dahinfließen unserer Lebenskraft sind nun einmal ein Urphänomen unseres Lebens, das sich von unserem Bewußtsein unbemerkt ständig in uns abspielt. Es ist von ausschlaggebender Bedeutung für unsere körperliche Gesundheit ebenso wie für unser seelisches Wohlbefinden und die geistige Ausgeglichenheit.

Nach der Besprechung dieses ersten nun *ein zweiter höchst bedeutsamer Punkt* für die Bewahrung der Gesundheit bzw. für ihre volle Wiederherstellung. Zunächst *eine medizinische Tatsache mit weitestreichenden Folgen,* die man nur zu erkennen braucht: Der menschliche Organismus ist in seiner Gesamtheit ein spezifischer Energiekörper. Er besteht durch den Zusammenschluß einer gigantischen Zahl von Zellen (mit ihren jeweils spezifischen Frequenzen). Es sind etwa 80 Millionen Millionen oder achtzigtausend Milliarden. Das ergibt eine acht mit 13 Nullen hinterher. (Andere Forscher rechnen mit hunderttausend Milliarden oder mit noch beträchtlich größeren Zahlen.) Auf einem Kubikzentimeter haben 50 000 Zellen Platz, und jede von ihnen kann innerhalb von zehn Tagen 50 000 identische Kopien herstellen. Jede dieser Zellen hat ihr eigenes Leben. Sie ist ein allerwinzigstes bioelektrisches Kraftwerk, und sie produziert ihre eigenen Nachfolger. Jede besteht aus lebendigen Bausteinen, besonders aus Enzymen, Proteinen und Nukleinsäuren. Auch die Enzyme bestehen aus Molekülen und die aus Atomen. Die Kraft, die aus dieser riesigen Anhäufung von Zellen den Menschen ausmacht, ist nach wie vor rätselhaft, wie wir uns ja schon längst klargemacht haben (16).

Ich zähle diese Einzelheiten auf, um Sie zum Staunen über unseren Organismus anzuregen. Am meisten des Staunens wert finde ich die Tatsache *der unaufhörlichen Erneuerung unserer Zellen:* Die Zellforscher können heute nachweisen, daß in jeder Sekunde zehn Millionen und mehr verbrauchte Zellen abgebaut und durch neue ersetzt werden. In Anbetracht der riesigen Zahl von Zellen, die wir zu bieten haben, ist das gar nicht so gewaltig, wie es zunächst erscheinen mag. Die Proteine als wesentliche Grundbausteine unseres Körpers werden ständig erneuert. In der Leber ist das schon alle zehn Tage der Fall. In Gehirn, Lunge, Haut und den wichtigsten Muskeln geschieht das längstens alle sechs Monate. Auch in den Knochen dauert das nicht wesentlich länger. Warum ich diese Details hier aufführe? Das hat seinen für jeden von uns eminent wichtigen Grund.

Sie haben jetzt schon oft genug gelesen: Alles ist schwingende, fließende Energie. Unser Körper als Ganzes, alle unsere verschiedenen

Organe und Gehirnbereiche, alles hat seine spezifische Schwingung, seine ihm eigene Frequenz. Diese energetischen Organisationsmuster – so können wir sie auch bezeichnen – sind die Basis aller Lebensvorgänge in uns. Wenn das so ist, dann *muß jedes gestörte oder erkrankte Organ,* das also aus seinem Gleichgewicht gefallen ist, *durch Zuführung entsprechend schwingender Energie wieder* in seine Harmonie gebracht, also *»geheilt« werden können.* Das ist in der Tat so, und es ist in der Praxis vielfältig bewiesen. Dazu gibt es eine Reihe von Techniken, die zumeist unter Zuhilfenahme elektronischer Geräte die heilenden Schwingungen möglichst exakt auf die spezifische Frequenz des betroffenen Körperteils oder Organs einstellen. Dabei geht es immer um die Bioresonanz: die elektromagnetische Wechselwirkung zwischen dem Denken im Gehirn und dem erkrankten Organ, also die Reaktion der Zellen auf die elektromagnetischen Reize, die vom denkenden Gehirn und seiner unterbewußten Basis ausgehen.

Jetzt kommen die für unsere Betrachtungen fundamental wichtigen Erkenntnisse:
1. Bei der Freien oder Tachyonenenergie kommt es auf die ganz besondere Übereinstimmung in den Schwingungen des hilfsbedürftigen Organs und der heilenden Kräfte nicht an. Denn *die Tachyonen schwingen sozusagen neutral, unabhängig von einer bestimmten Frequenz.* Die Freie Energie trägt – wie man es heute gern ausdrückt – alle Informationen für die gesamte Breite der Schöpfung in sich, also für den gesamten weiten Schwingungsbereich der Urenergie. Wie könnte es anders sein, aus ihr ist ja auch alles geschaffen! Der praktische Einsatz der Tachyonenenergie kann also nicht beschränkt sein auf ein enges spezifisches Schwingungsband. Sie ist einsetzbar im weiten Spektrum der gesamten gesundheitlichen Anwendung. Mit anderen Worten: Der hilfsbedürftige Organismus nimmt sich aus dem unbegrenzten Angebot der Freien Energie genau das, was er braucht.

2. Damit das in vollem Umfang gelingt, ist es wünschenswert, wenn nicht erforderlich, daß sich der Betroffene *vollständig seelisch-geistig auf das Fließen und Strömen der Heilenergie sammelt und konzentriert,* die uns umgibt. Sie kann auch in bestimmter materieller Form eingefangen sein, wie wir demnächst sehen werden. Es kommt also ganz auf das intensive Gefühl, auf die totale Sammlung der Gedanken und des Vorstellungsbildes von der ungestört fließenden Energie an. Je besser diese innere Sammlung gelingt, um so besser die Wirkung,

physikalisch ausgedrückt: um so intensiver der elektromagnetische Wirkungsmechanismus der Zellen und damit die körperlich-heilerischen Auswirkungen. Das gilt wie in dieser positiven Ausrichtung ebenso auch in der negativen! Wir haben uns ja im vorigen Kapitel klargemacht, daß der Geist in uns, also die immateriell-geistige Ebene die materiell-körperlichen Prozesse lenkt und steuert. Jede einzelne unserer unzähligen Zellen verändert sich daher ganz im Einklang mit der geistig-seelischen Steuerung durch unser Denken. Auf die unerhörte Kraft der Gedanken, die uns gesund oder krank machen kann, habe ich an mehreren anderen Stellen nachdrücklich hingewiesen (17). Sie zu mißachten ist sozusagen *die* Todsünde nicht weniger Menschen, die sie selbst abzubüßen haben.

3. So können wir getrost feststellen: *Wir können den unaufhörlichen Erneuerungsprozeß unseres Körpers in viel höherem Maß bewußt steuern,* als wir das zunächst selbst glauben möchten. Wer das erkannt hat, befreit sich von dem Gefühl, dem angsterfüllten Gefühl, seiner Erkrankung mehr oder minder hilflos ausgeliefert zu sein. Ich wiederhole den Gedanken: Wenn der Mensch selbst ein Glied in dieser kosmischen Ordnung der Urkraft darstellt, dann muß diese noch unverfälschte kosmische Lebenskraft in ihrem unaufhörlichen Schwingen und Fließen auch in den Menschen hineinschwingen, der sich ihr ganz öffnet, der seinen Geist in ruhevoller Sammlung auf dieses Hineinschwingen einstellt. Denn das Gleiche findet wieder zum Gleichen, und sie werden wieder eins. Auch das ist in der Tat so, und auch das ist in der Praxis des Lebens vielfältig bewiesen.

4. Daher kann ich zusammenfassend feststellen: *Der praktische Einsatz der Freien Energie ist für die Auflösung einer jeden Energieblockade hilfreich,* für die körperliche ebenso wie für die seelische Seite. Das muß auch zutreffen für Belastungen aus früheren Lebensphasen, die den gesamten Organismus mehr oder weniger ergriffen haben und seine weitere Entwicklung und Entfaltung behindern oder gar ernsthaft gefährden. Und nun kommt das Beruhigende: Entspricht das Ergebnis nicht den Erwartungen oder Hoffnungen, aus welchen Gründen auch immer, dann ist nichts Unerfreuliches passiert. Dann ist alles so wie vorher. Denn das Verfahren ist unschädlich. Es ist so gut wie ausgeschlossen, daß es schädigende Wirkungen mit sich bringen kann.

Im Hinblick auf die späteren Kapitel dieses Buches und die sich daraus ergebende Arbeit möchte ich noch drei Hinweise anfügen. *Der erste betrifft das Problem der Polarität*, mit dem wir immer wieder in Berührung kommen werden. Erinnern Sie sich bitte an die Ausführungen zum Spannungszustand der Lebenskraft mit dem so wichtigen Schema, das die positiven und die negativen Seiten dessen aufzeigt, was uns allen zwischen den beiden Polen der Spannung und Lösung unserer Lebensenergie, von Yang und Yin, in jedem Augenblick unseres Daseins erwartet. Die polaren Gegensätze beherrschen unser Leben: Tag und Nacht, Sommer und Winter, Werden und Vergehen, Bejahung und Verneinung, Tätigkeit und Ruhe, Wachsein und Schlaf. Der eine Pol ist so wichtig wie der andere. Sie bedingen sich gegenseitig. Und jeder hat seine positiven und seine negativen Aspekte.

Jetzt möchte ich Sie *vor falschen Wertungen warnen.* Nehmen Sie die Kennzeichnung der Yang-Seite mit Plus und die der Yin-Seite mit Minus nicht als eine Wertung! Es ist wie bei der Elektrizität: Sie »lebt« in ihren beiden Polen + und −. Wer käme da auf die Idee, dem Minuspol, dem negativen Pol etwas Negatives, im Sinn der Wertung etwas Schlechtes, anzuhängen? Erst das polare Miteinander macht den elektrischen Strom aus. Genau in diesem Sinne ist Tätigkeit, Aktivität + und Ruhe, Passivität −: Erst aus dem rhythmischen Zusammen der beiden ergibt sich das lebensfähige Ganze!

Ich habe schon einige Male auf den *Elektromagnetismus* hingewiesen, und das wird sich im weiteren Verlauf unserer Betrachtungen noch öfter wiederholen. Alle Lebensvorgänge werden von allerfeinsten elektromagnetischen Strömen gesteuert, die selbstverständlich wie jede elektrische Energie durch den +Pol und den −Pol gekennzeichnet sind. Die zwischen diesen beiden Polen fließende Energie kann sich linear (geradeaus) oder zirkular (kreisend) bewegen. Die zirkular oder kreisend fließende Energie wiederum kann sich in dem Radius ihrer kreisenden Bewegung rechts- oder linksdrehend bewegen. Dann spricht man von rechts- oder linkszirkularer Energie, vom Rechts- oder Linksspin oder einfach von rechts- oder linksdrehend.

Jetzt kommt das Wichtigste: *Entsprechend der Drehrichtung bewirkt die kreisend fließende Energie Wirkungskräfte,* die sich in ihren Ergebnissen deutlich unterscheiden, und zwar wiederum in polarem Gegensatz. Der letzte Grund dafür ist wohl die Tatsache, daß die sich mit gigantischer Geschwindigkeit in unserem Sonnensystem drehende Urenergie in positiver und negativer Weise auf unsere Erde einwirkt. Wir müssen es als ein Naturgesetz bezeichnen, dem wir alle unterworfen sind, daß rechtsdrehende Energie auf uns gesundheitsfördernd einwirkt und daß sich linksdrehende Energie krankheitsfördernd auswirkt. (Außer bei ausgeprägtem Übermaß von Spannung oder Lösung, wo das Gesetz der sich anziehenden Extreme aktuell wird (18), wie wir zu gegebener Zeit noch sehen werden.) Allerfeinste bioenergetische Schwingungen wirken unablässig auf uns ein, sie werden aus jeglicher Materie auf uns ausgestrahlt, aus allen Stoffen der Natur, aus Stein und Metall, aus Gewächsen aller denkbaren Art, aus Nahrungsstoffen und Getränken usw., natürlich auch aus anderen Menschen und sonstigen Lebewesen. Wir werden uns später damit noch zu beschäftigen haben.

Schon jetzt darf ich feststellen, und das ist für unsere weitere Arbeit geradezu grundlegend: Wenn wir *rechtsdrehende Energieeinheiten von noch so geringer Intensität* mehr oder minder gezielt auf den kranken Körper einwirken lassen, dann haben wir die Chance, im Organismus verankerte Blockaden aufzuweichen und aufzulösen und damit den körpereigenen »Gesundheitsmechanismus« wieder freizusetzen und zu aktivieren. Auch das werden wir im einzelnen noch genau betrachten.

Der zweite der drei noch angekündigten Hinweise kann unmittelbar an das eben Gesagte anknüpfen. Es geht um *die Stärke der gezielten Beeinflussung unseres Körpers durch die Freie oder Tachyonenenergie.* In der Naturheilkunde ist es eine nahezu allgemeine Erfahrung, daß zu starke Anreize mehr Schaden stiften als helfen, daß *starke Reize blockierend und daß schwache stimulierend wirken.* Auch die Praxis der energetischen Medizin zeigt, daß biologische Systeme auf besonders schwachdosierte Reize oft intensiver reagieren als auf stärkere Impulse. In der Tat genügen mikroelektrische Impulse von minimaler Stärke oft, um große Wirkungen zu erzielen. Erinnern Sie sich an die nächtliche Eingebung, die mir zuteil wurde und mit der ich dieses Buch aus gutem Grund einleitete?

Hierher gehören zum Beispiel *die natürlichen Schwingungen von Pflanzen, Farben, Tönen, Metallen, Mineralien usw.* Sie bedeuten in der noch offiziellen Medizin »nichts«. Sie bringen aber oft eindrucksvolle Heilungserfolge, besonders auch bei Tieren und Pflanzen, deren Organismen frei sind von der Einengung, um nicht zu sagen: vom Kerker des menschlichen Verstands. Indessen fängt so langsam auch die Wissenschaft an, die bis heute einzige Möglichkeit auszunutzen, diese ultrafeinen mikroelektrischen Impulse von kaum glaubhafter allerwinzigster Stärke radiästhetisch zu messen, also mit Hilfe von Rute, Pendel und Schwingpendel (Einhandrute, Energiesensor). Nicht wenige Heilpraktiker und auch praktische Ärzte arbeiten ja schon lange mit gutem Erfolg damit. Viele haben im Lauf der Jahre meine Pendelseminare besucht.

Nun der dritte Hinweis, den ich nicht unterlassen kann: *Die von allein ablaufenden Lebensprozesse vollziehen sich am besten ungestört,* wenn sich also unsere bewußte Wahrnehmung und Beobachtung nicht einschaltet. Häufig an eine gesundheitliche Störung denken, die Vorgänge im Organismus ständig kontrollieren, auch noch mit anderen öfters darüber sprechen – das ist das sichere Rezept, die natürlichen Heilungskräfte an ihrer Entfaltung zu behindern und faktisch die krankheitsfördernden Prozesse zu stärken. Auch das ist von nicht zu unterschätzender Bedeutung.

Lassen Sie mich zum Abschluß dieses grundlegenden Kapitels zusammenfassen: Gesundheit im vollen Sinn des Wortes ist nur möglich, wenn die menschliche Dreiheit von Körper, Seele und Geist in Harmonie ist. *Daran denken die wenigsten.* Die meisten denken nur an eine dieser drei Grundlagen unseres Seins, zumeist an den Körper oder an einen ganz bestimmten Teilaspekt davon wie Ernährung, positives Denken oder religiöse Bindung (meist in Gestalt eines formalen Bekenntnisses). Aber nur das harmonische Arbeiten in der dreifachen Richtung kann uns in der Ganzheit unserer Persönlichkeit gesund machen und gesund erhalten.

Wie läßt sich die
Freie Energie erfassen?

Nachdem wir uns bisher mit der grundlegenden Problematik der Naturgegebenheiten beschäftigt haben, die für unsere Zwecke wesentlich sind, können wir uns nun im zweiten Hauptteil dieses Buches der Frage zuwenden: *Wo tut sich uns die Freie Energie in ihren vielen Erscheinungsformen auf,* wo finden wir sie? Wie können wir sie erkennen und für unsere gesundheitsfördernden Zwecke gleichsam einfangen? Diese entscheidende Frage befriedigend zu beantworten und die uns gegebenen Möglichkeiten auszuschöpfen, ist schließlich die Voraussetzung für unser gezieltes Arbeiten damit. Das wird uns dann im nächsten Hauptteil dieses Buches beschäftigen.

An dieser Stelle bitte ich Sie, *alle die Voreingenommenheiten zu vergessen,* die sich in der heutigen Zeit und beim Wissensstand von gestern geradezu anbieten. Im Zeichen der einseitigen Herrschaft des logischen Verstandes hat sich die »Erklärungskrankheit« wie eine Epidemie ausgebreitet. Wer mit dem schon bekannten Wissensgut etwas nicht auf Anhieb ausreichend begründen kann, der hält sich an Christian Morgenstern: »Weil, so schließt er messerscharf, nicht sein kann, was nicht sein darf.« Und schon ist es als »Unsinn entlarvt«!

Erproben Sie selbst ohne Vorbehalt und doch kritisch das, was Sie hier an praktischen Erfahrungen und Vorschlägen vorfinden, und bilden Sie sich erst dann Ihr eigenes Urteil. Es wird sich gewiß für Sie lohnen.

Behalten Sie bitte stets im Auge, was nach den bisherigen Auswirkungen eindeutig klar sein sollte, auch wenn es manchem noch zweifelhaft erscheinen mag (wir sind ja alle aufgewachsen im Denken in festen Wortbegriffen mit ihren mehr oder minder exakten Unterscheidungen): *Die verschiedenen Erscheinungsformen der Freien Energie tragen ausnahmslos alle dieselbe Energie in sich, die Energie der Urschöpfungskraft.* Sie ist in ihnen gespeichert, gleichgültig ob wir sie direkt als Freie oder Nullpunktenergie bezeichnen oder sie Tachyonen, Neutrinos, ganz schlicht Lebenskraft oder sonst wie nennen. Für die Forscher, die diesem Geheimnis der Natur als solchem nachspüren, mag es hier zweifellos in den Feinheiten Probleme über Probleme geben. In diesem Buch geht es uns jedoch in keiner Weise um die Nutzung der Freien Energie etwa zur Schaffung einer unerschöpflichen Energiequelle wie der Elektrizität in Form eines technisch brauchbaren Konverters (»Umformers«), woran heute in der ganzen Welt fieberhaft gearbeitet wird.

*Wir wollen diese Urkraft der Natur nur für gesundheitliche Zwek-
ke nutzen.* Deshalb können wir getrost davon überzeugt sein: Wir haben es zu tun mit dem innersten Kern dieser Energie, die im Weltenraum, in der Luft, auf und in der Erde unerschöpflich vorhanden ist,
an jedem Ort, zu jeder Stunde, für jeden von uns. Da ist sie unabhängig von der Art der Materie oder der lebenden Substanz, in der verkör-
pert sie sich uns zeigt. *Denn sie ist die Quelle aller Existenz:*

- Betrachten wir die Schöpfungs- und Heilungskraft dieser Urenergie, dieser »Göttlichen Energie« als eine selbstverständliche Basis
  unseres Seins und unseres Lebens,
- hören wir auf, sie ständig bewußt zu beobachten und sie immer wieder im Grunde zweifelnd und kritisch in Frage zu stellen,
- und arbeiten wir mit ihr aus der Ganzheit und der Fülle unseres
  Seins, das heißt in uns selbst ganz gesammelt in Körper und Seele-
  Geist.

Dann können wir sicher sein, daß diese alles schaffende und erhalten-
de Kraft die stärkste Hilfe für die Bewahrung und Wiedergewinnung
unserer vollen Gesundheit im tiefen Sinn des Wortes sein wird. Dann
wird sie uns immer durch nichts geschmälert zur Verfügung stehen,
wenn wir selber nur wollen und sie im Rahmen ihrer Gesetzlichkeit um
Hilfe bitten.

*Wie können wir die Freie Energie in allen ihren Erscheinungsfor-
men erkennen?* Das bestgeeignete Werkzeug dafür bietet uns *die
Radiästhesie* mit ihren drei Arbeitsgeräten, die ich schon erwähnte.
Hier kann verständlicherweise nicht der Ort sein, genauer auf ihre
Arbeitsweise einzugehen. In mehreren Veröffentlichungen habe ich
über die Jahre hinweg die ganze Problematik ausführlich behandelt
(19). Besonders in den letztveröffentlichten Büchern »Das Große
Pendelbuch« und »Der Schwingpendel« habe ich alle Aspekte von der
Wurzel über die praktische Arbeit bis zu den vielfältigen Auswertun-
gen und Folgen dargestellt. Dazu gehören das einwandfreie Auffinden
und Erkennen der für unsere Arbeit wichtigen Plätze, Orte und Materialien mit ihren spezifischen Erscheinungen und Eigenschaften und
ihre energetische Aufbereitung zu den verschiedenen Zwecken. Der
richtige Gebrauch der drei radiästhetischen Werkzeuge Rute und insbesondere Pendel und Schwingpendel (Energiesensor) ist ein Teil davon. Das hier auch nur in den Grundzügen zu wiederholen, müßte ein
oberflächliches Machwerk werden. Jeder aufmerksame Leser kann

sich mit der Zeit so einarbeiten, daß er bei Vermeidung der üblichen Fehler verantwortungsvoll damit umgehen kann. Darüber hinaus halte ich, soweit es meine Zeit erlaubt, seit über 20 Jahren Seminare ab, in denen ich vor allem das für den Anfänger nicht einfache Vorgehen bei schwierigeren gesundheitlichen und psychologischen Problemen behandle (20).

Wer radiästhetisch nicht soweit ist oder damit erst gar nicht beginnen möchte, kann sich getrost an das hier aufgeführte Ergebnis der radiästhetischen Untersuchungen halten. Er kann dem als Grundlage für sein weiteres persönliches Arbeiten voll vertrauen. Bei richtiger Handhabung der Anweisungen und Empfehlungen wird er nicht enttäuscht werden. Der geübte Pendler kann alles nachprüfen, und ich bitte ihn darum. Allein schon die 100-Prozent-Skala mit dem Pendel und die 100-Prozent-Kenntafel mit dem Schwingpendel (Energiesensor) machen es durchaus leicht, das zu tun. Die erfolgte Überschwingung der Energie bzw. die eingetretene Polung treten bei jeder derartigen Kontrolle sofort klar zutage. Dahinter steht das Naturgesetz der schwingenden, fließenden Energie. So habe ich selbst im Laufe der vergangenen zwei Jahrzehnte alle Ergebnisse meiner Arbeit immer wieder überprüft und mir auch radiästhetische Hinweise eingeholt, die ich selbstverständlich nur akzeptiere, wenn die praktischen Ergebnisse sie bestätigen.

An dieser Stelle möchte ich nur darauf hinweisen, daß *prinzipiell jeder Mensch ruten- oder pendelfähig ist.* Es hängt nur von seiner Lebenseinstellung ab, ob er die nötige innere Wachheit besitzt, um damit erfolgreich arbeiten zu können. Laut dem russischen Biophysiker A. S. Presmann, bestätigt von amerikanischen Untersuchungen, ist der Mensch zehnmilliardenmal empfindlicher als das gegenwärtig empfindlichste physikalische Meßgerät. Radiästhetiker reagieren noch auf magnetische Schwingungen, die knapp unter einem Billionstel Tesla liegen (die Einheit, in der die magnetische Induktion gemessen wird) (21). Diese ganz besondere Sensibilität des Menschen liegt indessen noch weit unter der von Tieren, was zum Beispiel viele Hundebesitzer aus ihrer eigenen Erfahrung bestätigen können! Wir wissen heute, daß Delphine und Wale einen Hirnbereich mehr besitzen als wir Menschen, daher ihre uns oft unerklärlichen Fähigkeiten. Nur in der Radiästhesie öffnet sich ein weites Tor aus der Begrenztheit unserer Sinne. So betont zum Beispiel der weithin bekannt gewordene Prof.

Dr. Konstantin Meyl (22) in seinen Vorträgen, daß nur die radiästhetischen Werkzeuge die Neutrinostrahlung erfassen können, daß es für sie bis heute kein technisches Meßgerät gibt.

Zum Ende des letzten Kapitels hin habe ich schon auf die große Bedeutung der Polarität für unsere Arbeit hingewiesen. Es wird uns wieder und wieder die Gesetzlichkeit des *Links- und Rechtsspins,* der Links- und Rechtsdrehung begegnen. Um mögliche Verwirrung und Verunsicherung zu vermeiden, möchte ich schon an dieser Stelle auf die meiner Ansicht nach einzige Ausnahme von dieser Naturgesetzlichkeit verweisen. Es ist eine Tatsache, daß sie bei *Vollmond* offensichtlich außer Kraft ist oder außer Kraft sein kann. Wo jahraus, jahrein die Plus- und Minuspolung absolut eindeutig aufgezeigt wurde, drehte bei Vollmond bis reichlich 24 Stunden nach dem Höchststand mein Energiesensor immer nur links oder blieb hartnäckig immer beim Auf- und Abschwingen. Auch der Pendel gab in dieser Zeit keinerlei Dreh-Reaktion, sondern schwang immer nur stark auf und ab. Die Schwingungen des Mondes, die bekanntlich auch den weiblichen Zyklus beherrschen, bringen offensichtlich für die Dauer ihres Höhepunktes auch die elektromagnetische Polung durcheinander. Das gilt es selbstverständlich im Auge zu behalten, um entsprechenden Fehlern vorzubeugen.

Von nun an werden wir immer wieder mit den *Begriffen* *»Energetisierung«, »Tachyonisierung« oder »Vitalisierung«* zu tun haben. Sie sind für unsere Zwecke, da wir uns ausschließlich mit den segensreichen Auswirkungen der *Freien Energie für unsere Gesundheit* beschäftigen, austauschbar. Darauf habe ich vor kurzem schon deutlich hingewiesen. Deshalb brauchen wir uns hier nicht um die Unterschiede zwischen den drei genannten Begriffen zu kümmern, die allenfalls für den Physiker und Techniker von Bedeutung sind. Wenn Sie auch das im Auge behalten, können diverse Mißverständnisse erst gar nicht aufkommen.

»Energetisieren« usw. bedeutet für unsere Arbeit, den Bestand an Freier Energie in den Materialien, die sich dafür anbieten, mehr oder weniger zu verstärken und dadurch für uns negative, schädliche Bestandteile (z. B. im Wasser) leichter unschädlich zu machen, zu neutralisieren, soweit das durch die erhöhte Energiebesetzung eben nur möglich ist. *Solche Materialien* sind im wesentlichen Aluminium und

andere Metalle, Wasser, Salben und Cremes, Kunststoffe, Steine, Glas, Holz, Textilien und Leder. Im Grunde sind sie alle gleichwertig, wenn sie zu 100 Prozent mit Energie aufgeladen oder »vitalisiert« sind. Die Aufnahme- und Speicherfähigkeit ist immer die gleiche. Je nach dem besonderen Anwendungszweck ist eher das eine oder das andere Material besser geeignet. Zugrunde liegt immer die Erkenntnis: Die Urschöpfungskraft der Freien Energie ist allgegenwärtig und unerschöpflich!

Die Energieträger

Jetzt haben wir die Voraussetzung dafür, daß wir an die Betrachtung der verschiedenen Hilfen bzw. Materialien herangehen können, die ich soeben ganz grob aufführte. Die für uns bedeutungsvollen werde ich im folgenden der Reihe nach vorstellen. Ich muß das verhältnismäßig knapp tun, aber das für unsere Arbeit Wichtige wird nicht zu kurz kommen. Im späteren dritten Hauptteil dieses Buches wird dann der Einsatz aller dieser Hilfen zur Förderung der Gesundheit, also ihre praktische Verwertung mit allen dazu nötigen wesentlichen Einzelheiten im Vordergrund stehen. Ich nenne sie der Klarheit halber ganz einfach »Energieträger«.

Ein Wort zu dem *Problem des Überschwingens der Freien Energie* von einem gebenden Energieträger als Spender auf einen nehmenden als Empfänger. Es gibt vielfältige Möglichkeiten des vollwertigen Überschwingens. Ich werde sie bei der Darstellung der einzelnen Freie Energie tragenden Materialien nur anklingen lassen und sie am Ende dieser Aufreihung dann alle übersichtlich aufführen, auch in den erforderlichen Einzelheiten. Dadurch vermeide ich unnötige Wiederholungen und mache es dem Leser leichter, rasch wirkliche Klarheit über alle die Möglichkeiten zu bekommen und sich im konkreten Fall mit größerer Sicherheit die für ihn am besten geeignete Methode des Überspielens der Energie auszuwählen.

Stoßen Sie sich bitte bei der folgenden Zusammenstellung nicht daran, daß ursprüngliche, von der Natur gegebene Energieträger (Orte der Kraft, Bäume, Mineralien) und der Natur abgeschaute, selbstgemachte (Spirale, Pyramide) im gleichen Zusammenhang behandelt werden mit solchen, die erst durch unsere Energetisierung zu Energieträgern oder zu solchen von verstärkter Art gemacht werden (Wasser, Mineralien, Metalle, Textilien). Einige Substanzen oder Objekte sind also sowohl auf der energiegebenden wie auf der energieaufnehmenden Seite aufgeführt. Diese logisch nicht folgerichtigen Überschneidungen liegen in der Natur der Sache. Die gewählte Darstellung dürfte jedoch im Interesse des Lesers die beste Methode sein, denn ihm kommt es ja in erster Linie auf die praktische Anwendung an.

Halten Sie bitte klar auseinander:

1. *Die Quellen der Energetisierung* (Tachyonisierung, Vitalisierung), also die energiegebenden Medien: Im wesentlichen sind das Orte der Kraft, auch Wasser, Bäume, Mineralien, Pyramiden, Spiralen sowie Zeichen und Formen. Ich werde sie im folgenden eines nach dem anderen behandeln.

2. *Die zu energetisierenden Substanzen oder Objekte,* die mit Energie gesättigt werden. Das sind Wasser, Salben, Cremes, Aluminium und sonstige Metall- oder Kunststoffplatten oder -scheiben, Textilien aller Art und vielerlei sonstige Gegenstände, auf die später jeweils an gegebener Stelle verwiesen wird.

3. *Verschaffen Sie sich zuerst volle Klarheit über alle Energetisierungsmöglichkeiten,* bevor Sie sich vorschnell auf eine bestimmte festlegen. Etwa nur aufgrund eines zufällig aufgeführten Beispiels oder eines persönlichen Erlebnisses. Erst mit dem klaren Überblick über die vielen Möglichkeiten können Sie sich für jeden konkreten Fall das für Sie jeweils am besten geeignete Vorgehen auswählen und so relativ rasch Erfahrung und Sicherheit für den Alltagsgebrauch bekommen.

1. Orte der Kraft

Orte der Kraft sind Plätze, die von Natur aus *ein auffallend erhöhtes Energiepotential* aufweisen. Sie sind für uns also das beste Beispiel des ganz ursprünglichen Energieträgers. An anderer Stelle habe ich das Wesentliche darüber recht ausführlich dargestellt, auch anhand von vielen praktischen Beispielen mit interessanten Details aus weiten Teilen der Welt (23). Aus verständlichen Gründen kann ich hier nicht alles wiederholen. In knappster Form nur so viel: Diese Plätze haben eine ortsgebundene starke Kraftaufladung und weisen ungewöhnliche

Energieströme auf. Sie finden sie auf allen fünf Kontinenten unserer Welt als ein naturgegebenes Phänomen von verschiedener Größenausdehnung. Irgendwo in der Landschaft, nicht selten an markanten Punkten, innerhalb von Ortschaften, von Gebäuden, manchmal ganz unerwartet in der freien Natur. Haben Sie nicht auch schon beobachtet, daß Pflanzen, Blumen, ein Baum an einem ganz bestimmten Platz ganz besonders gut gedeihen?

Sehr oft gibt es sie an alten Kultstätten und Sakralbauten verschiedenster menschheitsalter Glaubensrichtungen und Grundüberzeugungen: überall da, wo sich im Laufe der Zeit *viele Menschen in starker innerer Sammlung* ihrer Gefühlskräfte verbunden wußten und *verbunden wissen mit der Großen, der »Göttlichen« Kraft,* die alles geschaffen hat und am Leben erhält. Also da, wo die intensiven Schwingungen aus den Seelen der Menschen in die Erde, in die Mauern und Kunstwerke aus Holz und Stein und Metall einströmen und von da nun wieder ausstrahlen. Es gibt weit mehr positiv geladene Orte der Kraft als negative, manchmal in so starker energetischer Aufladung, daß es keiner besonderen Sensibilität bedarf, um in ihren Bann zu geraten.

Wie stellen Sie einen solchen Ort einwandfrei fest? Pendel und Schwingpendel schwingen sich da rasch zu kräftigen Schwingungen auf: bei positiven Orten rechtsdrehend, bei negativen linksdrehend, wie ich weiter oben schon angekündigt habe. Ich glaube, wohl jeder Leser dieses Buches kennt aus eigener Erfahrung das Gefühl, an bestimmten Stellen, in bestimmten Bauten, an bestimmten Plätzen in der Landschaft, im Wald, in einem Garten, solch einen Ort von starker Kraftausstrahlung vor sich zu haben. Hier geht es darum, sie in erhöhtem Maß für uns nutzbar zu machen:

• Diese positiven Orte der Kraft lassen sich *direkt verwerten,* indem Sie sich in sie hineinbegeben. Setzen Sie sich möglichst in die Mitte eines solchen oder legen Sie sich flach auf den Boden. Beim Wunsch nach allgemeiner Kräftigung bringen Sie Ihren Solarplexus, beim Wunsch nach Stärkung eines bestimmten Organs bringen Sie dieses so gut wie möglich in seine Mitte. Hier lassen Sie die starke Energie eine Zeitlang auf sich einströmen. An einem solchen Platz können Sie sich oft schon in wenigen Minuten von ausgeprägter Abgeschlafftheit zu neuer Frische buchstäblich aufschwingen. Das darf nur nicht zu lange dauern, denn »allzuviel ist ungesund« und bewirkt das Gegenteil. Von Fall zu Fall ist das eine Erfahrungssache.

• *Die indirekte Verwertung* liegt darin, daß Sie ein stoffliches Medium, insbesondere z. B. einen Behälter mit Wasser, ausreichende Zeit an einen solchen Ort stellen, um dann mit diesem Medium sinngemäß zu arbeiten, z. B. mit dem so energetisierten Wasser eine geopathische Belastung (»Erdstrahlen«) zu neutralisieren. Das werden wir später noch genauer behandeln. Ich bezeichne das so aufbereitete Wasser seit vielen Jahren, auch in früheren Veröffentlichungen, einfach als »Vita-Wasser«.

• Auf die gleiche Weise können Sie alle möglichen Salben, Cremes, Mittel zum Einreiben und ähnliches, ferner Watte, Unterwäsche, Textilien aller Art und vieles mehr wie Nahrungsmittel und Medikamente auch schon bei einem Ort der Kraft zusätzlich energetisieren oder vitalisieren. Bald werden Sie noch von weiteren, jedem zur Verfügung stehenden Möglichkeiten erfahren, die das gleiche bewirken.

• Die Zeitdauer für volle Sättigung des Mittels mit dieser positiv geladenen Energie beläuft sich je nach der Stärke des betreffenden Kraftorts im allgemeinen auf eineinhalb bis mehrere Stunden. Sie kann beliebig lange sein, der Einfachheit halber einen Tag oder eine Nacht oder bis zum nächsten Gebrauch des betreffenden Mittels. Eine etwa gar schädliche Übersättigung ist nicht möglich, denn mit der vollen Aufladung ist der äußerste Sättigungspunkt erreicht, der dann auch nicht mehr überschritten werden kann.

• Wie verhalten Sie sich bei einem negativen Ort der Kraft? Diesen meiden Sie bitte peinlich für einen längeren Aufenthalt, weil er Ihnen nur Negatives: Kopfschmerzen oder noch schlimmere Übelkeit, depressive Stimmung und ähnliche Beschwernisse vermittelt. In einem späteren Kapitel, wo es um den Schutz vor Fremdenergien geht, werden Sie dazu noch Genaueres erfahren.

2. Wasser

Die Existenz von Heilwässern, die bestimmten Quellen entspringen, ist den Menschen seit Urzeiten bekannt, und ebensolange nutzen sie diese zu ihrem Heil und ihrer Gesundung. Das Wasser bedeckt etwa

70 Prozent der Erdoberfläche, und wir Menschen bestehen ebenfalls zu etwa 70 Prozent aus Wasser. *Das Wasser hat ganz bestimmte Eigenschaften.* Wie die Homöopathie beweist, lassen sich die Informationen aus Wirkstoffen durch Schütteln auf das Wasser übertragen, wo sie gespeichert und später an den Menschen weitergegeben werden.

Das Wunder der Mikrowelt begegnet uns auch hier eindrucksvoll: Das Wassermolekül hat die Größe von einem zehnmillionstel Millimeter. Um die Größe eines Stecknadelkopfes mit Wasser zu füllen, brauchen Sie so viele Moleküle, wie eine Eins mit zwanzig Nullen dahinter angibt. Erinnern Sie sich an die unvorstellbaren Energieschwingungen im Innern des allerwinzigsten Atoms mit der ebenso unvorstellbaren Kraft, die in ihm steckt. Ganz ähnlich ist das beim Wasser. Diese Überlegung kann uns deutlich machen, welche ganz unerwartete Wirkung die zusätzliche Energie ebenso wie eine bestimmte »Information« haben kann und eigentlich haben muß, die in einer an sich bescheidenen Wassermenge von Aber-Aber-Milliarden von Wassermolekülen eingegeben bzw. aufgeprägt ist. Halten wir also fest: Wasser ist für gesundheitliche Zwecke ein hervorragender Energieträger.

Die Universitäten von Berkeley und Pennsylvania haben als Ergebnis von mehrjährigen Untersuchungen nachgewiesen, daß *Pflanzen, Mineralien und Metalle sozusagen ihre Fingerabdrücke im Wasser hinterlassen,* das heißt die besondere Qualität ihrer Schwingungen (24). Durch die Einwirkung eines Kraftfeldes bekommt das Wasser wertvolle Eigenschaften, was sich zumindest teilweise auch in der tiefgreifenden Veränderung seiner Molekularstruktur kundtut (25). Auch wenn ein mit Urenergie aufgeladener Kristall auf einen Wasser enthaltenden Körper einwirkt, wird dessen Molekularstruktur verändert. Interessant ist auch, wie sich der pH-Wert von normalem Leitungswasser durch Energetisierung deutlich erhöht: wie ich mehrfach gemessen habe, vom Wert 5 auf der Säureseite auf den Wert 6,5, der schon dicht an den Idealwert 7 heranreicht.

Ich wiederhole: Wasser ist in der Tat *ein sehr guter Energieträger für gesundheitliche Zwecke.* Das leuchtet um so mehr ein, als der Mensch ja selbst zu 70 Prozent aus Wasser besteht. Seine Empfänglichkeit für dieses Element muß schon deshalb ausgesprochen hoch sein. Dasselbe trifft natürlich für alle Getränke zu, die in der Grundsubstanz ja sämtlich aus Wasser bestehen, und für die allermeisten Lebensmittel. Auch Salben und Cremes für Heilzwecke und Körperpflege gehören hierher. Im vorigen Kapitel über Orte der Kraft habe ich sie vorgreifend schon erwähnt, weil sie an einem solchen leicht vitalisiert werden können. Das ist jedoch, wie Sie bald sehen werden, auf andere und oft einfachere Weise möglich. Es hat ja nicht jeder einen Ort der Kraft in seiner Wohnung.

Bis jetzt haben wir Wasser als ein energieaufnehmendes Medium betrachtet. Dasselbe vitalisierte Wasser *strahlt umgekehrt auch seinerseits ständig von seiner für immer gespeicherten Energie auf alles ab,* was sich in seiner Nähe befindet. Jetzt wird es zum Energieträger und -spender. Es genügt, den Behälter mit Wasser zum Beispiel oben mit einem nicht zu engen Drahtgitter abzudecken und zu vitalisierende Substanzen oder Objekte für mindestens eineinhalb Stunden einfach darauf zu legen.

Zur Frage des *Behälters:* Das Material, ob Metall, Kunststoff, Glas oder Porzellan, ist gleichgültig. Aus praktischen Gründen empfiehlt sich ein kräftiger Plastikbehälter (wie wir ihn für Hydro-Pflanzen nutzen) von etwa 13 Zentimeter Höhe und 20 Zentimeter Durchmesser mit etwa drei Liter Inhalt. Er ist in Form und Inhalt auch für andere später noch behandelte Zwecke gut geeignet. – Übrigens: Durch nachträgliches Kochen oder Weiterverarbeiten büßt das Wasser nichts an kosmischer Energie und Heilkraft ein.

3. Bäume, Pflanzen, Holz

Wer keinen Ort der Kraft zur Verfügung hat, kann sich *die starke Ausstrahlung der Lebenskraft eines gesunden, kräftigen Baumes* zunutze machen. Gesunde Bäume strotzen vor Lebensenergie. Sie trotzen den stärksten Stürmen. Sie müssen durchaus nicht besonders »schön« gewachsen sein. Vom starken Wind sozusagen zerzauste, windschief gewordene Bäume, vielleicht noch in einer regenarmen Landschaft, die sich nur mühsam behaupten können, das aber oft bewundernswert fertigbringen, haben die stärkste Kraft in sich. Das trifft auch schon für kräftig gewachsene Sträucher zu. Der mit seinen kräftigen Wurzeln im Boden fest verankerte Baum ist mit der Erde eins geworden. Die Schwingungen von »Mutter Erde« durchpulsen ihn unaufhörlich. Und die von »Vater Himmel« aus dem Kosmos auf ihn herabströmen, nimmt er ebenso unaufhörlich mit der riesigen Zahl seiner Blätter bzw. Nadeln in sich auf. An den Jahresringen, die er im Lauf seines Lebens ausbildet, können wir die über die Zeit hinweg organisch-langsam gewachsene Fülle seiner Lebensenergie direkt ablesen.

Zudem ist jeder Baum *die Heimstatt für tausend Lebensformen* in Gestalt unzähliger Insekten, Kleinlebewesen, Vögeln und Kleintieren, die ihn von seiner Wurzel bis zur Krone bevölkern: ein Kernstück der Natur und aller ihrer Lebensbedingungen. Er ist der Energieträger, dessen Kraft wir am leichtesten und fast überall »anzapfen« können. Wer dafür offen ist, der kann den »Geist« so manchen Baumes die geistigen Wesenheiten, die ihn beseelen, zuweilen wie mit Händen greifen.

Der gesunde Baum trägt die Tachyonenenergie als Produkt der noch ungeformten Nullpunktenergie *schon in der für uns verwertbaren Form in sich.* Es ist gewissermaßen die personifizierte Urschöpfungskraft, die da vor uns steht. Ein Objekt, das mehrere Stunden oder eine ganze Nacht oder noch länger an einem kraftvollen Baum mit seiner starken Lebensenergie aufgeladen und gesättigt wurde, ist in seiner subatomaren Grundstruktur verwandelt. Es ist harmonisiert in der Bindung der Tachyonen. Daher strahlen alle gesunden Baumarten, ob Nadel- oder Laubbäume, eine starke Energie für jegliche heilerische Anwendung aus. Das trifft zum Beispiel auch in vollem Umfang für die Neutralisierung von Geopathischer Belastung zu.

Indessen gibt es *für jeden Menschen eine bestimmte Baumart,* die seinem Wesen besonders entspricht, deren spezifische Schwingungen für ihn also noch heilsamer sind als die von anderen Baumarten. So haben viele Leute ihren Lieblingsbaum. Wer sich erschöpft und wie ausgelaugt fühlt, braucht sich nur einige Zeit an einen solchen starken Baum anzulehnen und sich von seiner überschäumenden Lebensenergie stärken zu lassen, und schon ist er fühlbar gestärkt. Bei der belebenden Wirkung von Pflanzen und Blumen ist das im Prinzip auch nicht anders.

In gleicher Weise trifft das zudem für *Holzstücke* zu, die aus einem solchen Baum geschnitten sind. Sie brauchen gar nicht besonders groß zu sein. Sie auf eine schmerzende Körperstelle aufzulegen, hat schon manchem geholfen, und das bereits nach kurzer Zeit. Die Schwingungsqualität und damit die Wirkung ist dort wie hier die gleiche. Ich habe schon einige Male gelesen, daß auch dafür aufgeschlossene Ärzte oft mit sehr gutem Erfolg damit arbeiten.

Noch ein Wort zur *praktischen Nutzbarmachung dieser Urenergie.* Sie brauchen nur irgendeine Substanz, die Sie vitalisieren wollen, ganz dicht an den Stamm eines gesunden kräftigen Baumes oder über eine massive Astgabel zu legen, zum Beispiel kleinere oder größere Aluminium- oder sonstige Metallplatten aus dünnem oder stärkerem Blech oder irgendwelche Textilien wie einen Schal oder Unterwäsche, auch einen Stein oder was auch immer. Sie können Wasser in einem geeigneten Gefäß: einer Flasche oder einem ähnlichen Behälter auf diese einfache Weise vitalisieren. Manche Bäume haben einen Doppelstamm, der schon in Erdhöhe eine deutliche Einbuchtung zeigt: der ideale Platz für einen Wassertopf. Wie schon erwähnt, empfehle ich dafür die Zeitdauer von mehreren, mindestens sechs Stunden. Sie kann beliebig länger sein. Ich habe jedenfalls die Erfahrung gemacht, daß nach dieser Zeit sämtliche Substanzen voll mit der Freien Energie gesättigt waren, und ich kann die Erfahrung anfügen, daß noch nach mehreren Jahren die Energiesättigung in vollem Umfang gegeben und zum praktischen Einsatz verfügbar war. Auf diese »Energieplatten«, wie ich sie schlicht nenne, werde ich gleich zu sprechen kommen.

4. Mineralien und Steine

Eine eigene Klasse von starken Energieträgern sind Mineralien. Dazu gehören auch Edelsteine im Rohzustand, früher auch Halbedelsteine genannt. Sie sind in vielen, vielen Millionen Jahren in der Erde gewachsen und tragen eine immense Kraft in sich, für die sie seit Menschengedenken bekannt und geschätzt sind. Die Zeit der Entstehung eines Planeten ist gekennzeichnet durch die Erstarrung seiner Oberfläche, die aufs engste mit *der Bildung von Kristallen* zusammenhängt. So entstehen die Gesteine und die Schichten der Gebirge. Die festen Bestandteile aller Lebewesen führen uns zurück zur Bildung von Kristallen und Kristallgittern, die wir im Holz (Zellulose), in den Panzerschalen von Korallen und Muscheln und ebenso im Knochenbau aller Säugetiere und so auch des Menschen finden. Es sind die »Werkzeuge« der Urschöpfungskraft, die uns hier begegnen.

Es ist somit unsere eigene kristalline Struktur betroffen. Auch die 70 Prozent Wasser, aus denen wir bestehen, haben ihren kristallinen

Ursprung, verschieden strukturiert als Blut- und Gehirnflüssigkeit, als Zellwasser und Lymphe. Hier in den Kristallen haben wir unsere Verwandtschaft mit den Mineralien und Steinen, die nicht wenige Menschen in der Tiefe ihres Wesens anspricht. Es ist unsere Verbundenheit mit dem stets lebendigen atomaren Gefüge der Kristalle, die uns die Einheit allen Lebens zu fühlen gibt. Sie kann manche Menschen geradezu faszinieren.

Auch *die ganz »gewöhnlichen« Steine,* denen wir auf Schritt und Tritt begegnen, gehören hierher. Warum suchen so viele Leute im Gebirge, an Flüssen, am Strand der Meere nach Steinen, nach »ihren« Steinen? Sie spüren die Ausstrahlungen, ja die Strahlkraft dieser oft unscheinbar herumliegenden Steine und machen sie sich oft mehr instinktiv als durch große Überlegungen zunutze. Und das gar nicht so selten mit erstaunlichen gesundheitlichen Auswirkungen und Ergebnissen. Daher sollte uns ganz bewußt sein: Steine sind geronnene Energie. Wir können sie auch, da wir letztlich alles Leben auf unserem Planeten dem Licht der Sonne verdanken, geronnenes Licht nennen.

Für unsere Zwecke sind sie ein hervorragender Energieträger. Für die persönliche Arbeit an sich selbst legen Sie den betreffenden Stein zehn bis 30 Minuten lang auf die zu stärkende Körperstelle. Für das indirekte Arbeiten damit legen Sie beispielsweise einen etwa faustgroßen Bergkristall oder Rosenquarz in einen Topf mit Wasser. Auf seine Schönheit kommt es überhaupt nicht an, schon der billigste ist dafür vollwertig. Nach etwa eineinhalb Stunden ist dieses Wasser energiegesättigt und kann zu allen möglichen heilerischen Zwecken verwendet werden. Jedoch haben nicht alle (Edel-)Steine als natürliche Energieträger die volle Ausstrahlungskraft von 100 Prozent, sondern oft nur etwa zwei Drittel davon. Erst durch die Energetisierung erreichen sie ihre volle Stärke. Auch wenn ein ganz gewöhnlicher Stein Ihnen nicht genug Energie auszustrahlen scheint, brauchen Sie diese nur von einem anderen starken Energieträger (zum Beispiel einem Baum) auf ihn zu übertragen. Dazu demnächst Genaueres.

Mit welchen Steinen können Sie arbeiten? Sofern Ihnen das Ihr Gefühl nicht angibt, fragen Sie Ihren Pendel: In dem schon mehrfach erwähnten »Großen Pendelbuch« finden Sie die genaue Anweisung dazu (Seite 292, Tabellen 75 und 76). Ansonsten überlassen Sie sich getrost Ihrem Gefühl, Ihrer ausgeprägten Vorliebe für einen ganz bestimmten Stein. Aber hinterfragen Sie Ihre Vorlieben und Abneigungen von Zeit zu Zeit. Dann sind Sie kaum auf einem falschen Weg.

5. Metalle, Kunststoffe, Glas

Metalle: Muß ich nach den Ausführungen von soeben jetzt noch viele Worte über die Eigenschaften von Metallen als Energieträger machen? Das soeben über Mineralien und Steine Ausgeführte können Sie getrost sinngemäß auch als für Metalle gültig betrachten. Aber es gibt dabei einen großen Unterschied, der in der zwangsläufig erfolgten Bearbeitung der Metalle liegt, mit denen wir in unserem Alltagsleben normalerweise zu tun haben. Wegen der bis in die subatomare Struktur hineingehenden Veränderung durch die weitere Be- und Verarbeitung sind die Metalle als originäre Energieträger zumeist nicht verwendbar. Sie müssen dazu erst wieder aufbereitet werden. Das ist nicht schwierig. Die Energiesättigung von Metallstücken an einem gesunden Baum haben Sie schon kennengelernt. Weitere Verfahren folgen noch. Die so erhaltene »Energieplatte« (wie ich sie seit Jahren nenne), also energetisierte Metallscheiben oder auch -stäbe sind mit die besten Hilfen für das praktische Arbeiten mit Freier Energie zugunsten der Gesundheit.

Kunststoffe: Das zuletzt Gesagte gilt voll und ganz auch für Kunststoffe aller Art. Auch sie eignen sich sehr gut für unsere Zwecke. Selbstverständlich müssen auch sie erst aufbereitet, das heißt mit Freier Energie gesättigt werden. Ob es sich dabei um flache, plattenähnliche Gebilde von wenigen Millimetern Stärke handelt, die den metallischen Energieplatten ganz ähnlich sind, oder aus Kunststoff gemachte Formen irgendwelcher Art, spielt keine Rolle.

Glas: Ein drittes, für uns hervorragend geeignetes Material ist Glas. Wenn Sie bei einem Glasbläser Glasabfall in Gestalt eines formlosen Klumpens bekommen und diesen energetisieren, werden Sie bei der Prüfung des Ergebnisses mit Ihrem Schwingpendel dieselben heftigsten Schwingungen erhalten wie bei den beiden eben genannten Medien. Die praktische Arbeit mit Glas reduziert sich im allgemeinen verständlicherweise auf gläserne Anhänger und ähnliche im Handel angebotene Glasartikel. Dazu gehören auch sogenannte Glaslinsen von etwa 2 cm Durchmesser, auch als Glaszellen bekannt.

In der Praxis werden Sie also in der Hauptsache mit Scheiben oder Platten aus Metall oder Kunststoff arbeiten:

- *Das Material* ist Aluminium, verzinktes, nicht rostendes Blech oder Stahlblech, auch Messing oder Kupfer oder Legierungen aller Art sowie Kunststoff.
- *Die Größe dieser Platten* oder sonstiger geformter Gebilde wie Stäbe, Rohre und dergleichen hängt ganz vom jeweils verfolgten Zweck ab: von ganz kleinen Rechtecken bis zu beachtlichen Größen.
- *Großflächige Platten* schneiden Sie zuerst in die gewünschten Stücke auf und überschwingen erst dann die Freie Energie auf sie, auf keinen Fall umgekehrt!
- *Die Zeitdauer der Energetisierung,* des Aufladens mit Freier Energie an einem dafür geeigneten Baum beträgt möglichst 6 Stunden, am einfachsten über Nacht, bei anderen Aufladeverfahren wie dort angegeben. – Grundsätzlich gilt: Je größer die Masse des aufzuladenden Materials, desto länger die Aufladezeit.
- Aber beachten Sie: *Die Heilungskraft wächst nicht entsprechend.* Sie bleibt im wesentlichen gebunden an das Material und hängt kaum ab von seiner Masse oder Ausdehnung. Ebensowenig von der besonderen Art des Energieträgers. Genaueres dazu in dem demnächst folgenden, zentral wichtigen Überschwingungskapitel. Dort werden Sie auch alle Angaben für die Verwendung der so gewonnenen Energieplatten als Quelle der Energieausstrahlung finden. Denn sie sind ihrerseits neben dem direkten Einsatz am Körper auch zum Aufladen von anderen Objekten hervorragend geeignet. Wegen der Einfachheit des Vorgehens und der ständigen Verfügbarkeit werden sie Ihnen in der Praxis bald nahezu unentbehrlich sein.

Wie beschaffen Sie sich Ihr Material? Am einfachsten bei einem Schlosser, Flaschner, Installateur oder einem Aluminium verarbeitenden Betrieb. Da bekommen Sie Abfallstücke jeglicher Art geschenkt, können Sie sich aussuchen und kriegen Sie für wenig Geld auch noch auf die gewünschten Größen zugeschnitten. Aluminiumstäbe und besondere Profile aller Art bekommen Sie in jedem Baumarkt. So können Sie sich also für ein Spottgeld Ihr Arbeitsmaterial selbst beschaffen.

6. Textilien aller Art

Noch ein weiterer und weit ausgreifender Bereich von Objekten eignet sich zum Einsatz von Freier Energie und ist zudem für das tägliche Leben recht wichtig: Es sind *Textilien aller möglichen Art*. Nehmen Sie diesen Begriff bitte *im weitesten Sinn*. Alles, was aus natürlich gewachsenen oder künstlich hergestellten Fasern gemacht ist oder solche als wesentliche Bestandteile enthält, gehört hierher. Auch Watte, die wegen des einfachen praktischen Gebrauchs für vielerlei Anwendungen geeignet ist. Alle derartigen Artikel wie Wundbinden, elastische Bandagen, Kniewärmer, Einlegesohlen, warme Hausschuhe, Stirnbänder, Augenkissen und -masken, Handschuhe, mit frischem Heu gefüllte Säckchen, Kissen aller Art, Schals, Unterwäsche, Kleidungsstücke, Decken und viele andere gesundheitsfördernde oder mit dem Körper in Berührung kommende Sachen gehören hierher. Ihre Sättigung mit der natürlichen Schöpfungs- und Lebenskraft kann bei allerlei Beschwerden eine beachtliche Hilfe sein. Achten Sie bei ihrem praktischen Einsatz jedoch darauf, die Einwirkungszeit auf Ihren Körper nicht zu sehr auszudehnen. Ihm soll geholfen, er soll aber nicht überanstrengt werden. Das wäre das Gegenteil von Hilfe.

Ferner möchte ich auch das Material *Leder* der Übersichtlichkeit aller in Frage kommenden Medien halber hier einordnen. Auch Leder ist ein starker natürlicher Energieträger. Allerdings sollte es bei seiner Weiterverarbeitung nicht allzusehr mit chemischen Substanzen gesättigt worden sein.

Der praktische Einsatz der Textilien ist denkbar einfach. Legen Sie zum Beispiel ein oder zwei Lagen Watte oder jedes andere geeignete Stück ausreichende Zeit – wie besprochen – an einen Ort der Kraft oder einen Baum, oder legen Sie es – darüber demnächst mehr – unter eine Spirale oder auf eine energetisierte Platte oder dergleichen und decken dann den schmerzenden Körperteil damit ab bzw. umwickeln Sie ihn. Keiner, dem das nicht guttun könnte! Einige Streifen Leukoplast können gegebenenfalls den nötigen Halt geben. Oder Sie ziehen das betreffende Kleidungsstück einfach an. Dann können Sie unbehindert Ihrer Tätigkeit nachgehen oder sich getrost schlafen legen. Die eingefangene und richtig plazierte Energie wird Ihnen zu Hilfe kommen und Ihre Vitalkraft, Ihre Abwehr- und Heilungskraft entsprechend stärken. Darüber hinaus lassen sich geeignete Textilien, etwa breite Bandagenbinden, auch gut zum Übertragen der in ihnen schwingenden Energie auf andere Stoffe oder Objekte benutzen.

7. Energiespiralen

Jetzt zu einer Hilfe ganz besonderer Art: *zur Energiespirale als einem Ort der Kraft,* den Sie sich selbst schaffen können. Damit können Sie Wasser oder alle möglichen anderen Substanzen mit positiver Energie aufladen. Ich erarbeitete dieses Verfahren nun vor bald zwanzig Jahren und praktiziere es seither innerhalb der Familie und für Freunde und Bekannte. Nachdem ich mir der Methode sicher war, vermittelte ich es inzwischen auch vielen Teilnehmern meiner Kurse. Daher kann ich es jetzt beruhigt erstmals der Öffentlichkeit vorstellen.

Zur Vorgeschichte dieser neuen Möglichkeit, die uns jederzeit zur Verfügung steht. Schon als Kind hatte mich das Phänomen der Spirale irgendwie fasziniert: die spiralige Wirbelbildung an einem Bach oder am Ufer des Mains, wo ich oft spielte, mit ihrer sich vielfach multiplizierenden Wirkung an Energie, an Saugkraft in ihrer sich verengenden Tiefe. Später dann die Berichte von der alles zerstörenden Kraft von tropischen Wirbelstürmen, Tornados, Hurricans und Taifunen, die ohne die Spiralbildung ihre ungeheuren Energien gar nicht entwickeln könnten; übrigens drehen sie wegen der Rotation der Erde um ihre Achse auf der Nordhalbkugel der Erde links, auf der Südhalbkugel rechts. Ich hörte und las von den unvorstellbaren Wirbeln in den Atomen, von Spiralnebeln im Weltenraum und von der Verwendung der Spirale als Symbol schon in frühgeschichtlicher Zeit, offenbar von den damaligen Menschen auf der gesamten Welt. Später konnte ich mich in verschiedenen Ländern auf verschiedenen Kontinenten von diesen eindrucksvollen Zeugnissen selbst überzeugen. Alles das ließ mich wieder und wieder darüber nachdenken, ob die Spirale so etwas sei wie ein Geheimnis der Natur. Und das ist sie in der Tat.

Dann machte mich vor mehr als zwei Jahrzehnten *ein Erlebnis sozusagen hellwach.* Ein schwerbeladener LKW hatte eine wunderschön gewachsene Akeleipflanze auf unserem Grundstück buchstäblich niedergewalzt. Sie war die spezielle Freude einer unserer Töchter gewesen, die darüber tief traurig war. Zu dieser Zeit hatte ich mir bei meinen beginnenden Spiralexperimenten auf Ratschlag meines Pendels gerade eine kleine Spirale von acht Windungen und 30 Zentimeter

Höhe aus Stahldraht gebogen, etwa 30 Zentimeter Durchmesser in der obersten, weitesten Windung und in der untersten, engsten etwa drei Zentimeter. Diese kleine Spirale hängte ich jetzt an zwei Holzstäbchen befestigt genau über dem zerquetschten, aus der Erde kommenden Stiel der Akelei und damit genau über ihrer Wurzel auf. Es geschah so etwas wie ein Wunder: Nach kurzer Zeit begann sich die Akelei von hier aus wieder langsam aufzurichten, und schon nach drei Wochen war sie in blühender Frische wieder so da, als wäre ihr nie etwas geschehen! Das war für mich ein Schlüsselerlebnis. In der Folge experimentierte ich dann mit Spiralen verschiedenster Dimensionen und kam schließlich auch unter Zuhilfenahme meines Pendels zu einer klaren Lösung. Noch heute nach rund zwanzig Jahren praktischer Erfahrung und Bewährung erscheint sie mir optimal. Sie leistet nach wie vor hervorragende Dienste.

Die Spirale fängt kosmische Energie ein und läßt sie gesammelt aus ihrem sich verjüngenden unteren Ende weiterfließen in die Substanz, die sich darunter befindet. Und sie lädt diese bis zum möglichen Sättigungspunkt auf mit kosmischer, mit Lebensenergie, mit Freier Energie. Wie ich im ersten Teil dieses Buches darlegte, kann an der Tatsache dieser Freien Energie – wie immer sie sonst noch bezeichnet wird – heute kein Zweifel mehr sein. Die Urenergie ist allgegenwärtig, auch in unserer Atemluft. Der nach unten hin immer schmaler werdende Drahtkäfig fängt diese Massen von aller-allerfeinsten Energiepartikeln (»Tachyonen«) offenbar ein und beschleunigt ihre Bewegung nach unten hin durch die sich ständig verjüngende Form der Spirale derart, daß sie dann am unteren Ende mit einer gewissen Wucht in die dort befindliche Flüssigkeit oder sonstige Substanz gleichsam hineingeschleudert werden, so auch in eine erkrankte Körperstelle oder in ein Chakra. Alles spricht dafür, daß sich dieses Phänomen in dieser oder einer ganz ähnlichen Weise vollzieht. Sie brauchen diese Spirale nur in irgendeiner sonst ungenutzten Ecke Ihrer Wohnung (oder in einem größeren Schrank) aufzuhängen, und schon steht sie Ihnen zu jeder Stunde und ohne irgendwelche Umstände zu Diensten.

Natürlich tauchen sofort einige wichtige Fragen auf. Zunächst *die Bewegungsrichtung.* Soll die Spirale nach außen oder nach innen gerichtet sein? Es ist klar, daß in der zentrifugalen Auswärtsbewegung die Materie ebenso wie die Energie immer weiter aufgelockert werden bis zur völligen Zerstreuung (Explosion). Umgekehrt werden sie in der zentripetalen, einwärts gerichteten Bewegung immer mehr verdichtet und so zu Zusammenballung gebracht (Implosion).

Und nun die für uns wesentliche Frage: Soll unsere Spirale *links- oder rechtsdrehend* sein, also gegen oder im Uhrzeigersinn konstruiert sein? Ich glaubte lange, sie müsse grundsätzlich rechtsdrehend gemacht werden, bis ich durch praktische Versuche mit rechts- und linksdrehenden Spiralen entdeckte, daß es bei der Aufnahme von kosmischer Energie in Wasser oder sonstige Objekte darauf gar nicht ankommt. Das positive Ergebnis des »Einfangens« der Freien Energie ist bei beiden Ausführungen immer in gleicher Weise da. Offenbar kommt es nur auf die Verdichtung der einströmenden Energie an. Im Zweifelsfall ziehe ich indessen immer die rechtsdrehende Ausführung vor und möchte das auch allgemein empfehlen.

Wie sieht die Spirale nun genau aus? Das Ergebnis aller meiner Bemühungen ist ein *Grundmuster,* von dem ich überzeugt bin, daß es auch Ihnen beste Resultate bringen wird. Es hat acht rechtsdrehende Windungen (wie die Ausführungen in allen anderen Größen), ist 65 Zentimeter hoch und oben im größten Durchmesser ebenfalls 65 Zentimeter breit. Die untere Öffnung ist etwa vier bis fünf Zentimeter weit. Der Draht endet unten in seiner exakt geführten Spiralform (und ist nicht etwa nach unten hin abgebogen). Ich selbst bin bei diesen hier angegebenen Maßen geblieben. Später habe ich wegen der besseren Handlichkeit auch mit kleineren Ausführungen gearbeitet und mit sonstigen Maßen experimentiert. Dabei achtete ich sehr darauf, das Verhältnis der einzelnen Maße zueinander unverändert zu lassen (acht Windungen, Länge = größte Breite) so wie in dem aufgezeigten Grundmuster. Dazu möchte ich auch Ihnen raten, sofern Sie nicht ganz überlegt eigene Experimente machen möchten. – Zum Draht: Ob blank oder mit Plastik umhüllt, ob aus Eisen, Stahl oder Kupfer, ist gleichgültig. Wenn er nach Jahren Rost ansetzt, so mindert das seine Funktion nicht. Es muß auch nicht gezogener Draht sein, die Spirale kann auch aus irgendeinem dünnen Metallprofil präzise geformt sein.

Eine exakte Anweisung mit Skizzen, die es jedem geschickten Bastler verhältnismäßig leichtmacht, sich diese Energiespirale *selbst herzustellen,* finden Sie im Anhang am Ende dieses Buches.

Mit dieser Energiespirale *neutralisieren wir schon viele Jahre lang die Geopathische Belastung* einer starken Ost-West-Spannungslinie des Globalen Gitternetzes (Dr. Hartmann) unter unserem Bett. Sie wird so unschädlich gemacht oder »entstört«. Das geschieht mittels des vitalisierten Wassers, des Ihnen ja schon bekannten »Vita-Wassers«, das ich unter unserer 65-cm-Spirale aufbereite. Es ist alle paar Tage zu erneuern. Die Einzelheiten dazu in einem späteren Kapitel dieses Buches.

Darüber hinaus haben wir seither allerlei *Lebensmittel, Medikamente, Körperpflegemittel usw.*, auch einfache Vaseline so vitalisiert (»Vita-Salbe«), daß zum Beispiel ein Ärzteehepaar diese so behandelte Vaseline als die beste Heilcreme bezeichnete, die ihnen je begegnet sei. Legen Sie alle diese Substanzen eineinhalb Stunden oder länger mit ihrer Oberfläche etwa zehn Zentimeter unter das untere Ende der Spirale, um sie optimal mit Freier Energie zu sättigen. Stellen Sie eine Zimmerpflanze oder irgendein anderes Gewächs einige Zeit unter die Spirale, und Sie werden sich über ihr Aufblühen und das unerwartete Gedeihen nur so wundern! In meinem »Großen Pendelbuch« finden Sie die Details über das Vorgehen und auch über die Heilwirkung dieses »Vita-Wassers« und dieser »Vita-Salbe« auf den Seiten 259 ff. aufgeführt.

Sie können die Freie Energie direkt in Ihren Körper fließen lassen, indem Sie sich einfach unter die Spirale legen, in einem Abstand von zehn bis 30 Zentimeter. Die Wirkung ist nicht bei allen Menschen gleich, oft ist sie verblüffend. Wenn Sie spüren, daß es für diesmal genug ist, brechen Sie es sofort ab! Erinnern Sie sich: »Allzuviel ist ungesund.« Indessen ist *der indirekte Einsatz der Spirale* oft noch wichtiger. Manche Menschen können die ihnen mit Vita-Wasser vermittelte Heilenergie besser aufnehmen. Davon abgesehen gibt Ihnen die Spirale die Möglichkeit, sich innerhalb Ihrer eigenen vier Wände alle Ihre »tachyonisierten« Artikel selbst zu schaffen, ohne einen besonderen Ort der Kraft, einen Baum oder dergleichen zu benötigen und ohne dafür jedes Mal teuer zu bezahlen.

Von der Größe der Spirale hängt die Bestrahlungszeit der zu energetisierenden Substanzen ab. Sie beträgt bei der 65-Zentimeter-Spirale (die ich in diesem Buch immer voraussetze) für drei Liter Wasser und für volle Energetisierung praktisch aller Substanzen bis zur vollen Sättigung im allgemeinen eineinhalb Stunden. Bei einer kleineren Spirale muß die Überschwingungszeit entsprechend verlängert werden. So sind bei der 40-Zentimeter-Spirale dafür zweieinhalb Stunden nötig. Der Pendel oder der Energiesensor sagt Ihnen mit dem mentalen Verfahren auf der 100-Prozent-Kenntafel im Zweifelsfall, welche Bestrahlungszeit in einem besonderen Fall erforderlich ist.

Speziell zum Aufladen von Metall-, Kunststoffscheiben und dergleichen durch die Spirale: Nach dem Überschwingen ist die Oberseite negativ (linksdrehend), die untere Seite positiv (rechtsdrehend) gepolt. Sie wissen ja: Energie fließt nur zwischen ungleichnamigen Polen, auch Himmel und Erde sind solche. Sie können mit der Spirale auch zwei oder noch mehr aufeinanderliegende Platten gleichzeitig aufladen: Die Oberseite ist immer negativ, die Unterseite positiv. Die Aufladezeit ist wie gesagt neunzig Minuten und kann beliebig verlängert werden. Je größer die Masse des aufzuladenden Metalls, desto länger die Aufladezeit: Eine Nacht ist immer viel mehr als ausreichend. Aber die Abstrahlungs- und Heilungskraft wächst nicht entsprechend! Wenn die aufnehmende Platte über den normalen Aufnahmebereich seitlich herausragt, schadet das nicht, wenn ihre Mitte genau unter der Mitte der unteren Spiralöffnung liegt.

Überprüfung der Polung durch Pendel oder Schwingpendel:
- Den Pendel dicht über die Mitte des Prüfobjekts halten und die Reaktion abwarten: Rechts- oder Linksdrehung zeigt die Polung der Seite an: positiv bzw. negativ. – Prüfung durch Schwingpendel: Einen langen Finger der linken Hand auf die Mitte des Prüfobjekts legen: Reaktion wie bei Pendel.
- Den Pendel wenigstens zehn Zentimeter darüber halten: Auf der Plus-Seite sofort Rechtsdrehung, auf der Minus-Seite jetzt nach längerem Auf und Ab auch Rechtsdrehung. Grund: Das Prüfobjekt als Ganzes ist in seiner Wirkung nach außen hin positiv. – Prüfung durch Schwingpendel: Die linke Hand mit nach unten geöffneter Handfläche je nach Größe des Prüfobjekts zehn bis 20 Zentimeter darüber halten: Reaktion wie bei Pendel.

Zum Schluß ein Hinweis für Leser, die hinreichende Erfahrung in der Arbeit mit Pendel und Schwingpendel haben. Es ist hochinteressant festzustellen, wie sich *innerhalb der Spirale die Energieverdichtung von oben nach unten* von einer Windung zur anderen ständig steigert.

Sie brauchen dazu nur mit der linken Hand einen Energiefühler (der einfachste ist ein Stück Draht) jeweils zwischen zwei Drahtwindungen der Spirale hindurch in deren Mitte zu halten und dann mit der rechten, die den (Schwing-) Pendel hält, auf der 100-Prozent-Skala die Energieverdichtung an der betreffenden Stelle abzulesen. Es genügt auch schon die sorgfältige Beobachtung der Stärke der Ausschwingung, die sich stufenweise steigert. Das Ergebnis wird sicherlich auch Sie beeindrucken, weil Sie jetzt die Gesetzlichkeit der sich fortlaufend steigernden Energiekonzentration klar erkennen und »miterleben« können.

8. Fotos und Mikroskopfotos

Ich kann mir vorstellen, wie der bloße Anblick dieser Überschrift sofort Ihre Kritik wachruft: *ein Foto als Energieträger?* In meiner letzten Veröffentlichung »Der Schwingpendel« habe ich dieser Frage aus gutem Grund ein eigenes Kapitel gewidmet (26). Ich kann diese Ausführungen natürlich hier nicht wiederholen, sondern nur einige wesentliche Stichworte anführen. Im Judentum und im Islam wird die bildliche Wiedergabe von Gott als Blasphemie empfunden und ist absolut verpönt. Noch heute führt bei einigen Naturvölkern der Versuch, jemanden zu fotografieren, gelegentlich zu Entsetzen und zu überstürzter Flucht. Dort weiß man noch intuitiv, daß die bildliche Wiedergabe die Wesenheit des Dargestellten in sich birgt und sie gleichsam der Willkür des anderen übergibt, daß man damit seine Persönlichkeit zu verlieren Gefahr läuft.

Jedes Bild trägt nun einmal die Information über das Dargestellte in sich. Erleben Sie das nicht selbst bei jedem Foto, das Sie betrachten? Jede Wiedergabe trägt nämlich die Schwingung des Originals in sich, und das bedeutet die Aktivierung der entsprechenden mikroenergetischen biologischen Prozesse in den unterbewußten Gefühlsschichten des Betrachters. Sie ist die Grundlage seiner Denkvorgänge. Auch das ist ein Resonanzvorgang. Der Wesensgehalt des Dargestellten prägt sich also dem genau hinschauenden Betrachter, der nur hinreichend feinfühlig zu sein braucht, unverwechselbar auf. Man kann es auch ganz schlicht so ausdrücken: Wenn sich der Sinn des Dargestellten ergibt, ist dieser Sinn gegenwärtig und schwingt genau so lebendig wie im Original. Heute weiß man in Wissenschaft und Kriminologie (und nutzt das entsprechend aus), daß selbst im winzigsten Körperteilchen, z. B. in einem Stückchen Fingernagel oder Haar, der ganze Mensch mit seinem biologischen mikroelektrischen Kraftfeld individuell eindeutig enthalten ist.

So senden auch die Fotografien von Steinen und Mineralien genauso wie von Blumen und Gewächsen aller Art *ihre spezifischen Schwingungen aus.* Sie schwingen ja im Foto wie im Original. Für die erfahrenen Radiästhesisten: Rutengänger und Pendler ist das bisher Gesagte seit langem nichts Neues, denn sie konnten auf der ganzen Welt und unter den verschiedensten Umständen das immer wieder erfahren und entsprechend auswerten. Auch uns, meine Frau und mich, erstaunte das zunächst auf das höchste. Meine Frau macht seit einigen Jahren *Mikroskopfotos* von Mineralien und Blumen. Diese Bilder sind faszinierend. Zu sehen, was in einem Quadratmillimeter an Farben- und Formenpracht aufscheint, wenn man ihn auf einmal ausgeweitet auf eine Größenordnung von etwa 50 mal 70 Zentimeter in aller Ruhe betrachten kann! Da springen einen das Wunder der Natur und der unglaubliche Reichtum ihrer Urschöpfungskraft gleichsam an – es ist ein geradezu aufrührendes Erlebnis. Und nun das Überraschende: Die Energieschwingungen speziell der Mikroskopfotos sind zwischen fünf und 20 Prozent stärker als die Schwingungen, die der so fotografierte Stein bzw. die Blume im Original aussenden. Wir konnten das erst wirklich glauben, als sich dieses Ergebnis immer wieder einstellte.

Wie läßt sich dieses Phänomen erklären? Ich glaube, das ist gar nicht so schwierig. Was zuvor für unser Auge und für unsere Sinne nur ein bloßes Pünktchen war, liegt ausgebreitet, ausgeweitet vor uns in all seinem reichen »Innenleben« und all seiner Pracht, die es kennzeichnet. Jetzt öffnet sich das geheime, normalerweise verborgene Leben, seine Substanz, sozusagen die Quelle seiner Existenz. Die zuvor noch schlummernden und verborgenen Energien sind jetzt freigesetzt. Sie können sich entfalten. Daß das nicht ohne Wirkung bleiben kann, liegt wohl auf der Hand. Zudem die Überlegung: Die innere Substanz des Steins wie der Blume ist kristallinen Ursprungs genauso wie die von uns Menschen. Das ist ein gemeinsames Kernstück von allem, was lebt. Ist das nicht eine wunderbare Resonanzbrücke für das Hin- und Herschwingen des nun freier gewordenen einen und gemeinsamen Lebensstroms, das sich unaufhörlich in der Tiefe unseres Wesens vollzieht, auch wenn wir es mit unseren beschränkten Sinnen gar nicht wahrnehmen können?

Die für uns hier wesentliche Schlußfolgerung: Wir können getrost *mit einfach herzustellenden Fotos* von Steinen, Mineralien oder von einem gesunden, kräftigen Baum *als Energieträger arbeiten* und uns deren heilsame Schwingungen zunutze machen. Und wir können das erst recht mit etwas höherem Gewinn tun mit Mikroskopfotos von wiederum Mineralien oder von Blumen, ihren Blättern oder Blüten. Wie einfach es ist, auf diese Weise sich selbst oder auch anderen zu helfen, werden Sie bald im einzelnen sehen.

Beachten Sie jedoch: *Nicht jeder Stein, nicht jeder Baum* ist dafür in gleicher Weise geeignet. Am besten fotografieren Sie einige grob behauene Natursteine oder massive Quadersteine aus den Mauern von alten Bauten wie Rathäusern, Schlössern oder besonders Kirchen, von Heiligtümern vergangener Zeiten aus allen religiösen Richtungen. Sie sind zusätzlich zu der ursprünglichen Schwingungskraft des in Jahrmillionen gewachsenen Gesteins aufgeladen von den Gefühlskräften der innigen Gebete der Menschen. Und fotografieren Sie am besten nicht einen ganzen Baum mit viel leerem Raum darum, sondern vielleicht nur *einen* Meter des vor Kraft strotzenden Stammes. Sie können ihn dann mehrfach fotokopieren, um ein ganzes DIN-A 4-Blatt die Stämme engliegend damit auszufüllen. Das gleiche gilt natürlich sinngemäß für ein Steinbild. Dann machen Sie sich davon mehrere Fotokopien (die Sie dann auch auf kleinere Stücke schneiden können), und Sie sind mit diesem hochwertigen Energieträger bestens gerüstet für die Arbeit damit. Wie einfach es ist, wenn man die Details dieser wunderbaren Schöpfung erkennt und sich zunutze macht!

9. Zeichen und Formen

Vorbemerkung: Wenn man es nur von der logischen Überlegung her sieht, fragt es sich, ob dieser Punkt hier richtig eingeordnet ist. Denn Zeichen und Formen sind das Kernstück von Bildern und Symbolen, und diese wirken mehr im Unbewußten als im Bereich des bewußten Denkens. Indessen beeinflussen sie vom praktischen Leben her gesehen den Menschen doch so sehr – auch wenn er es bei weitem nicht immer bewußt wahrnimmt –, daß es für den Leser doch besser sein dürfte, es dem seither behandelten Stoff gleich anzugliedern. Das wird sich bei der konkreten Nutzung all der aufgezeigten Möglichkeiten, mit den natürlichen Strahlungen der Energie positiv auf den Organismus einzuwirken, bald zeigen.

Bilder und Symbole sind die Sprache des Unbewußten (ähnlich wie Träume) und daher die Sprache auch der seelisch-geistig-spirituellen Seite des Menschen. Meyers Großes Taschenlexikon sagt bezeichnenderweise: »Symbol (griechisch sýmbolon = Kennzeichen, Zeichen); ein wahrnehmbares Zeichen bzw. Sinnbild, das stellvertretend für etwas nicht Wahrnehmbares steht.« Solche Zeichen sind sozusagen unmittelbare Steuerungselemente für den Einsatz und die Wirksamkeit der sie tragenden kosmischen Energie, um die es letztlich auch hier geht. In aller Regel handelt es sich dabei um unkomplizierte, einfache Formen, die auf *einen* Blick klar erkennbar sind und auf der Stelle das ausstrahlen, wovon sie innerlich gleichsam gesättigt sind, was also ihren inneren Gehalt ausmacht. Oft sind es im Kern einfache geometrische Formen von harmonischer Wirkung. Nehmen Sie zum Beispiel den einfachen Kreis, das Dreieck oder das Viereck. Diese aus der seelisch-geistigen Ebene kommenden Symbole wirken entsprechend auch auf den körperlichen Organismus. Denn der Körper macht auf die Dauer immer, was ihm der Geist vorgegeben hat. Nicht umsonst weist die buddhistische Lehre darauf hin, das Tor zu den Gedanken achtsam zu bewachen, denn das Denken ist der Anfang des Tuns, das dann kein Zurück mehr zuläßt.

Muß ich jetzt noch auf *die Kraft der Symbole* hinweisen? Fahnen und Feldzeichen, Uniformen, Rangabzeichen und Orden, die besondere Aufmachung von Fürsten, Bischöfen und dem Papst, Totempfähle, Wappen und Firmenzeichen, Siegel und bloße Unterschriften, ja Banknoten und Münzen, Verkehrszeichen, bestimmte Farben für Trauer, Freude, Wut usw., einfachste Strichzeichnungen wie ein Kreis mit ihn umgebenden und von seinem Mittelpunkt ausgehenden kurzen Strichen – alles das sind Symbole und Zeichen, die auf der Stelle in den Herzen, im Unterbewußten derer, die sie sehen, ihre jeweils besondere Wirkung tun. Ihre psychologische Macht ist viel größer, als der bloße Intellekt meinen möchte.

Seit Jahrzehnten habe ich viele hundert solcher Symbole, Zeichen und Formen gesammelt. Sie kommen aus allen Ecken der Welt und der Geschichte. Allein aus dem Bereich der amerikanischen Indianer gibt es Hunderte, die uns von Felszeichnungen und Steineinritzungen überkommen sind. Von den Höhlenzeichnungen aus frühgeschichtlicher Zeit, den buddhistischen Symbolen oder den altgermanischen Runen brauche ich gar nicht zu sprechen. Gemeinsam ist den »sprechenden« Zeichen, die uns im Inneren wirklich anrühren, *ihre Einfachheit.* Ich muß es nochmals betonen. In den letzten Jahren wurden mir verschiedentlich von Esoterikern Symbole, also bestimmt-geprägte Zeichen zugeschickt, die besondere Wirkung haben sollen. Zum Beispiel ein großes Dreieck mit vielen Kreuzen außen und kleinen Dreiecken innen, das geopathische Belastungen (»Erdstrahlen«) unwirksam machen soll. Wenn es so einfach wäre! Die Nachprüfung ergibt null Wirkung. Ein anderes, in der Zusammenfügung von vielen Linien und vielen Spitzen wie ein Gebäude aussehend, soll »destruktive Gedankenenergie transformieren«. Dabei kann das unharmonische »Bauwerk« dem unvoreingenommenen Betrachter eher disharmonisch-aggressive Gefühle wecken. Ich bringe diese beiden Beispiele nur, um deutlich zu machen: Seien wir kritisch allen konstruierten, komplizierten, gleichsam »intellektualistisch vollgepackten« Zeichen und Formen gegenüber! Die menschheitsfördernden, wirklich wirkungsvollen Zeichen und Formen sind immer schlicht und strahlen ihren klaren Symbolwert aus. So wie die großen und wertvollen Erkenntnisse und Dinge des Lebens in ihrem Kern immer einfach und klar sind.

Die Schlußfolgerung für unsere Arbeit: Es kann im normalen Leben von vornherein *keinen Sinn haben, mit allzu viel Zeichen* arbeiten zu wollen. Das würde so gut wie jeden überfordern, von dem Zeitaufwand dafür ganz zu schweigen. Deshalb habe ich mir im Lauf der Jahre ganz bewußt aus den Hunderten von Zeichen und Symbolen relativ wenige ausgesucht, die sich schließlich auf die Zahl sieben reduzierten. Dabei halfen mir die Hinweise von anderen auf diesem Gebiet tätigen Menschen ebenso wie meine eigenen Erfahrungen. Ein jedes von ihnen hat sich in der Praxis vielfältig bewährt.

Allen diesen sieben Zeichen ist die Vermittlung einer ausgewogenen Kraft oder Lebensenergie gemeinsam. Das wohnt ihnen offensichtlich inne, oder besser gesagt, ihre besondere Form bewirkt das Anhaften und die Sammlung der allgegenwärtigen, ständig fließenden Freien Energie. Der Gesetzlichkeit der besonderen Gestaltung des Zeichens gemäß strahlt die Energie nun in die Umgebung hinaus. Ein jedes Zeichen tut das auf seine spezielle Weise, was ihm dann auch eine gewisse spezifisch gerichtete Wirkung verleiht. Wie stark diese Energieausstrahlung tatsächlich ist, zeigt jedes radiästhetische Instrument unverzüglich an, davon abgesehen, daß dafür besonders sensible Menschen diese Schwingungen auf der Stelle verspüren und zuweilen davon geradezu fasziniert sind.

Jetzt möchte ich Ihnen diese sieben besonderen Zeichen vorstellen und Ihnen jeweils die besonderen Eigenschaften eines jeden anführen, soweit das möglich ist. In meiner jahrelangen Arbeit damit konnte ich solche feststellen und immer wieder bestätigt finden. Häufig decken sie sich mit den Erfahrungen anderer Personen. Natürlich kann ich nicht ausschließen, daß sie bei einem anderen Menschen anders sein können. Denn ein jeder von uns ist geprägt durch sein nur ihm eigenes höchstpersönliches Schwingungsfeld. Das deckt sich auch nicht ein einziges Mal total mit dem eines anderen. Daher wären gewisse Unterschiede, vor allem feinerer Art, in der Reaktion auf ein solches Zeichen bei verschiedenen Menschen durchaus verständlich.

1. Der sechsstrahlige Stern: Auch eines der Geheimnisse der Natur! Zum Beispiel zeigen Mikroskopaufnahmen von natürlichen Schneekristallen innerhalb der immer wieder anderen Formausgestaltung stets das Grundmuster der sechs Strahlen. Nach meinen Ermittlungen hat dieser Stern eine noch etwas stärkere Energieausstrahlung und Wirkung als Dreieck, Viereck, Kreis, einfaches Balkenkreuz oder dieses umschlossen von einem Kreis. Anscheinend hat dieses Zeichen zusätzlich die Fähigkeit, das Dahinfließen eines geschlossenen schädlichen Energiestroms gleichsam aufzuspalten, aufzusplittern, zu zerstreuen und so mindestens in beachtlichem Umfang unwirksam zu machen. Siehe später bei Besprechung der Geopathischen Belastung!

2. Das Zwölfspeichenrad: Die zu beachtenden Proportionen sind vier Zentimeter Durchmesser des leeren inneren Kreises bei zwölf kreisförmig nach außen hin gerichteten Strichen von je drei Zentimeter Länge und etwa drei Millimeter Dicke. Diese spezielle Anordnung erwies sich als wirkungsvoller gegenüber einer ganzen Reihe von ähnlichen Mustern mit oder ohne geschlossenen Kreis, mit mehr oder weniger Speichen. Nach meiner Erfahrung besonders geeignet zum Aufweichen von Verhärtungen körperlicher und seelisch-geistiger Art, zum Auflösen von Blockaden, zur Befreiung von belastenden geistigen Inhalten wie negativen Erinnerungen, an denen man klebt. Für diesen Zweck scheint mir dieses Zeichen das bestgeeignete überhaupt zu sein.

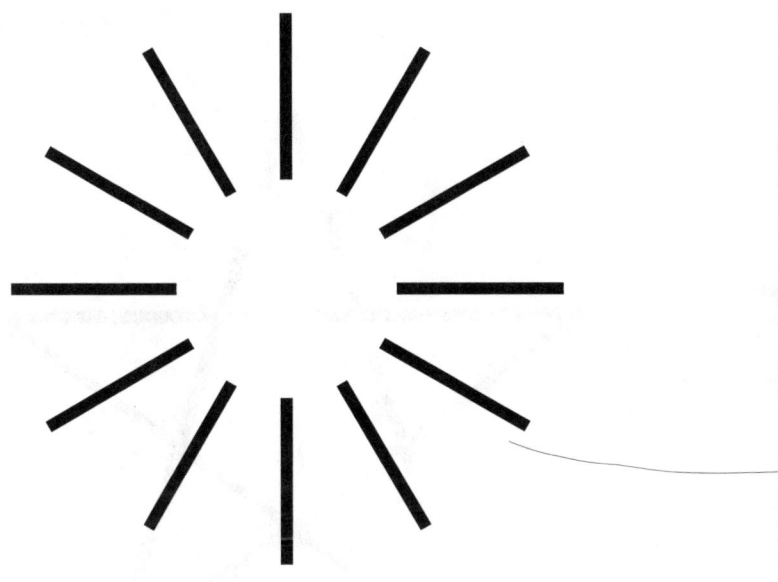

3. *Das Pentagramm*: Ein Fünfwinkelzeichen, das der Schnitt quer durch das Kerngehäuse des Apfels perfekt aufzeigt. Die fünf Striche werden in einem fortlaufenden Zug gemacht, beginnend mit der Aufwärtsbewegung an der linken unteren Spitze. Nach altem Glauben verwehrt es den Zugang zu geheiligten Innenräumen und gibt Schutz nach außen. Schon in frühgeschichtlicher Zeit des Matriarchats ist es das Emblem der Großen Göttin, der Großen Erdmutter als Quelle für Leben und Gesundheit. Im Tarot wirkungsvolles Erdsymbol. Für die Zigeuner der Stern der Erkenntnis. Als eine Art magisches Zeichen wird es auch »Drudenfuß« genannt: Auf die Hausschwelle gemalt, wehrt es Druden (Hexen), böse Nachtgeister und Dämonen ab. Also ein altes Schutzzeichen gegen negative Gedanken und Energie, das auf der anderen Seite dem Schutzbedürftigen auch Stärke gibt. Es versteht sich, daß dabei die innere Überzeugung des Betroffenen eine beachtliche Rolle spielt.

4. Organisches Germanium: Das Zeichen gibt die chemische Formel wieder. Dieses Element, diese Substanz ist von großer Wichtigkeit für die Vitalität, hilft bei einer Vielzahl von Erkrankungen, wo Medikamente kaum ansprechen, ist ein hervorragendes Entgiftungsmittel und stärkt das Immunsystem (27). Es hat eine starke Heilungskraft von besonderer Schutz- wie auch Stärkungsfunktion. Belastete Lebensmittel, Getränke, Medikamente (Nebenwirkungen!) in die Mitte zu legen, bedeutet deren Neutralisierung, Revitalisierung und allgemeine Kräftigung, zumindest aber eine starke Reduzierung der Belastung.

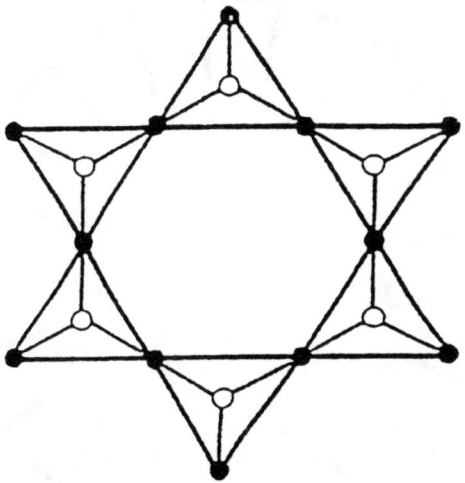

5. *Das 21-Zackenrad*: Der geschlossene Kreis von 17 Zentimeter Durchmesser hat regelmäßig im Abstand von 25 Millimeter einen 25 Millimeter langen Strich, der auf den Mittelpunkt zuläuft (28). Das Zeichen bewirkt einen starken nach innen hin sich konzentrierenden Energiefluß zum Aufladen von innen befindlichen Objekten (z. B. Medikament oder Schmuckstück) bzw. zur Neutralisierung, Revitalisierung von belasteten Lebensmitteln usw. wie bei Zeichen Nummer 4. Daher wird es auch »Neutralisierungsplatte« genannt, was jedoch nur die eine Seite seiner Wirkungen kennzeichnet.

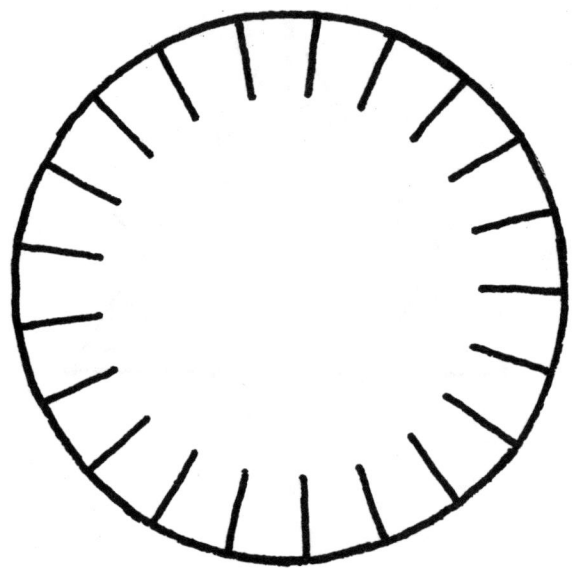

6. *Die Spirale*: Nicht ohne Grund ist die Spirale seit Menschengedenken Symbol und Kraftquelle für Kulturen in allen Erdteilen, wie oben beschrieben. Mit ihrer Hilfe können wir dem geschwächten Körper Energie zuführen ebenso wie gestaute Energien ableiten. Der Organismus und ebenso Substanzen wie Wasser, Metalle, Kunststoffe, Textilien nehmen die kosmische Energie sowohl über eine rechts- wie eine linksdrehende Drahtspirale auf. Sie können die Spirale auch in Gestalt von Spiralzeichnungen (als deren Symbol oder »Zeichen«) einsetzen. Hier gilt der allgemeine Grundsatz: Rechtsdrehung führt Energie zu, Linksdrehung leitet Energie ab. Auf die oft hilfreiche, manchmal nötige Beachtung der Polarität werde ich später zurückkommen. Hier noch die Proportionsmaße des Spiralzeichens, die nach meiner Erfahrung besonders günstig sind: Bei dem Gesamtdurchmesser von 13 Zentimeter innen vier Zentimeter durchgehend freier Raum und viereinhalb Umdrehungen innerhalb vier Zentimeter der ausgemalten Spirale, Strichbreite etwa zwei Millimeter. Für beide Drehrichtungen gleich. Sie können aber auch mit der bis zum Mittelpunkt durchgezogenen Spirale, also der voll ausgemalten, arbeiten. Welche im individuellen Fall wirkungsvoller ist, bleibt Erfahrungssache. Ich persönlich ziehe je nach den Gesamtumständen mal die eine und mal die andere vor.

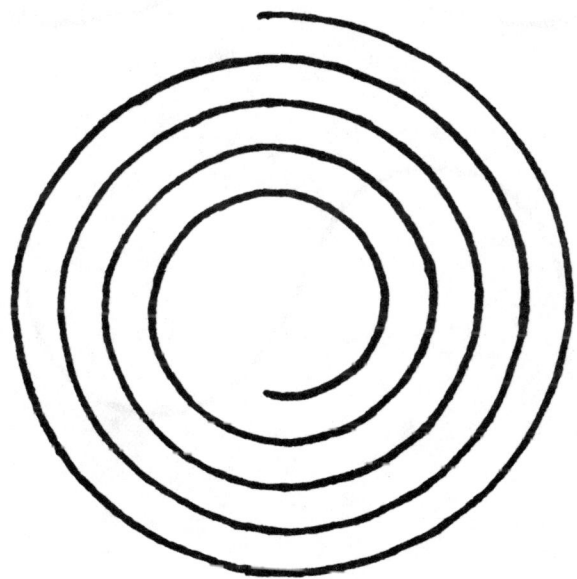

7. *Das Unendlichkeitszeichen und seine Ableitungen: Die flachliegende Acht* (»Lemniskate«) mit der ohne Anfang und Ende hin-
fließenden Bewegung, die keinerlei Spitzen oder Ecken kennt, ist
seit uralten Zeiten Zeichen der Unendlichkeit und zugleich der vollendeten Harmonie. Ihr praktischer Einsatz zielt auf das ständige Im-
Fluß-Sein, also Überwindung von körperlichem und seelischem
Energiestau oder Blockaden, und auf Erreichen von innerer Harmonie, von Spannungsausgleich, Mit-sich-selbst-eins-Sein. Das
Unendlichkeitszeichen ist die abgeflachte Form der 8, die zwei in-
einanderfließende Kreise darstellt. Das Ineinanderfließen von deren
jeweils halbseitigen Kreisen ergibt die *Sinuskurve,* der man zu
Recht eine beachtliche Ausstrahlung von Heilungs- und Neutralisierungskraft zuschreibt.

Hier sei am Rande vermerkt: Eine Ableitung der aufgerichteten Sinuskurve zeigt in der Mitte einen waagerechten Strich, an dessen Anfang nach rechts oben und an dessen Ende nach links unten in jeweils etwa 45° je ein etwa gleich langer Strich angefügt ist. Beachten Sie den großen Unterschied in der Wirkung von zwei Ausführungen: *Die eine* hat sanft abgerundete Ecken, die Übergänge sind im Fluß der Bewegung, sie sind weich und wirken elegant, harmonisch. Es ist in der Tat ein durchaus positives Zeichen. Es stärkt die Gefühlsschichten. *Die andere* hat scharfe, spitzige Ecken, die Übergänge in der Bewegung sind abrupt abgehackt, sie sind hart und wirken kantig, spitzig, wie dolchartig in den Raum hinausstoßend, aggressiv. Diese Form stärkt den bewußten Zweckwillen. Ist es verwunderlich, daß diese nur verengte Form – die altgermanische Sigrune –, in Doppelausführung nebeneinandergestellt, das Symbol des Geistes wurde, in dem die SS ursprünglich als S̲chutzs̲taffel begründet und dann systematisch erzogen wurde?

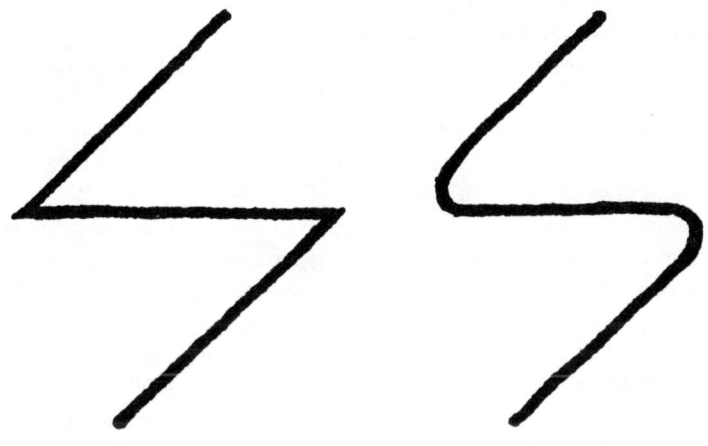

Nun haben Sie die sieben Zeichen kennengelernt, auf die ich mich – wie einleitend schon gesagt – bewußt beschränke. Jeder Mensch kann sie nach einiger Zeit der Einübung geistig im Griff haben, was sich bei einer größeren Zahl natürlich nicht mehr so leicht erreichen ließe. Dazu noch einige Bemerkungen:

- Den praktischen Einsatz dieser Energieträger mit dem Ziel der Förderung unserer Gesundheit habe ich bewußt schon in dieser Aufstellung deutlich gemacht und damit dem nächsten Hauptteil dieses Buches etwas vorgegriffen. Gerade dieses seiner Natur nach vielgliedrige Thema der Zeichen und Formen nicht noch weiter aufzuspalten, dürfte dem Leser nur eine Hilfe sein. Ich werde Sie daher später an der dafür zuständigen Stelle um nochmalige Aufmerksamkeit bitten.
- Vielleicht ist Ihnen aufgefallen, daß die Zeichen 4 und 5 (Germanium und 21-Zackenrad) in gewissem Sinn das Gegenstück sind zu den Zeichen 1 und 2 (sechsstrahliger Stern und Zwölfspeichenrad). Geht es dort vorwiegend um innere Sammlung und Verdichtung, so hier gewissermaßen um Auflösung und Zerstreuung von im falschen Sinn ausstrahlender, zuweilen geballter Energie.
- Beachten Sie bitte: Alle diese sieben Zeichen haben als natürliche Energieträger eine relativ schwache Ausstrahlung, etwa knapp die Hälfte der zuvor besprochenen. Diese Feststellung ist zugleich richtig und falsch. Denn das Wesentliche an ihnen ist nicht ihre besondere Stärke (Quantität), sondern die jeweils spezifische Art der Schwingung (Qualität). Dies habe ich ja auch bei der Beschreibung der einzelnen Symbole so klar ausgedrückt, wie das bei kritischer Betrachtung möglich ist. Fazit: Verwenden Sie diese Zeichen und Formen nicht im Sinne des Energiespendens. Ihr spezieller Wert liegt in der Erreichung des besonderen Zweckes, der sich für jedes Symbol als mehr oder minder typisch herausgestellt hat. Sie können indessen jedes Symbol zusätzlich zu seiner eigenen Kraft noch bis zu 100 Prozent (Quantität) voll sättigen. Das am einfachsten unter einer Spirale oder durch Überschwingen von einer Energieplatte oder einem anderen gesättigten Energieträger, wie das weiter unten genauer besprochen wird.
- Es versteht sich, daß Sie sich nicht an die hier vorgegebenen Größen zu halten brauchen. Je nach Ihrem Geschmack und Ihrer Erfahrung können Sie jedes Zeichen vergrößern oder verkleinern. Nur das interne Größenverhältnis jedes Zeichens sollten Sie wie

vorgegeben beibehalten, sofern Sie nicht durch eigene Versuche zu geänderten Ergebnissen für sich selbst kommen sollten.

- Wenn Sie hinreichende Übung bekommen haben, werden Sie mit diesen Zeichen in voller geistiger Sammlung auch nur in Ihrer Vorstellung arbeiten können (»Imaginationsarbeit«). Die Wirkung wird dieselbe sein. Aber: Hüten Sie sich vor dem falschen Gefühl von Sicherheit, das sich bei manchen allzu früh einstellt! »Eine Schwalbe macht noch keinen Sommer«, sagt das Sprichwort. Halten Sie daher Ihre gesunde Kritik und Selbstkritik wach – nur so können Sie die stets aktuelle Gefahr des Phantasierens und Spintisierens beherrschen. Und nur dann hat diese Arbeit ihren Sinn und ihre Berechtigung.

10. Hinweis auf Pyramiden

Hier möchte ich den Hinweis auf die energetisierende Wirkung von Pyramiden nicht unterlassen, auch wenn ich selbst noch nicht systematisch mit ihnen gearbeitet habe und es wahrscheinlich auch nicht tun werde. Der Grund ist einfach: Zum einen stimmen die Angaben über den richtigen Aufbau, das Verhältnis der verschiedenen Maße zueinander selten überein, und manchmal widersprechen sie sich sogar. Dabei kommt es anscheinend auf äußerste Exaktheit an, die sich in der Praxis nicht so einfach erreichen läßt. Ferner lassen sich heute manche der Berichte über ihre »geheimnisvollen« Wirkungen auf ganz natürliche Weise erklären. Es fehlt mir persönlich also die nötige Klarheit, wenngleich ich einen Irrtum meinerseits nicht ausschließe.

Zum anderen bin ich mit meiner beruflichen Arbeit voll ausgelastet. Zu ihr gehören inzwischen die mich faszinierende radiästhetische Tätigkeit und ebenso die praktische Nutzung der Freien Energie zu gesundheitlichen Zwecken. Aus anfänglichem Interesse ist in Jahrzehnten daraus intensive Beschäftigung geworden. Ich habe für dieses weitere Gebiet der Pyramiden also keine ausreichende Zeit, um mich intensiv und sozusagen verantwortlich damit auseinanderzusetzen. Ich schließe jedoch in keiner Weise aus, daß auch und vielleicht gerade im Zusammenhang mit der Pyramide hochinteressante und ergiebige Resultate schon erzielt wurden und noch erzielt werden können. Gute Buchhandlungen bieten reichhaltige Literatur.

Das Einfangen der Freien Energie und ihre Überschwingung auf andere Energieträger

Bisher haben wir uns die Voraussetzungen dafür erarbeitet, daß wir uns nun speziell dem Einfangen der Freien Energie und ihrer direkten oder indirekten Abstrahlung oder Überschwingung aus den verschiedenen Energieträgern auf den hilfsbedürftigen Organismus zuwenden können. Oder auch auf einen anderen Energieträger, dessen Einsatz im konkreten Fall günstiger ist. Welche Gesetzmäßigkeiten sind da am Werk? Worauf müssen wir achten, um ein optimales Ergebnis unserer gesundheitsfördernden, heilerischen Bemühungen zu erreichen?

Sie werden sich zunächst fragen: *Was ist die verläßliche Grundlage für die so konkreten Angaben,* die Sie hier finden? Die Antwort kann ich Ihnen zusammengefaßt in drei Punkten geben:

1. Ich arbeite seit Jahrzehnten mit der Radiästhesie, insbesondere mit dem Pendel und dem Schwingpendel, den ich von Anfang an und in meinen früheren Veröffentlichungen als Energiesensor bezeichne (29). In dieser langen Zeit habe ich gelernt, mit der unbedingt erforderlichen Selbstkritik und den nötigen Überprüfungen zu arbeiten. Die bei meinen Pendelkursen mit vielen Menschen gemachten Erfahrungen bestärkten mich dabei immer wieder von neuem, nicht vorschnell vorzugehen. Eine große Zahl der Angaben, die Sie hier finden, sind so zunächst in meiner praktischen Arbeit entstanden.

2. Ich biete Ihnen hier nur die Daten, die sich dann in der praktischen Anwendung effektiv bestätigt haben. Es kann sein, daß bei Seminarteilnehmern dabei zuweilen in gewissem Grad positive Erwartungen suggestiver Art mitgewirkt haben mögen. Bei welchen heilerischen Bemühungen spielt dieses Moment indessen keine Rolle? Jeder gute psychologisch empfindsame Arzt kennt das Phänomen und weiß es bei seinen Patienten zu deren Wohl auch einzusetzen. Das kann also keine Zweifel an den unzähligen Bestätigungen aus der Lebenspraxis rechtfertigen.

3. Ich weiß nur zu gut, daß jeder Mensch sein einmaliges, nicht wiederholbares psychoenergetisches Schwingungsfeld ist (nicht nur »hat«).

Daher ist nicht auszuschließen, daß die Ihnen hier gebotenen Angaben in ganz besonderen Fällen nicht optimal sind. Fest steht, daß sie sich in vielen Jahren bei mir selbst, in unserer Familie und unserem Freundes- und Bekanntenkreis sowie bei einer großen Zahl von Seminarteilnehmern bewährt haben. Das kann jedoch bei der Unüberblickbarkeit der individuellen menschlichen Wesensart keine absolut sicheren Ergebnisse garantieren. Doch kann es sich bei Ausnahmen immer nur um seltene Fälle handeln.

Und ich füge ebenso bewußt wie in meinen Pendelbüchern und Seminaren an: Versäumen Sie niemals, wenn Sie ein irgendwie ernsthafteres gesundheitliches Problem haben, einen Arzt oder Heilpraktiker Ihres Vertrauens zu Rate zu ziehen. Glücklicherweise wächst die Zahl der Ärzte, für die der Mensch mehr ist als sein sichtbarer Körper mit Gliedmaßen und Organen, nämlich ein psychoenergetisches Wesen mit dem Kern seiner individuellen Lebenskraft. Für den das Primäre also die Lebensenergie ist, die sich den Körper gestaltet. Denn was sich auch immer im Zusammenhang mit den vorliegenden Betrachtungen in uns ändert, es ist stets ein mehr oder minder deutliches Zeichen vom Wirken der schöpferischen Lebenskraft in uns.

Die grundsätzlichen Zusammenhänge und Tatsachen

Nun zu den grundsätzlichen Gegebenheiten, die uns bei den folgenden Ausführungen immer wieder begegnen. Manchmal liegen sie offen zutage, manchmal sind sie besonders bei flüchtiger Betrachtung schwerer zu erkennen.

1. Die Freie Energie ist überall und immer dieselbe. Wir können ihr viele Namen geben, die Ihnen alle schon begegnet sind. Stets sind es die Urschöpfungskraft und ihre Auswirkungen, die da am Werk sind. Das trifft zu für die natürlichen Energieträger, die Sie ja bereits kennengelernt haben, und für die von ihnen überschwungenen, also mit ihrer Hilfe energetisierten, tachyonisierten oder vitalisierten Substanzen oder Objekte, mit denen wir dann auch als Energieträger unmittelbar auf den Organismus einwirken können. Ob es sich um die natürlichen Energieträger wie Orte der Kraft, Bäume, Mineralien oder Energiespiralen handelt, es ist immer das volle Maß an Energie, also 100 Prozent, am Werk. Genau das gleiche trifft auf die von ihnen durch Überschwingen energetisierten Dinge zu, ob es dabei um Wasser, Salben, Cremes, Metallstücke, Kunststoffe, Glas, Textilien, Leder oder sonstige Gegenstände geht.

Sie können getrost davon ausgehen, daß die Freie Energie, mit der wir es hier zu tun haben, *immer 100 Prozent Energieeinheiten aufweist,* in allen Arten und Formen ihrer Bindung an materielle Substanzen. Denn sie ist in der Tat immer dieselbe. Daher werde ich auch öfters von 100 Heilungseinheiten oder einfach von 100 Prozent Heilungskraft sprechen. (Das heißt natürlich nicht, daß alles hundertprozentig geheilt wird!) Damit ist ein ebenso einfaches wie klares Maß gegeben, an das wir uns bei Vergleichen usw. halten können.

Dazu gleich die Feststellung: *Mehr als diese volle Sättigung mit Energie von 100 Prozent kann es nicht geben.* Wenn also eine Substanz zum Beispiel nach zwei Stunden Energieaufladung voll gesättigt ist, dann kann sie nicht noch mehr aufnehmen. Längere Überschwingungszeit bringt nicht mehr, sie kann aber auch nicht schaden. Daher ist es in der Praxis am einfachsten und zugleich am sichersten, das Einfangen oder Aufnehmen der Energie eine ganz Nacht über vorzunehmen oder auch bis zum nächsten tatsächlichen Einsatz des so gewonnenen Energieträgers.

Sie können weiterhin davon ausgehen, daß diese 100-Prozent-Sättigung, ist sie einmal erreicht, *auch für lange Zeit, für viele Jahre anhält.* Daß sie grundsätzlich »für immer« anhält, wird oft behauptet. Ich bin da vorsichtiger. Weiß ich doch aus jahrzehntelanger Beobachtung und Prüfung, daß z. B. eine Vita-Salbe nach zwölf Jahren nur noch 85 Prozent Sättigung aufwies oder verschiedene Energieplatten nach einigen Jahren eine ähnliche Sättigungsminderung zeigten. Mehrere Gründe sind für den schleichenden Energieverlust denkbar. So haben auch manche energetisierte Textilien nach gründlichem Waschen nur noch 66 Prozent Sättigung. In vielen anderen Fällen wiederum war nach 20 Jahren die Energie noch immer so stark wie am ersten Tag!

2. Das Gesetz der Polarität zu beachten ist oft wesentlich und immer im Sinn eines bestmöglichen Ergebnisses lohnend. Erinnern Sie sich bitte an die Ausführungen im zweiten Teil des einleitenden Kapitels über Spannung und Lösung unserer Lebenskraft und die Gesetzlichkeit der Polarität. Es steht fest, daß auch der menschliche Körper seine Polung hat, deren Wurzel in den mikroelektrischen und subatomaren Prozessen der Lebensenergie zu sehen ist. Unten an den Füßen sind wir negativ gepolt (direkte Verbindung zur Erde), oben am Scheitel positiv (Öffnung zum Kosmos); auf der rechten Körperseite positiv, auf der linken negativ (so auch die beiden Arme und Hände), ferner vorn positiv und hinten negativ. Noch feinere Betrachtungen können wir für unsere Zwecke getrost außer acht lassen. Auch zuweilen behauptete Ausnahmen im Zusammenhang mit Mann–Frau, Tag–Nacht, kann ich nicht generell bestätigen. Die seltenen Ausnahmen müssen meines Erachtens ganz ungewöhnliche Voraussetzungen haben.

Das Gesetz, das Ihnen von der Schule her noch geläufig ist, gilt auch hier: *Gleichnamige Pole (also + und +) stoßen sich ab, und ungleichnamige Pole (also + und –) ziehen sich an.* So wie der elektrische Strom die Glühbirne nur zum Leuchten bringen kann, wenn er von einem Pol (–) zum anderen Pol (+) fließen kann, so ist das offensichtlich auch beim Überschwingen der Freien Energie. Sie kann nur von einem Medium oder Stoff zum anderen fließen, wenn die Anziehungskraft ungleichnamiger Pole gegeben ist.

Beispiel: Energieplatte. *Eine Platte oder Scheibe ist wie jeder Gegenstand gepolt.* Die Unterseite – (sie berührt die Erde, ist also gleichsam ein Teil von ihr) und die Oberseite +. Jeder Pendel zeigt es Ihnen auf mit seiner negativen Links- und seiner positiven Rechtsdrehung. Hier nur die Tatsache als solche. Die Folgerungen daraus werden uns später mehrfach begegnen. Zur Erinnerung noch der Hinweis: Bei den Ausführungen über die Energiespirale erwähnte ich, daß die rechtswie die linksdrehende Spirale in gleicher Stärke kosmische Energie in Wasser und sonstige Objekte überführen. Ich wiederhole hier, daß ich trotzdem nur mit der rechtsdrehenden Spirale arbeite, weil dabei auch nicht die geringste Sorge für die spätere Anwendung eines linksspiralig gewonnenen Energieträgers bestehen kann. Wer also mit der Energiespirale arbeitet, was ich nur empfehlen kann, der braucht in jedem Fall nur eine einzige und dann klugerweise eine rechtsdrehende.

3. Die Unterscheidung von Qualität und Quantität begegnet uns auch hier. Auch Energien können auf zwei Ebenen wirken: Die Quantität steht für die Leistungsstärke oder -intensität, für die (elektrische) Felddichte und die Qualität für die besondere Information einer Strahlung oder Schwingung. So zeichnen sich Orte der Kraft durch eine hohe Felddichte aus und zuweilen durch eine eindeutige Information, sei es im positiven Sinn der Stärkung des Lebens (zum Beispiel bei einer Heilquelle) oder in seiner negativen Störung (zum Beispiel bei einer Geopathischen Belastung). Dieses Problem taucht bei unserer Arbeit außer bei den sogenannten Erdstrahlen nicht oft auf. Es ist bedeutungsvoll vor allem dann, wenn wir ganz bewußt nur positiv aufgeladene Energie auf einen Menschen direkt oder auf einen Energieträger überschwingen wollen. Der kosmischen Energie als der Urschöpfungskraft, der wir letztlich alles Leben verdanken, können wir uns indessen getrost überlassen. Die einzige Gefahr in diesem Zusammenhang ist das Übermaß: wenn sich zu viel Energie zusammenballt und für uns Menschen höchst gefährliche Energieballungen entstehen, denen wir dann mehr oder minder hilflos preisgegeben sind.

4. Zum Angebot des heutigen Markts an »tachyonisierten« Artikeln: Sie finden heute auf dem freien Markt in Broschüren, auch von Buchverlagen, eine Fülle von sogenannten tachyonisierten Artikeln angeboten, die durchweg einem besonderen gesundheitlichen Zweck dienen. Oft sind es medizinische Hilfen, die jedes Sanitäts- oder auch Reformhaus anbietet, natürlich nicht »tachyonisiert«. Mit der Aufzählung könnte ich eine ganze Seite und mehr füllen. Sie reicht von Salben aller möglichen Art über Massagebinden, naturheilkundliche Mittel, Schuheinlagen und Schlafbrillen bis zu Kleidungsstücken wie Gürtel und Seidentücher und selbstverständlich zu Anhängern, Schmuckstücken und Piercing-Artikeln.

Alle diese Artikel werden Ihnen einzeln zum Kauf angeboten, natürlich gegen einen entsprechenden Preis. Das ständig zunehmende Angebot zeigt vor allem die guten Geschäftsmöglichkeiten, die sich da bieten.

5. Sie können sich alles selbst machen: Das dürfte Ihnen schon die Lektüre des vorigen Kapitels gezeigt haben, wo ich Ihnen die natürlichen Energieträger vorstellte bzw. eine Reihe von Objekten, auf die Sie selbst Freie Energie aufschwingen können. Diese setzen Sie dann für alle Ihre persönlichen Zwecke ein. Das Ganze kostet Sie praktisch nichts, nur eine relativ kleine Mühe und ein paar Minuten Zeit. Dabei sind Sie aber nicht abhängig von einem Lieferanten. Sie können sich selbst helfen, wo immer Sie sind. Und dann wissen Sie wirklich, was Sie in der Hand haben.

- Das Tachyonisieren, Energetisieren, Vitalisieren geschieht immer auf die gleiche Weise. Die unmittelbar folgenden Ausführungen zeigen es Ihnen über die bisherigen Hinweise hinaus klar auf. Die sinngemäße Anwendung ist kaum jemals ein Problem.
- Detaillierte Angaben für jede einzelne Überschwingungsmöglichkeit sind daher unnötig. Auf möglicherweise kritische Punkte weise ich Sie hin.
- Die Freie Energie ist, wie Sie wissen, allgegenwärtig. Jeder kann sie sich zunutze machen, wenn er dafür nur aufgeschlossen ist. Keiner braucht sie von anderen Menschen zu kaufen. Sie haben die Dinge in Ihrer eigenen Hand und können alles selbst kontrollieren. (Es sind mir schon genug gekaufte »extrem tachyonisierte« Artikel zugeführt worden, die zum Teil noch weniger als 50 Prozent Sättigung aufwiesen!)

Die verschiedenen Methoden des Überschwingens der Freien Energie

Nach diesen mehr grundsätzlichen Gesichtspunkten möchte ich nun *die in der Praxis wichtigen Arten und Formen des Überleitens oder Überschwingens der Freien Energie* übersichtlich aufführen. Dabei brauche ich nicht zu wiederholen, was ich seither bei der Besprechung der einzelnen Energieträger schon über deren besonderen Nutzen und Einsatz dargelegt habe. In der Hauptsache geht es jetzt um die für die Praxis wichtigsten Vorgehensweisen, so daß Sie sich mühelos immer selbst helfen können.

Nochmals ein Überblick über alle Energieträger, die Sie als Energiespender einsetzen können für die energieempfangenden Substanzen oder Objekte. Es sind die ersten acht im vorigen Kapitel vorgestellten Energieträger: Orte der Kraft, Wasser, Bäume, Mineralien, Metalle und Kunststoffe, Textilien und Leder, Energiespiralen, Fotos und Mikroskopfotos. Einige von ihnen sind aus ganz praktischen Gründen besonders wichtig: Bäume, Metalle (energetisierte Scheiben oder Platten), Energiespiralen, Fotos. Alles Wesentliche können Sie den diesbezüglichen Kapiteln entnehmen.

Zur Erleichterung Ihrer Arbeit finden Sie jetzt *einige ständig wiederkehrende und dabei variable Überschwingungsmethoden* aufgeführt. Diese praxisnahen Beispiele mögen Ihnen zeigen, daß Sie keine unnötige Scheu zu haben brauchen, um nach einer relativ kurzen Eingewöhnung schon mit den verschiedenen Möglichkeiten zu »spielen«. Wenn Sie dabei mit dem nötigen Interesse und der nötigen Selbstkritik vorgehen, werden Sie immer den erhofften Erfolg von 100 Prozent Überschwingen erreichen können.

Energie überschwingen von einer Energieplatte auf eine andere:

• *Einfaches Auflegen* der zu überschwingenden Platte auf eine andere schon voll gesättigte. Gewöhnen Sie sich von Anfang an an, die Plusseite der Energieplatte nach oben zu legen. Dauer: vier Minuten. (Stunden oder die ganze Nacht bringt weder etwas, noch schadet es.) Dann ist die aufgelegte neue Platte unten negativ und oben auch positiv. Kennzeichnen Sie die Oberseite grundsätzlich sofort mit einem kleinen +, das Sie einritzen oder aufkleben. Dann können Sie die Seiten nicht mehr mit falscher Polung auflegen, was Sie etwa 5–10 Prozent Energieverlust kosten würde.

• Sie können auf die beiden Platten obenauf noch eine weitere schon aufgeladene Energieplatte mit der Plusseite nach oben legen. Dann sind nur dreieinhalb Minuten nötig. Es bewirkt nichts zusätzlich, aber es kann Ihre subjektive Sicherheit verstärken.

• *Gleichzeitig mehrere kleine Scheiben* energetisieren durch Auflegen auf eine aufgeladene entsprechend größere: Legen Sie sie nebeneinander, solange der Platz reicht. Auch hier können Sie noch eine zweite, größere schon aufgeladene obenauf legen. Die vorherige Polung der kleinen zu überschwingenden Platten ist gleichgültig, weil die Umpolung völlig unproblematisch ist. Nachher haben alle Scheiben 100 Prozent Aufladung. Wie gesagt: + immer nach oben und sofort kennzeichnen.

• *Mit den Händen von der linken zur rechten Hand:* Beide Platten oder Scheiben liegen vor Ihnen in einem für Sie bequemen Abstand (etwa 50 Zentimeter) auf einem Tisch, links die schon aufgeladene, rechts die aufzuladende. Sie legen Ihre beiden locker geöffneten Hände (am besten mit den Handflächen = Handchakren) jeweils auf die beiden Platten oder halten sie dicht darüber, die linke Hand auf die linke, die rechte auf die rechte Platte. Achten Sie dabei auf lockere Körperhaltung. Und seien Sie innerlich ganz gesammelt in der Vorstellung, wie die kosmische Energie über Ihre linke Hand, den linken Arm, Schultergürtel, den rechten Arm und die rechte Hand hinüberströmt auf die rechte Platte. Drei Minuten lang. Machen Sie das besser nur im Stehen, nicht im Sitzen, und möglichst auf einem geopathisch ungestörten Platz. Sie können die Scheiben oder Platten oder nur eine von beiden auch derart in die Hand nehmen, daß Sie sie mit Handteller und Fingerspitzen von beiden Seiten umschließen. Völlige Abdeckung ist nicht nötig, ein Teil darf ruhig überstehen. (Über dieses Verfahren demnächst noch Genaueres.)

- Dabei gleichzeitig mehrere kleine Scheiben überschwingen: Diese aufeinanderlegen, wenn sehr klein, auch nebeneinander, unter die rechte Handfläche (Handchakra) legen. Sonst wie soeben, jedoch eine halbe bis eine Minute länger.

- *Eine großflächige Überschwingungsplatte* kann man sich auch durch entsprechend zusammengelegte mehrere kleinere aufgeladene Energiescheiben machen (Plusseite immer oben!); ohne Nachteil für die Kraft der Überschwingung.
- *Zusätzliches Energetisieren von Steinchen* (z. B. Lava, Granit, irgendwelche Mineralien): Diese in ein Säckchen oder Folie geben, bei flachem Ausstreichen aber nur bis zu einer Dicke von zweieinhalb Zentimeter, und dieses Säckchen zweieinhalb Stunden zwischen zwei entsprechend große Energieplatten legen. Wie immer: Längere Bestrahlung kann nicht schaden.
- *Wenn mehrere Energieplatten aufeinandergelegt sind* (immer Plusseite oben), bleibt die abgestrahlte Kraft die gleiche wie bei nur einer Energieplatte. Sie wird nicht addiert oder vervielfacht.
- *Aufbewahrung mehrerer Energieplatten:* Sie einfach aufeinanderstapeln, die Plusseite immer oben, so daß sich immer nur ungleichnamige Seiten der einzelnen Scheiben oder Platten berühren.
- *Bei Platten aus Kunststoff, Glas, Leder oder ähnlichem* ist das Verfahren selbstverständlich dasselbe wie für die Metallplatten hier beschrieben.
- *Wenn eine Energieplatte an Strahlungskraft verloren haben sollte* (außerordentlich selten, siehe oben!), diese ganz einfach wie beschrieben wieder voll aufladen.

Energie überschwingen auf Textilien und ähnliche Objekte

Dabei gibt es zuweilen Schwierigkeiten, daher folgendes:
- Legen Sie das zu überschwingende Stück entweder zwischen zwei Energieplatten oder zwischen zwei schon energetisierte Textilien oder beliebig wechselnd (eine Platte und ein Textilgewebe) oder auch nur auf eine einzige ohne Abdeckung auf der Oberseite. Sie

werden immer 100 Prozent Aufladung haben. Achten Sie darauf, daß alle Plusseiten oben liegen. Die Überschwingungszeit ist hier länger, zweieinhalb Stunden sind das Minimum.

- Bei größeren oder großflächigen Textilien wechselt die Polarisierung je nach der Art des Zusammenlegens, was die Ausstrahlungskraft nicht beeinträchtigt. Ein wie auch immer zusammengelegtes Stück hat (wie jeder Gegenstand) immer eine Plus- und eine Minusseite. Vorher die Plusseite ermitteln und nach oben legen.
- Am einfachsten: Über Nacht in einer Plastiktüte anlehnen an einen kräftigen Baum. Wenn das Objekt besonders groß oder etwas sperrig ist, z. B. ein Heusack von 40 Zentimeter Höhe und 30 Zentimeter Durchmesser, dann legen Sie ihn die nächste Nacht oder noch einige zusätzliche Stunden nochmals umgedreht an den Stamm, so daß jetzt auch die andere Seite guten Kontakt bzw. geringen Abstand dazu hat. Überschwingungszeit sechs Stunden.
- Bei gleichem Beispiel Aufladung unter der Spirale: Sinngemäß wie soeben vorgehen. Zuerst das flachliegende »Paket« von oben, dann die vorherige Unterseite nach oben bringen und bestrahlen. Die Sättigung erfaßt die gesamte, auch die überstehende Breite. Jedoch auf den etwa zehn Zentimeter großen Abstand zum unteren Ende der Spirale achten, diese also entsprechend höher hängen. Überschwingungszeit zwei Stunden.
- Noch einfacher: Hüllen Sie den besagten Heusack bzw. ein entsprechend größeres paketähnliches Stück von textilem oder ähnlichem Inhalt von allen vier Seiten mit vier briefbogengroßen Fotos von einem Stein oder Baumstamm ein, wie kürzlich in dem Kapitel über Fotos beschrieben. Einige Stunden Einwirkung, und Sie haben immer ein kräftigendes Energiekissen zur Hand.
- Mit den Händen von der linken zur rechten Hand (siehe oben): Linke Hand auf oder über eine Energieplatte oder über einen Vita-Wasser-Topf und die rechte über das textile Gewebe oder sonstige Objekt. Auch nur drei Minuten Überschwingungsdauer.

Aufbereitung von Vita-Wasser für viele verschiedene Zwecke
Ich zähle hier alle Möglichkeiten auf, zugleich als Beispiel für sinngemäße Anwendung bei anderen Energieträgern:
- Aufladen an einem Ort der Kraft.
- Etwa einen halben Meter neben den als Energieträger eingesetzten Wasserbehälter den zu energetisierenden Behälter mit Leitungswasser stellen, linke Hand nur drei Minuten lang locker geöffnet über

ersteren und rechte Hand ebenso über letzteren halten. Innere Sammlung auf das Überströmen der Energie. (Über dieses Verfahren sogleich Genaueres.)

- Sinngemäß gleiches Verfahren: Linke Hand auf oder über eine Energieplatte und rechte Hand über den Wasserbehälter, drei Minuten lang.

- Sinngemäß gleiches Verfahren: Linke Hand auf oder über ein Stein- oder Baumfoto oder über ein Mikroskopfoto, rechte Hand über Wasserbehälter, drei Minuten lang.

- Den zu überschwingenden Behälter ganz einfach auf den schon aufgeladenen Energieträgerbehälter obenauf setzen. Der Einfachheit halber eine ganze Nacht, obgleich eineinhalb Stunden genügen.

- Den Behälter wie im Kapitel über Bäume beschrieben dicht an den Stamm eines gesunden kräftigen Baumes oder auch Strauches stellen, sechs Stunden lang oder eine ganze Nacht.

- Ein faustgroßes Stück Rosenquarz oder Bergkristall in das Wasser hineinlegen. Nach eineinhalb Stunden ist die Überschwingung erfolgt. Den Stein immer im Wasser liegenlassen und verbrauchtes Vita-Wasser einfach nachfüllen. Den Stein gelegentlich unter laufendem Wasser reinigen und hin und wieder einige Stunden in die Sonne legen.

- Den Behälter auf eine ausreichend große aufgeladene Metall-, Kunststoff- oder Glasplatte stellen oder auf mehrere kleine aneinandergereihte (selbstverständlich immer die Plusseite oben), eineinhalb Stunden lang. Eine zweite Platte kann oben darauf gelegt werden, das ist aber nicht notwendig.

- Gleiches Vorgehen, jedoch eine oder beide Platten ersetzen durch geeignetes Textilgewebe, z. B. eine breite Bandagenbinde, Dauer auch hier wenigstens eineinhalb Stunden.

- Den Wassertopf unter die 65-Zentimeter-Spirale geben, Abstand unteres Spiralende – Wasseroberfläche etwa zehn Zentimeter oder etwas mehr, Dauer eineinhalb Stunden.

- Den Wassertopf auf ein Stein- oder Baumfoto oder ein Mikroskopfoto von Stein oder Baum stellen, eineinhalb Stunden lang. Eine zweite Fotografie kann oben darauf gelegt werden, das ist aber nicht notwendig.

Diese drei von mir bewußt ausführlich gehaltenen Beispiele dürften vollauf genügen. Alle aufgeführten Energieträger überschwingen die volle höchstmögliche Sättigung von 100 Prozent Freier Energie oder Heilungseinheiten. Es ist also *gleichgültig, mit welchem Energieträger Sie im Einzelfall arbeiten.* Es hängt in der täglichen Praxis im Regelfall nur davon ab, was sich für Sie als am einfachsten darstellt. Dabei spielen Vorliebe und Gewöhnung eine wesentliche Rolle. Vergessen Sie aber nicht die anderen, von Ihnen noch nicht genutzten Möglichkeiten. Man kann sie gerade in den oft wichtigen Details erst dann richtig beurteilen, wenn man sie auch tatsächlich ohne Vorbehalt eingesetzt hat. Machen Sie sich also getrost selbst Ihre eigenen Energieträger für das Überschwingen auf die von Ihnen gewünschten Substanzen. Wenn Sie dabei auf die richtige Polarität achten, geht Ihnen nichts an Energie verloren: Legen Sie die Plusseite immer nach oben. *Wichtig: Nur bei der Spirale* wird die Oberseite des energieaufgeladenen Objekts stets negativ, drehen Sie es also nach der Aufladung sofort um, und bringen Sie auf dieser Seite gleich Ihr Plus an. *Das Wasser* können Sie bei dieser Prozedur vergessen, denn es reguliert seine Polung selbst je nach der Situation, in der es sich befindet.

Noch ein Wort zum *Überschwingen der Energie von Zeichen und Formen auf einen anderen Energieträger.* Vielleicht ist Ihnen aufgefallen, daß davon bis jetzt nirgends die Rede war. Das hat seinen Grund. Wie ich am Ende des zuständigen Kapitels schon ausführte, ist die Ausstrahlungskraft dieser Symbole zunächst nicht sehr groß (Quantität, die Sie jedoch wie früher schon gesagt auf das volle Maß verstärken können), wohl aber die jeweils spezifische Art der Schwingung (Qualität). Wenn Sie sich speziell diese zunutze machen wollen, dann tun Sie das am einfachsten und wirkungsvollsten mit der Methode von Hand zu Hand auf ein Glas Wasser, von dem Sie dann immer wieder einmal einen Schluck zu sich nehmen.

An dieser Stelle fordere ich Sie nun auf, daß Sie *ohne Verzug mit Ihrem ersten persönlichen Experiment beginnen.* Sie werden gewiß einen gesunden, kräftigen Baum oder Strauch in erreichbarer Nähe haben. Beschaffen Sie sich mit seiner Hilfe Ihren ersten eigenen Energieträger, indem Sie gleich oder noch heute abend, wie beschrieben, ein geeignetes Objekt an seinen Stamm legen. Dann können Sie schon ab morgen mit Ihrer eigentlichen Energiearbeit beginnen und Ihre persönlichen Erfahrungen machen. Sie werden es gewiß nicht bereuen, wenn Sie dann in Anlehnung an den folgenden Buchteil die vielfältigen heilsamen Anwendungen Ihres eigenen Energieträgers erleben.

Hier noch – wie angekündigt – *die Erklärung des Überschwingens von Hand zu Hand.* Dazu muß ich ein wenig ausholen. Als ich vor reichlich 20 Jahren begann, mit dem Energiesensor (Schwingpendel) zu arbeiten, beeindruckte es mich sehr, daß sich die mit meiner linken Hand (Handchakra) aufgenommenen Schwingungen irgendeiner Substanz in ganz spezifischen Schwingungsbewegungen dieses Instruments kundtaten, das ich in der rechten Hand hielt. Die Schwingungsenergie mußte also durch meinen Körper hindurchgehen, von der linken Hand, wie kürzlich schon beschrieben, hinüber bis in die allerfeinste, unserem Bewußtsein entzogene Muskulaturstruktur meiner rechten Hand. Diese bewirkt und steuert dann das aussagekräftige Schwingen des Sensorkopfes.

Da kam mir der Gedanke, wenn das so ist, dann müßte man doch genauso mit der linken Hand aufgenommene Schwingungen in die rechte Hand hinüberleiten und dann von ihr auch wieder abstrahlen können. Und so ist es in der Tat. Als ich feststellte, daß das auch bei anderen Menschen so abläuft, wurde mir klar, daß es sich dabei um einen im Grunde ganz einfachen energetischen Ablauf handelt. Er eignet sich in seiner Gesetzmäßigkeit für das gezielte und ganz präzise Überleiten oder Überschwingen von allen möglichen spezifischen Energieschwingungen und so auch für das der Freien Energie. Weil es die Sicherheit des Ablaufs beträchtlich erhöhen kann, wird es dabei nur gut sein, wenn wir diesen Energiefluß von nur wenigen Minuten Dauer durch ausgeprägte innere Sammlung darauf entsprechend unterstützen. Probieren Sie das Ganze aus: Sie werden es erfahren und absolutes Vertrauen dazu gewinnen.

Zuletzt die so wichtige Frage: *Wie weit reicht die Ausstrahlung der mit Freier Energie gesättigten Energieträger nach außen hin und in den Körper hinein?* Nach meinen jahrelangen Beobachtungen und Versuchen können Sie von folgenden Feststellungen und Werten ausgehen:
1. *Die Ausstrahlungskraft ist in ihrer Stärke, ganz allgemein gesehen,* bei allen Arten von Energieträgern die gleiche ohne Rücksicht auf Größe und Stärke (Dicke) des Materials.
2. *Die Ausstrahlungsweite nach allen seitlichen Richtungen hin* hängt wesentlich ab von der Stärke (Dicke) der Platte (Metalle usw.)

bzw. von der Dichte des Materials (Textilien und ähnliches). Siehe Ziffer 6!

3. *Die Ausstrahlungsweite nach oben hin* einer zweieinhalb Millimeter starken Aluminium-Platte beträgt ohne Rücksicht auf ihre Größe etwa 25 Zentimeter und bis zur zusätzlichen Hälfte dieser Entfernung von dann 37 Zentimeter noch etwa 50 Prozent der vollen Kraft.

4. *Die Ausstrahlungsweite nach unten hin* beträgt bei den gleichen Bedingungen wie in Ziffer 3 etwa zehn bzw. 15 Zentimeter.

5. *Die Ausstrahlungsweite in den menschlichen Körper* des auf der Haut aufliegenden Energieträgers reicht mit 100 Prozent der Kraft bis etwa 15 Millimeter, mit 50 Prozent bis knapp 25 Millimeter und mit den letzten Resten von Wirksamkeit (etwa 3 Prozent) bis ungefähr gut 30 Millimeter. Dabei ist die Voraussetzung, daß die Plusseite des Energieträgers auf dem Körper aufliegt.

6. *Ein großflächiger Einsatz der Freien Energie* ergibt sich durch die starke Seitenstrahlung von den Plattenrändern her durch Ausnutzung der durchstrahlten Zwischenräume, indem Sie eine Reihe von schmaler- oder breiterliegenden Energieplatten nebeneinander anordnen. Ein Beispiel, gesehen im Profil des Plattenrandes, das sich durch geschicktes Verkleben auf beiden Seiten (z. B. mit den stark klebenden braunen Packklebebändern von etwa vier Zentimeter Breite) ergibt; selbstverständlich kann es beliebig verlängert werden:

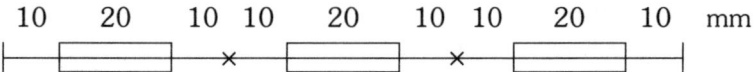

10   20   10   10   20   10   10   20   10   mm

Dieses Beispiel ergibt mit drei schmalen Energiescheiben à 20 Millimeter eine mit freier Energie abgedeckte Fläche in der Länge von 120 Millimeter = zwölf Zentimeter. Die Breite dieser Fläche hängt natürlich von der Länge der 20 Millimeter breiten und für unser Auge länglichen Energieplatten ab. Mit je einem Klebestreifen auf der Ober- und Unterseite erhalten Sie eine biegsame und den Körperformen anpassungsfähige, dicht anliegende »Platte«, die Lebensenergie und Heilungskraft ausstrahlt. Auf diese Weise können Sie die Haut oberhalb eines größeren Organs völlig abdecken. Einige geschickt angebrachte Leukoplaststreifen sorgen für ausreichend festen Halt. Dieses praktische Beispiel mag Ihnen als Anleitung für ähnlich gelagerte Fälle dienen, gerade auch für die vielen gesundheitlichen Probleme an Beinen und Armen. Das als Vorgriff auf den dritten Hauptteil dieses Buches.

Energieschwingungen zwischen allen Lebensformen und der geistigen Welt

Bei der Beantwortung der Frage: »Wie können wir die Freie Energie, die Urenergie erfassen, wie können wir sie einfangen?« haben wir uns seither im wesentlichen nur mit der materiellen Seite befaßt, also mit den stofflichen Energieträgern. Sie sind die praktischen Hilfen, mit denen wir dann bei unseren gesundheitlichen Bemühungen demnächst werden arbeiten können. Neben dieser materiellen Seite hat die Freie Energie aber noch eine andere, dem äußeren Augenschein verborgene. Wenn Sie sich an den einleitenden Buchteil erinnern, werden Sie mit mir übereinstimmen, daß diese *mehr geistige, um nicht zu sagen geistig-spirituelle Seite* nicht minder wichtig ist. Ja, genau besehen, ist sie dem Kern dessen, worum es uns hier geht, eigentlich viel näher. Ist doch jegliche Erscheinung von Energie letztlich immer nur der Ausfluß der einen und allgewaltigen Urschöpfungskraft.

Lassen Sie mich das an einem *einfachen Beispiel aus dem Alltag* demonstrieren. Was macht ein noch naturnaher, nicht überzüchteter und damit schon halb degenerierter *Hund, wenn er sich krank fühlt?* Er zieht sich in eine Ecke zurück, rollt sich zusammen, verweigert jede Nahrungsaufnahme wie jeden Kontakt mit anderen Wesen und öffnet sich so von außen völlig ungestört seinem Heilungsprozeß. Er öffnet sich ganz der Schöpfungs- und Heilungskraft. Wir können genauso formulieren: Er öffnet sich ganz dem heilsamen Wirken der Freien Energie, dieser für uns so geheimnisvollen Kraft, der er ja letztlich auch sein Leben verdankt. Nach wenigen Tagen steht er gesund auf und ist nach einigen Mahlzeiten rasch wieder der alte. Warum hat sich der Hund so verhalten? Wir Menschen sagen, sein Instinkt habe ihn so handeln lassen. Was ist dieser Instinkt? Was wir so nennen, ist die noch ungebrochene, ganz ursprüngliche Verbindung mit den Gesetzlichkeiten der schöpferischen Natur, schlicht gesagt: Es ist die selbstverständliche Naturnähe, von der wir durchschnittlichen Menschen von heute allenfalls noch einige kümmerliche Restbestände zu bieten haben. (Das deshalb, weil uns die aufgeblasene Entwicklung unseres rationalen

Denkens meilenweit weggeführt hat von den Ursprüngen unseres Seins.)

In eben diesen Restbeständen, die wir erst mühsam aus unseren unterbewußten Schichten heraufholen müssen, liegt das begraben, was ich jetzt *in unser bewußtes Erkennen und Denken hereinholen* möchte. Denn nicht weniger als in allen besprochenen materiellen Energieträgern, ja im Grunde viel mehr als in diesen, liegen hier die Kräfte, die auch noch uns Menschen in unserem Fühlen und Denken zu ihrem Teil mitsteuern. Wir wissen es nur nicht. Wenn wir es jedoch fertigbringen sollten, uns für dieses Wissen zu öffnen, dann öffnet sich uns sogleich ein Stück des ungestörten Wirkens der ursprünglichen Naturkräfte. Sie können dafür wiederum sagen: der Freien Energie – mit ihren heilsamen »Mechanismen« zum Besten unserer seelischen wie körperlichen Gesundung und Gesundheit.

Natürlich kann ich im Rahmen dieses Buches und seiner besonderen Zielsetzung nur einen sozusagen etwas vertieften Seitenblick auf *diese in jedem von uns verborgenen Wirkungskräfte* werfen. Sie öffnen sich uns vielleicht am besten durch die *Biophotonenforschung,* für die z. B. Professor Dr. Fritz Albert Popp weithin bekanntgeworden ist (30). Die Forscher können nachweisen, daß jede lebende Zelle Licht ausstrahlt, physikalisch kleinste Einheiten des Lichts, »Photonen« genannt. Dieses unvorstellbar schwache Leuchten ist eine Trillion (zehn hoch 18) Mal schwächer als normales Tageslicht. Sämtliche Organismen geben diese Zellstrahlung ab.

Die Biophotonen bilden *ein elektromagnetisches Feld* um den ganzen Körper herum und strahlen dabei Licht ab: *die Aura.* Andere Bezeichnungen dafür sind Bioplasma-, Seelen-, Geist- oder einfach feinstofflicher Körper. Aus ihm hat sich der uns allen geläufige Heiligenschein von alters her entwickelt. Sehr sensible Kinder können in ihrer ersten Pubertätsphase die Aura anderer Menschen zuweilen deutlich sehen. Auch bei einer unserer Töchter war das vor Jahren der Fall. Bei Erwachsenen ist das noch außerordentlich selten der Fall. Zu diesem hochinteressanten Gebiet hier nur der Hinweis, daß wir die Aura im wesentlichen in drei (bzw. vier) Schichten aufgliedern können: – die dem Leib unmittelbar anliegende *körperliche* (auch Ätherschicht genannt), – die *seelische* mit wesentlich weiterer Ausstrahlung (auch Astralkörper genannt), – und die *geistige.* Bei seelisch-geistig hochentwickelten Menschen schwingt diese weit über einen Meter, ja bis zu mehreren Metern in den Raum hinaus. In ihrem äußeren Bereich von allerallerfeinster Substanz können wir sie auch als *spirituelle* Aura bezeichnen.

Die Kirliansche Hochfrequenzfotografie macht sie für uns sichtbar. *Diese Ausstrahlung der Aura* ist in ihrer kaum glaublichen Wandelbarkeit auf das feinste gegliedert. In ihr herrscht ein unaufhörlich lebendiges Farbenspiel. In ihrer jeweils individuell-spezifischen Artung hinsichtlich Farbe, Ausdehnung, Pulsation der Schwingungen usw. ist sie der vollendetste Wesensausdruck der betreffenden Persönlichkeit in all ihren noch so verschiedenen Gefühlszuständen.

Die Biophotonen als die Träger der Aura steuern die Lebensprozesse in unserem Innern: Sie sorgen dafür, daß wir jede Sekunde zehn Millionen Zellen, die in unserem Organismus absterben, in der richtigen Weise sofort wieder nachliefern. Und nun kommt das für uns im vorliegenden Zusammenhang Wichtigste: Darüber hinaus steuern sie auch die wechselseitigen Beziehungen und Abhängigkeiten unseres Organismus nach außen hin, indem sie unaufhörlich schwingende Energie in Gestalt von Informationen nach außen hin abstrahlen und gleichzeitig solche von draußen her aufnehmen. Dabei bewegen sie sich mit Lichtgeschwindigkeit. In unvorstellbar kurzen Augenblicken stehen so die Lebewesen miteinander in Verbindung. Wie Professor Popp sagt: Ganze Wechselfelder der Information werden so von Menschen, Tieren und Pflanzen gesendet und empfangen. Es ist das umfassende Kommunikationssystem der Natur (31). So sehen wir, wie diese Spielart der Freien Energie eine für uns unsichtbare Verbindung von uns Menschen zu allen anderen Lebensformen und -arten schafft. Das läßt in der untergründigen Welt des Lebendigen Gemeinsamkeiten entstehen, die viel tiefer reichen, als man bei oberflächlicher Betrachtung zunächst meinen möchte.

Die Grundlage für diese Gedanken ist also die Tatsache, daß Zellen mittels Licht miteinander kommunizieren. Alles, was lebt, ist auf einen ständigen Austausch von solcher Art Energie in abenteuerlich geringer Menge angewiesen – ein Teil der sogenannten Lebensenergie. Gesteuert, kanalisiert und geleitet wird das durch ein nicht-materielles Bewußtsein oder *ein morphogenetisches, also formgebendes Feld,* wie Rupert Sheldrake es nennt (32). Er betont, daß die Erde nicht nur von einem Schwerkraftfeld und einem elektromagnetischen Feld umgeben ist, sondern auch von einem Gedächtnisfeld. In ihm ist die unendliche Fülle von Gedankenimpulsen gespeichert, nämlich alles, was in der ganzen Welt jemals gedacht und getan worden ist. Da kann es keinerlei Ausnahmen geben. Denn alles und jedes ist schwingende, fließende Energie, wie ja schon das EEG jeden kleinsten Gedanken durch die Veränderung der Gehirnströme aufzeigt. So geht jeder Gedanke in dieses Gedächtnisfeld ein und tut da seine Wirkung.

Diese allerfeinsten Schwingungen bleiben über die Zeit hinweg erhalten. Denn sie können sich nicht in nichts auflösen. Das erklärt die altasiatische Überzeugung von der *Akasha-Chronik*, die im Grunde nichts anderes besagt als das Gedächtnisfeld von Sheldrake. Im Prinzip wird sie von der modernen Kernphysik bestätigt, die nachweist, daß alles unvergänglich schwingende Energie ist. Und wiederum dasselbe ist *Das Buch des Lebens* der altjüdisch-christlichen Bibel, in dem alles und jedes verzeichnet ist, was ein Mensch denkt und tut. Die von ihr verbreitete Furcht vor dem Herrn und die Warnung »Gott sieht alles, Gott hört alles« haben hier ihre Wurzel. Und wenn wir vom universalen Geist der Metaphysik, vom universalen Natur- oder Weltgedächtnis, neuerdings von der Datenbank Kosmos hören oder reden – was sind diese Begriffe anderes als nur andere Worte für das, worum es hier geht?

Zurück zu Sheldrake und seinen morphogenetischen, oder kürzer, morphischen Feldern. Wir können sie als *das unsichtbare Organisationsprinzip der Natur* bezeichnen, das Informationen aufnimmt und festhält, so daß vergangene Ereignisse immer noch weiterwirken. Wir können uns diese »verkappten« Informationen nutzbar machen. Nach dem bisher Gesagten leuchtet es ein, daß sich diese Gedächtnisfelder, das heißt diese gleichartigen Schwingungen erst recht aufbauen, wenn sich eine größere Zahl von Menschen intensiv mit einem bestimmten Problem beschäftigt und sich um seine Lösung bemüht. *Darauf eingestellte Menschen können diese Schwingung aufnehmen* und sich dadurch inspirieren lassen. Es ist doch kein Zufall, daß oft in der Geschichte etwa zur gleichen Zeit an ganz verschiedenen Stellen der Welt äußerlich völlig unabhängig voneinander im Prinzip gleichartige Entdeckungen gemacht oder gleichartige Erkenntnisse zu einem bestimmten Problem gewonnen wurden. Es geht also darum, sich in ein bestimmtes Schwingungsfeld einzutasten. »Ein jegliches hat seine Stunde« ist ein bekanntes Bibelwort. Man kann »die Stunde« nicht erzwingen, man muß warten können, bis die Zeit reif ist: bis sich die ganz besonderen Schwingungen so aufgeschwungen haben, daß man von einem spezifisch-qualitativen Schwingungsfeld sprechen kann. Dann gilt es zuzugreifen! (33) In meinen früher jahrelang abgehaltenen Seminaren über psychologische Arbeitstechnik brachte ich das unter dem Schlagwort »Die für jede Arbeit beste Stunde nutzen«, auf die man mit einigem Geschick auch gezielt hinarbeiten kann. Diese interessante Nutzanwendung sei hier nur am Rande vermerkt.

In diesem Zusammenhang sprechen manche Forscher auch von der Kohärenz, das heißt von der Fähigkeit der Wellen zur Überlagerung. Dabei *verstärken sich die Feldstärken verschiedener Photonenquellen gegenseitig* und bilden so ein zusammenhängendes kommunikatives Feld von klarer Ausrichtung. Die heilende Wirkung z. B. von Sport, Meditation oder Handauflegen hat hier mit ihre Ursache. Das kann so weit gehen, daß ein Kranker durch die bloße Anwesenheit einer von Vertrauen getragenen starken Persönlichkeit starke heilerische Impulse erhält. Ich habe das selbst mehrfach beobachten können.

Es bleibt mir noch der Hinweis auf den berühmt gewordenen Schweizer Psychoanalytiker eigener Prägung Carl Gustav Jung (1875–1961), der das persönliche Unbewußte, das im Verlauf des Lebens individuell erworben wird, ergänzte durch *das kollektive Unbewußte,* das jedem Menschen – also überindividuell – in die Wiege gelegt wird. Seine Wesenszüge mit ihren jeden einzelnen Menschen mitprägenden Impulsen sind der ganzen Menschheit bzw. einzelnen größeren oder auch kleineren Menschengruppen zu eigen, die in sich ihre Begrenzung haben. So gibt es das kollektive Unbewußte, das jeden einzelnen Menschen auf der ganzen Welt aus seinen untergründigen Tiefenschichten heraus zu einem guten Teil prägt, und etwa das kollektive Unbewußte eigener Prägung der australischen Aborigines oder eines bestimmten Inselvolkes. Es bedarf wohl keiner weiteren Worte, um die enge Verwandtschaft auch des Jungschen kollektiven Unbewußten mit den morphogenetischen Feldern, den Gedächtnisfeldern von Sheldrake, dem biblischen *Buch des Lebens,* der asiatischen Akasha-Chronik und ähnlichen Begriffen zu betonen.

Warum bespreche ich hier so ausführlich diese Zusammenhänge? Weil sie uns zeigen, wie wir von verschiedenen Seiten und von verschiedenen Ausgangspunkten her immer wieder zu der einen Erkenntnis hingeführt werden: Es gibt *Energieschwingungen untergründiger Art,* die sich also unserer bewußten Erkenntnis hochgradig entziehen und die gewiß nicht an die materielle Seite unseres Seins gebunden sind. Sie beeinflussen, ja sie *lenken und steuern zu einem guten Teil jeden von uns.* Nur merken und wissen wir es durchweg nicht. Denn sie wirken in den unserer Einsicht verborgenen seelisch-geistigen Urgrund unserer Existenz hinein ebenso, wie sie aus ihm heraus, auch nach draußen, auf die Welt und die Menschen um uns einwirken. Wenn wir den Geist im weiten Sinn des griechischen Logos betrachten, dann können wir getrost sagen: Es sind die auch uns Menschen prägenden Energieschwingungen, die alles Leben und alle Lebensformen mit der geistigen Welt verbinden. Sie wirken hier, und sie wirken jenseits unserer durch die Materie gekennzeichneten Welt.

Das wird vielleicht noch deutlicher, wenn wir uns vor Augen halten, wie sehr schon *der Austausch von Mensch zu Mensch regiert wird durch untergründige Energieschwingungen und -ströme.* Die erfahrenen Radiästheten unter Ihnen erleben das laufend, und sie können es wenigstens zu einem Teil »nachempfinden« und so manche Einsicht über das eigenartige Wesen Mensch gewinnen. Denken Sie nur an das Phänomen von Sympathie und Antipathie, das bei sensiblen Menschen sofort einsetzt, wenn sie einem anderen begegnen, wenn sich also ihre beiden Schwingungsfelder berühren bzw. ineinanderfließen. Der – wie wir sagen – instinktiv ganz Wache kann sogleich höchst präzise Einblicke in die ganz speziellen Wesenszüge des anderen gewinnen, die sich dann oft genug in der Realität des Lebens trefflich bestätigen. Oder nehmen Sie ganz einfach die Liebe: Den größten Psychologen und Seelenkennern ist es bis heute noch nicht gelungen, das Geheimnis ihres oft dramatischen Wirkens nur einigermaßen zu entschleiern. Wir wissen bei diesem zentralen Problem des menschlichen Zusammenlebens nur eines: daß es uns oft rätselhaft erscheinende Kräfte sind, also Energieschwingungen ganz besonderer Art, deren Ursprung wir nicht wirklich durchschauen können und die doch unser gesamtes Leben hochgradig bestimmen und steuern.

Können wir nicht exakt dasselbe feststellen, wenn wir *die Beziehungen zwischen Mensch und Tier* genauer betrachten? Nur mit dem

Unterschied, daß uns die Tiere auf diesem Gebiet im allgemeinen weit überlegen sind. Der durchschnittliche (nicht degenerierte) Hund, der neben seinem am Schreibtisch sitzenden Herrn liegt, weiß genau, was in diesem vorgeht, wenn er sich von seinem Sitz erhebt. Er weiß es oft schon zuvor. Nicht selten geht er sofort zur Tür, wedelt mit dem Schwanz, zeigt also seine Freude, weil es jetzt ins Freie geht und er nach Herzenslust schnuppern und springen darf. Er hat nämlich den Gedanken seines Herrn »Jetzt gehe ich endlich an die frische Luft« auf der Stelle schon aufgenommen. (Jeder Gedanke ist schwingende Energie, EEG!) Erhebt sich sein Herr aber nur, um rasch ins Nebenzimmer zu gehen, bleibt der Hund seelenruhig liegen und wartet auf seine gleich bevorstehende Rückkehr. Was können zum Beispiel auch Jäger, die nicht nur Schießer sind, sondern ein mit ihren gehegten Tieren verbundenes Herz haben, zuweilen von dem tiefen Einverständnis zwischen ihnen und ihrem Wild berichten! Jeder echte Tierfreund, ob er nun mit Hunden, Katzen, Pferden, Kanarienvögeln, Stieren oder Delphinen zu tun hat, weiß von deren feinem und feinstem Gefühl für Schwingungen, die sie mit dem Menschen verbindet. Wer seine Antenne dafür durch einen einseitig überentwickelten Verstand nicht »abgewürgt« hat, der ahnt nicht, sondern er lebt in der Tat das manchmal weitgehende Einssein von Mensch und Tier.

Wiederum, wenn wir es vom Grundsätzlichen her betrachten, die Frage: Ist das im *Verhältnis Mensch und Pflanze* anders? Warum hat sich die Redensart vom »grünen Daumen« gebildet, den man bezeichnenderweise weit häufiger bei Frauen als bei Männern findet? Es sind Menschen, die ein inniges Verhältnis zu ihren Pflanzen haben, die sie hegen und pflegen, mit denen sie so verwachsen sind, daß sie sich etwa einer noch so schönen Urlaubsreise wegen nicht von ihnen trennen können. Die berühmt gewordenen amerikanischen Forscher Tompkins und Bird haben in ihrem Buch »Das geheime Leben der Pflanzen« (34) in höchst überzeugender Weise die unerhörte Sensibilität der Pflanzen aufgewiesen, was so weit geht, daß sie alle im EEG sichtbar werdenden Zeichen des Schreckens von sich geben, wenn der Mensch nur den Raum betritt, der ihnen früher einmal Übles angetan hat. Ich empfehle dieses Buch seit Jahren, weil es unser Verständnis für die Natur und die sogenannten niederen Lebensprozesse großartig erweitern und uns von menschlichem Hochmut befreien kann.

Ein Beispiel für die Empfindsamkeit von Pflanzen: Ein österreichischer Handelsvertreter schilderte in einem meiner Seminare, wie die von seiner Sekretärin liebevoll gehegten Büropflanzen immer mehr den Kopf hängen ließen und offensichtlich verkümmerten, als seine wichtigste Vertretung dem sicheren Bankrott entgegenging und sich bei allen Mitarbeitern tiefer Pessimismus verbreitete. Da bekam er unerwartet von einer hervorragenden rheinischen Firma seiner Branche die Anfrage nach Übernahme von deren Vertretung, die nach einigen Tagen Verhandlung vertraglich fixiert wurde. Von dem Tag an, da alle Mitarbeiter von neuem Optimismus erfüllt waren, richteten sich sämtliche Blumen und Pflanzen wieder auf, um nach wenigen Tagen wieder in der alten Pracht dazustehen!

Ist das Verhältnis von *Mensch und Materie, z. B.* von Steinen und Mineralien aller Art, im Prinzip nicht von der gleichen Qualität? Warum sind manche Menschen sozusagen verrückt nach Mineralien aller Art, die in Hunderten von Millionen Jahren gewachsen sind und die dem durchschnittlichen Menschen jetzt so ganz unauffällig zu Füßen liegen? Ihr innerer Reichtum, die Pracht ihrer Farben und Formen sind uns schon im Zusammenhang mit der Mikroskopfotografie begegnet. Es sind dieselben verborgenen, im tiefsten Grund des Seins verankerten Beziehungen, die da zum Durchbruch kommen und die die Menschen fesseln können.

Auch das ist, nur mit anderen Worten gesagt, *die Freie Energie der Urschöpfungskraft,* die alles schafft und bewegt, was sich ihr öffnet. Das atomare Geschehen mit seinem für uns ebenso phantastischen wie in der Tat ganz realen »Leben« ist der Motor, die Wurzel, die Quelle von allem und jedem: von jedem kleinen Steinchen und jedem Grashalm genauso wie von uns selbst. So ist die gesamte Schöpfung erfüllt von ewig schwingender, unaufhörlich fließender Energie. Sie trägt ihre selbsttätigen Steuerungsmechanismen in sich, die wir als die Naturgesetze bezeichnen. Alles entwickelt sich nach dem ihm innewohnenden Gesetz der uns verschlossenen geistigen Welt unaufhaltsam weiter.

Wir Menschen stehen mitten in diesem nicht endenden Wandlungsprozeß, jeder an der Stelle, wo ihn der ewige Fluß des Geschehens hingestellt hat. So sind wir eingebettet in diese unaufhörlichen Energieschwingungen zwischen allen Lebensformen und der Welt, in die wir keinen Einblick haben. Die Große Kraft umfängt uns von allen Seiten, so wie sie in uns selbst lebt und wirkt. Wenn wir uns einschwingen in diese Große Kraft, uns einordnen in ihr Wirken, uns darin geborgen fühlen, dann – und nur dann – kann sich uns ihre ganze ansonsten verborgene Fülle öffnen und uns die letztlich einzig entscheidende Hilfe sein, die wir bei all unseren Mühen um körperliche und seelische Gesundheit suchen.

Wie läßt sich die Freie Energie für gesundheitliche Zwecke einsetzen?

Unsere westliche Denkweise und Lebensart lassen uns viel mehr an »wissenschaftlich« erprobte Instrumente, Apparate und Medikamente glauben als an die natürliche Schöpfungskraft in uns, schlicht gesagt: an unsere Lebenskraft. Dabei ist sie doch der große, aus unserer Tiefe heraus wirkende Regulator aller Lebensprozesse in uns. Wenn wir nur mehr Vertrauen zu seinen Fähigkeiten haben können, dann läßt uns das große Wirkungen mit einfachen Mitteln zustande bringen. Denn die uns innewohnende Intelligenz unserer Lebensenergie findet von ganz allein den richtigen Ansatzpunkt für den Heilungsprozeß. Das war zu allen Zeiten so und ist heute nicht anders.

Das um so eher, wenn unsere bewußte Wahrnehmung und unsere bewußten Überlegungen erst gar nicht eingeschaltet sind. Oft genug *stört der alles an sich reißende Verstand* viel mehr, als er helfen könnte. Ein ganz simples Beispiel: Wohin würde es denn führen, wenn der Autofahrer jede Bewegung seines Lenkrades mit seinem »Verstand« machen müßte? Einfache Naturen haben es hier viel leichter. Sie öffnen sich, ohne viel zu denken, der Großen, der »göttlichen« Kraft, vertrauen ihr ganz einfach und machen so den Heilungsweg frei. »Gott«, die Urschöpfungskraft, ist allüberall, sie durchströmt unseren Organismus, je selbstverständlicher wir uns ihr öffnen. Und das fällt diesen wenigen Menschen leicht.

Mit anderen Worten: *Die richtige Einstellung zum Leben,* und damit von ganz allein auch zu Krankheit und Gesundheit, ist das Wesentliche. Ohne diese festbegründete Einstellung sind letztlich alle Apparate, Operationen und Medikamente vergeblich. Sie hängt aber entscheidend ab von der Verankerung im seelisch-emotionalen Untergrund des Menschen. Der bloße Ruf nach Selbstverantwortung bewirkt nichts, solange ihre Voraussetzung: die Verwurzelung des eigenständigen Denkens in der untergründigen Tiefe nicht gegeben ist. Weshalb ist *das Wort von der »reduzierten Medizin«* immer öfter zu hören? Ohne Einbeziehung der seelischen Seite ist eine wirkliche Heilung oft nicht möglich, allenfalls eine vorübergehende Herstellung von äußerer »Gesundheit« bis zum nächsten Zusammenbruch. Das können wir fast täglich beobachten. Dabei geht es doch immer um den ganzen Menschen in seiner untrennbaren Einheit von Körper und Seele-Geist.

Bei allen folgenden Ausführungen steht *dieser Kern des Problems von Gesundheit und von Heilung* im Hintergrund und ist gleichzeitig doch stets hochaktuell. Wie wir uns im einführenden Teil dieses Buches klargemacht haben, ist die Urschöpfungskraft, das heißt die Urenergie und mit ihr die Urordnung im gesamten Kosmos und in der Natur, allgegenwärtig und für uns in jedem Augenblick abrufbar. Das geschieht ganz unmittelbar ohne jegliche Zwischenschaltung irgendeiner Instanz außerhalb unser selbst oder mehr mittelbar unter Zuhilfenahme dessen, was ich unter dem Begriff der Energieträger zusammenfasse. Ist dieser ursprüngliche Zustand des freien Fließens der natürlichen Energiekräfte gestört, das heißt, sind wir krank geworden, dann muß er eben wiederhergestellt werden. Übrigens ist unnötig frühes Altwerden auch nur das Ergebnis von gestörtem Energiefluß, also von Energieverlust oder gar von Energieblockade. Dann ist es also von zentraler Bedeutung, die polaren Kräfte Plus und Minus wieder ins Gleichgewicht zu bringen. Denn es kann keinen Energiestau geben, wenn diese in ihrem natürlichen Gleichgewicht sind. Erst dann können wir ganz »bei uns« sein, nicht mehr »außer uns«, und erst dann sind wir im Vollbesitz unserer Kräfte und Fähigkeiten, und erst dann können wir frei über sie verfügen.

Daher haben jegliche Heilung und jegliches Heilsein ihre leider zu oft gestörten *Voraussetzungen:* Die wichtigste ist unstreitig das soeben angesprochene Gleichgewicht oder die *innere Ausgewogenheit und Harmonie,* die Gelassenheit, der Gleichmut. Ohne sie keine wirkliche Gesundung. In früheren Veröffentlichungen haben wir viele Hilfen dafür aufgeführt (35). Die ganze *Lebenseinstellung* ist auf das engste damit verschwistert und damit wiederum die ganze Art des Denkens, also die *Kraft der Gedanken:*
- Das Erkennen eines klaren Lebenssinns als der letzten Grundlage der Motivation zu jeglichem Tun,
- das Annehmenkönnen von Alter und Tod als ganz natürlichen Lebenserscheinungen,
- das Sich-Herausarbeiten aus negativem Denken und ständigen Befürchtungen,
- das Sich-Erarbeiten einer positiven, in die Zukunft gerichteten Denkweise,
- kurzum alles das, was zugleich den *Kern der Immun- und Abwehrkraft* ausmacht. An anderer Stelle haben wir alles Wesentliche dafür ausführlich, auch mit vielen hilfreichen Übungen dargelegt (36).

All das bisher Gesagte ist von entscheidender Bedeutung, wenn wir die allgegenwärtige Freie oder Lebensenergie, in welcher Form auch immer, für unsere gesundheitlichen Zwecke einsetzen wollen. Fehlt es in nennenswerter Weise an diesen Vorbedingungen, die *nur in uns selbst gegeben* sein können, dann sollten wir in erster Linie bemüht sein, in diesem Sinn an uns zu arbeiten. Erinnern Sie sich an das Konfuzius-Wort:»Der Weise sucht, was in ihm selber ist, der Tor, was außerhalb«? Freilich wird es wohl keinen Sterblichen geben, der so etwas wie Vollkommenheit für sich beanspruchen könnte. Aber: Wir sind alle auf dem WEG, und hier gilt das heute so oft missbrauchte Zen-Wort: »Der WEG ist das Ziel.« Wer diesen WEG geht, darf alle Hoffnung und die Zuversicht haben, daß ihm besondere Zusammenbrüche und Erkrankungen erspart bleiben mögen. Denn er ist dabei, den Slogan »Vorbeugen ist besser als heilen« für seine Person in die Tat umzusetzen. Das auch dann, wenn es ihm selbst gar nicht so recht bewußt sein sollte.

Das jetzt direkt folgende Kapitel behandelt die Möglichkeiten, die jedem von uns zu jeder Stunde und an jedem Ort zur Verfügung stehen, um ohne jedes äußere Hilfsmittel die Freie Energie, diese unerschöpfliche Große Kraft der Schöpfung und der Natur, zu Hilfe zu rufen und sich ganz unmittelbar an diese Quelle unseres Seins anzuschließen. *Im dann folgenden Kapitel* werden Sie, in der Methodik aufgezeigt, den praktischen Einsatz all der Energieträger finden, die Sie schon kennengelernt haben. Denken Sie bitte nicht zu sehr bloß an den zweckgerichteten, utilitaristischen Gebrauch dieser Energieträger. Natürlich werden sie Ihnen die erhoffte, sozusagen lokale Hilfe bringen, aber doch kaum den vollen Durchbruch, wenn Sie – wie gesagt – nicht bemüht sind, sich Ihre tiefinnere Beziehung zur Großen Kraft zu erringen, sie zu festigen und stets weiter zu vertiefen.

Am Ende dieser Einführung in den ganz praktischen Anwendungsteil dieses Buches mit seinen vielen Hinweisen zum unmittelbaren Einsatz der Freien Energie ebenso wie zum mittelbaren der Energieträger möchte ich *eine klare Warnung vor Überheblichkeit* nicht unterlassen. Alle diese Hinweise auf Selbsthilfe können keine ärztliche Therapie überflüssig machen, wenn es um eine ernstere Bedrohung der Gesundheit geht. Schon früher habe ich darauf hingewiesen, im Fall echter gesundheitlicher Probleme einen *Arzt oder Heilpraktiker* zu Rate zu ziehen.

Das schließt indessen in keiner Weise aus, daß wir uns *auf unsere eigene Kraft und die eigenen Möglichkeiten besinnen,* die die Große Mutter Natur jedem von uns zur Verfügung stellt. Immer geht es dabei um die in der Tat unersetzliche Zuführung von schöpferischer Freier Energie, das heißt in gleicher Weise von körperlicher Lebenskraft wie von seelischer Lebensenergie. Die eine ist von der anderen nicht zu trennen. Allein diese in Ihnen ruhenden vitalen Selbstheilungskräfte bewirken zusammen mit aller medizinischen Hilfe den Heilungsprozeß durch alle kritischen Phasen hindurch bis zur vollen Wiederherstellung.

Der unmittelbare Einsatz der Freien Energie: Sich direkt anschließen an die »Große Kraft«

Wir haben uns schon verschiedentlich klargemacht, daß der ernsthaft körperlich Erkrankte ebenso wie der in ständige Niedergestimmtheit (Depression) gefallene Mensch nicht »im Lot«, nicht mit sich selbst im reinen sein können. Sie sind aus ihrer gesunden Mitte herausgefallen. Und nun möchten sie wieder in diesen »Normalzustand« zurückkehren. Nach der weithin vorherrschenden Meinung von heute ist derjenige »normal«, der sich in der Gesellschaft im Rahmen von deren Forderungen eben »normal« verhält. Das bedeutet, daß er sich möglichst voll und ganz an die Forderungen dieser Gesellschaft anzupassen weiß, gleichgültig ob ihm das gefällt oder nicht, ob es seinen inneren Bedürfnissen entspricht oder nicht. So gesehen kann bei dem hohen Anpassungsdruck des heutigen Lebens auf den durchschnittlichen Menschen dieser eigentlich nur noch ausnahmsweise wirklich »normal«, also mit sich selbst im reinen, in Harmonie sein. Das ist dem durchschnittlichen Menschen von heute verwehrt. Wie sollte er auch unter den heutigen Lebensbedingungen diese innere Geschlossenheit haben können, aus der sich doch erst seine Wirkungskraft nach innen wie nach außen entwickeln könnte? Die Verwirklichung der philosophischen Grundforderung »Sei, der du bist!« ist hochgradig Theorie. Doch sie bleibt es nur so lange, wie der einzelne das hinnimmt.

1. Das Naturrecht der persönlichen Weiterentwicklung

Wer sich auf diesen Weg begibt, wird als allererstes bestrebt sein müssen, die ihm von der Natur geschenkte Lebenskraft auf das höchstmögliche Maß zu aktivieren. Nur so kann er die seelische Stärke gewinnen, auf die es dabei ankommt. Und das setzt voraus, daß er sich an die allgegenwärtige schöpferische Energie, die Freie Energie, und damit an die kosmische Grundordnung anschließt. Nur dann kann er sein Naturrecht zu seiner ganz persönlichen freien *Weiterentwicklung auch wahrnehmen.* Leider muß ich gleich feststellen: Leicht ist das nicht. Denn es erfordert:

- Seinen jetzigen Zustand schonungslos selbstkritisch zu betrachten und die nötigen Schlüsse daraus zu ziehen.
- Sich und seine Lebensenergie zu sammeln, um die zumeist großen Reserven des Unbewußten freizusetzen.
- Den Sinn seines Lebens zu sehen und als Folge davon eine entsprechend sinnvolle Lebensführung in der Zukunft zu erkennen.
- Im Einklang zu sein mit dem Leben, so wie es ist, also auch mit seinen negativen Seiten wie Krankheit und seinem natürlichen Ende: Sterben und Tod. Wer den Tod verdrängt, ihn – wie es heute modern ist – nicht wahrhaben will, bindet einen guten Teil seiner Kräfte bewußt oder unbewußt in dem manchmal krampfhaften Kampf gegen das Unabwendbare. Den Tod so wie alles Unabwendbare überhaupt zu akzeptieren heißt, Energie für das Leben zu gewinnen.
- Die praktischen Konsequenzen für den Alltag zu ziehen.

2. Hilfen, sich der Freien Energie zu öffnen

Alles das trägt *ein unersetzliches Stück Arbeit an sich selbst* in sich, ohne die sich niemand der Freien Energie wirklich öffnen, sich ihr anschließen und ihren frei fließenden Strom in sich aufnehmen kann. Dafür gibt es eine Reihe von wesentlichen, *wahrhaft»befreienden« Hilfen:*
- *Von der körperlichen Seite* ist hier in erster Linie zu denken an *Atem und Bewegung,* wobei das ergänzende Stichwort *Beweglichkeit* nicht fehlen darf. Atem ist Leben! Und: Eine Stunde flotte Bewegung pro Tag ist die beste und billigste Medizin für jeden. Wir Menschen sind wie die allermeisten Lebewesen als Bewegungswesen »konstruiert«, und wenn wir uns nicht entsprechend verhalten, verrotten wir frühzeitig. Das ist eine Binsenweisheit, wird heute

aber von den meisten Leuten vergessen. Gerade für die Abwehr- und Heilungskräfte – nur andere Namen für die uns belebende Energie – ist die die Atmung aktivierende richtige Bewegung von größter Bedeutung. Hier kann nicht der Ort sein, das in den notwendigen Details zu behandeln. An anderer Stelle habe ich knapp alles Wesentliche darüber aufgeführt (37). Jede gute Buchhandlung bietet dazu eine Fülle an Literatur. – Wer auch nur wenige Male im Zustand der vollen Abgespanntheit oder einer länger anhaltenden niederziehenden Stimmungslage die tief befreiende Wirkung der flotten Bewegung mit ihrer intensiven Atmung erlebt hat, der ist bald befreit von den gefährlichen Aufputschmitteln unserer Zeit. Der erfüllt Körper und Seele-Geist in gleicher Weise mit frischem Sauerstoff und erneuerter Lebenskraft. Der belebt sich mit Freier Energie, auch wenn er es gar nicht »weiß«.

- Natürlich darf der Hinweis auf die richtige *Ernährung,* was Menge und Art anbelangt, nicht fehlen. Der Mensch ist gewiß nicht nur das, was er ißt – wie das bekannte Wort heißt –, aber er ist es doch zu einem nicht geringen Teil. Die Hinweise von soeben gelten sinngemäß auch hier.

- Nicht zu vergessen die Frage: Macht Ihnen etwa eine Geopathische Belastung *(»Erdstrahlen«)* zu schaffen? Sie bringt so manchen Menschen unnötige Beschwernis: Fortlaufend unnötigen Einsatz seiner Lebenskraft, um damit fertig zu werden, und zugleich nach dem Gesetz von der begrenzten Energie ständigen Verlust an Kraft, die ihm nun an anderer Stelle fehlt. Das Schlimme: Er »weiß« von all dem nichts! Er kann es allenfalls spüren, ohne den Grund zu erkennen. Darüber später wegen der großen Bedeutung ein eigenes Kapitel!

3. Sich einschwingen in die Große Kraft

Von der mehr seelisch-geistigen Seite ist wohl die wichtigste Hilfe die echte »Meditation«, wenn Sie darunter die Fähigkeit verstehen, seinen Geist auf einen Punkt zu sammeln. Das ist die beste Definition dieses Begriffs. Er bedeutet, in jedem Augenblick im Hier und Jetzt ganz »da« sein zu können, in höchster innerer Sammlung aller Kräfte. Diese ist weit entfernt von mehr oder minder verkrampfter und kräftezehrender »Konzentration«, die nur eine einseitige Willensanstrengung darstellt. Sie ist – um wieder einmal zurückzukommen auf das Gesetz der Polarität – der Idealzustand des Menschen zwischen Spannung und

Lösung seiner Lebenskraft, wo sich höchste Spannkraft verbindet mit echter innerer Ruhe.

Die Bemühung, jeden Augenblick bewußt zu erleben, ist das Kernstück der Geistesschulung auf dem Weg zu tiefer innerer Einheit. Der aus dem Zen-Buddhismus kommende Lehrsatz TUE, WAS DU TUST drückt es in der einfachsten Form aus. Er hat auch schon diverse Führungskräfte des wirtschaftlichen und des öffentlichen Lebens aus dem ständigen Streß der hohen täglichen Belastung befreit (38). Das Entscheidende mit seinen weitreichenden psychologischen Folgen liegt immer darin, nur eine Sache auf einmal zu machen, diese aber ganz, auch wenn sie im Augenblick ihre Zeit kostet. Das führt heraus aus der zermürbenden Situation des Nicht-mit-sich-selbst-eins-sein-Könnens all derer, die gleichzeitig zwei oder noch mehr Dinge machen wollen und dabei ständig innerlich zerrissen sind.

Wer sich mit der altindischen *Chakrenlehre* befaßt hat, der weiß, welche Hilfe ihm auch von da her erwachsen kann, um die Freie Energie in sich arbeiten zu lassen. Auch von der westlichen Medizin wurden die Zusammenhänge zwischen den sieben Chakren oder Energiezentren und den sieben wichtigsten Drüsen des endokrinen Systems erkannt und weiter erforscht. Die Chakren steuern die mit ihnen körperlich verbundenen Drüsen, die mit der Ausscheidung ihrer Wirkstoffe (Hormone) ins Blut die Lebensvorgänge in unserem Körper in einer wunderbar anmutenden Weise regeln (39).

Auch das Arbeiten mit einem *Mantra* möchte ich hier nicht unerwähnt lassen. Wer erkannt hat, daß so wie im Universum auch in unserer Welt alles Schwingung ist und daß sich in der Einheit des Kosmos alle Schwingungen wechselweise durchdringen, der weiß auch von der Kraft des bewußten kontinuierlichen Einsatzes bestimmter Schwingungen, die uns mit der Großen Energie des Kosmos, also der Freien Energie, verbinden. Das Mantra, eine kurze und zumeist sinnfreie Verbindung von klangreichen Silben (Vokale!), muß sorgfältig auf die individuelle Eigenart des Übenden eingestellt sein. Seine ständige rhythmische Wiederholung im Sprechen, Flüstern oder nur im Denken, das sich dann nach einiger Zeit verselbständigt, kann durch die fortlaufend sich steigernde Kraft seiner spezifischen Schwingung in die Einheit mit der allgegenwärtigen und unaufhörlich schwingenden Freien Energie hineinführen und so eine bedeutende Stärkung der

Persönlichkeit bewirken. Besonders bekannt sind das OM/AUM im Buddhismus und Hinduismus, das HU im Islam/Sufismus, das AMEN oder die rhythmische Wortwiederholung des Litaneigebets im Christentum. Der interessierte Leser möge sich dazu in einer guten Buchhandlung aus der reichen Auswahl ein ihm besonders zusagendes Buch auswählen.

Für nicht wenige Menschen ist eine beachtliche Hilfe in diesem Zusammenhang das Arbeiten mit einem *Mandala* (Sanskrit »Kreis«), das wir in allen Kulturen finden. Es ist eine zumeist konzentrische konkrete oder abstrakte Darstellung des Kosmos, der jeweils so verstandenen göttlichen Welt oder psychischer Gesichtspunkte, die als Meditationshilfe dient. Durchweg regiert die Grundform des Kreises (Rad, Kreuz) mit dem Doppelaspekt von Ruhe und Bewegung. Die Mitte des Kreises ist Zentrum, ist Ruhe, ist unsere Mitte, um die sich ohne Anfang und Ende der Kreis der Bewegung dreht, die nicht endende Auseinandersetzung mit dem Leben in Aktivität und Bewältigung der Schwierigkeiten. Aus dieser ständigen, unruhvollen Bewegung finden wir die ersehnte und gesuchte Ruhe und Geborgenheit, die Grundlage, den Mittelpunkt unseres Seins. Das unaufhörliche Umkreisen unserer Mitte ist sozusagen das uns eingeborene Grundmuster unseres Lebens überhaupt, das sich in der ruhevollen Mitte vollenden mag. Das Arbeiten mit einem auf die persönlichen Bedürfnisse und den persönlichen Geschmack abgestimmten Mandala kann eine große Hilfe für den »außer sich Geratenen« sein, »zu sich« zu kommen und wieder weitgehend »bei sich« zu sein (40).

• Neben der Meditation mit ihren verschiedenen Formen ist für das Sich-Einschwingen in die Große Kraft die *ganzheitliche Eutonie* (»Wohl-gespanntheit«, Gegensatz zu Dystonie) von großer Bedeutung. Mit der Meditation hat sie die Sammlung des Geistes auf *einen* Punkt gemeinsam. Dazu kommt die systematische Hinlenkung des Bewußtseins auf die Haut und die äußeren Körperpartien, die uns die Reize der Umwelt vermitteln, sowie auf die Innenräume des Körpers, und das in einer sinnvollen Abfolge. Wir sprechen von der ganzheitlichen Eutonie deshalb, weil diese Arbeit vernünftigerweise nicht bloß auf den Körper beschränkt sein sollte, sondern genauso Seele-Geist umfaßt. Der Mensch ist ja eine nicht zu trennende Einheit von beiden Bereichen, die sich wechselweise beeinflussen und steuern. Wiederum sind wir bei dem Grundgesetz der Polarität. Die Eutonie, die Wohlspannung, bringt den Menschen von ganz allein in seine Mitte zwischen Spannung und Lösung seiner Lebensenergie. So öffnet er sich in allen seinen Körperteilen und Organen dem Fließen der Energie, dem unablässigen Strömen der Lebenskraft, der Freien Energie. So hilft ihm die ganzheitliche Eutonie, indem er das Fließen der Energie in seinen Gliedmaßen verfolgt und es sich ganz bewußt macht. Kaum jemand, der nach einer solchen Übung nicht ergriffen wird von ihrer Wirkung. Es ist wie eine Neubelebung des ganzen Organismus.

• Diese Energiedurchströmung kann noch beträchtlich gesteigert werden durch das Einbringen der belebenden, *heilerischen Wirkung von Farben,* vor allem des warmen, alles durchdringenden gelben Lichts der Sonne, dieses leuchtenden, von unsäglichen Energieschwingungen erfüllten Himmelskörpers. Ihm verdanken wir alles Leben auf unserer Erde. Wir arbeiten mit der Urkraft dieses Lichts, indem wir damit durch unsere gesammelte Vorstellungskraft zum Beispiel die ganze Länge der Wirbelsäule erfüllen und sie dabei Wirbel für Wirbel vom obersten Halswirbel bis hinunter zum Steißbein durchstrahlen lassen. Von hier strömt dieses warme, gelbe, belebende Licht mit den kraftgeladenen Schwingungen der Sonne noch hinaus in alle umliegenden Gewebe und durchstrahlt auch sie mit heilbringender Lebensenergie. Wie oft haben wir bei unseren Seminaren erleben dürfen, wie sich in der Folge von solchen und ähnlichen Übungen zum Beispiel Wirbelsäulen- oder üble Kreuzbeinschmerzen in Wohlgefallen auflösen! (41)

• Zum Abschluß dieses Kapitels möchte ich den Hinweis auf *das meditative Ruhen in der Geborgenheit* nicht versäumen. Es kann auch dem aktiv im Leben stehenden Menschen ein starker Kraftquell sein, wenn er sich zwischendurch nur eine ruhige äußere Umgebung schaffen kann. Die einfachste Form finden wir bei wunschlos glücklichen alten Leuten, besonders auf dem Land. Sie sitzen ganz einfach da, sprechen kaum ein Wort, schauen allenfalls ins Grüne oder in die Ferne und genießen in völligem Einssein mit sich und der Welt ihr Dasein. Sie ruhen ganz in der Geborgenheit ihres gereiften ausklingenden Lebens. In ähnlicher Form kann sich – wie gesagt – auch der höchst Tätige und Betriebsame zwischendurch an irgendeinem stillen Platz diesem ruhevollen Verweilen im Frieden der Schöpfung, diesem Ruhen im All, im Hier und Jetzt hingeben. Es herrscht nur das Gefühl des bloßen Existierens bei weitgehender Gedankenentleerung, das

Gefühl tiefer innerer Ruhe und totaler Wunschlosigkeit. Sorgsam beobachtete Atemzüge im langsamer werdenden Rhythmus von Ein- und Ausatmen mögen zu diesem Zustand hinführen, der nicht mehr fern ist von der Erfahrung des Mystikers Jakob Böhme (1575–1624):

»Wem Zeit wie Ewigkeit
und Ewigkeit wie Zeit –
der ist befreit
von allem Streit.«

4. Lenkung der heilsamen Energieströme

Auch in diesem Kapitel geht es kaum anders als im vorigen darum, sich an die Große Kraft anzuschließen, sich in sie einzuschwingen. Hier steht nur der Gesichtspunkt der bewußten Lenkung der Energieströme mehr im Vordergrund. Es liegt in der Natur der Sache, daß die Grenzen in diesem Zusammenhang reichlich fließend und scharfe Trennungen oft gar nicht möglich sind. Das kennzeichnet nun einmal mehr oder weniger diesen gesamten Buchteil der praktischen Anwendungen. Im folgenden möchte ich eine weitere Reihe von praxisbewährten Hilfen aufführen. Ich beginne dabei mit einer mehr »äußerlich« erscheinenden Methode und lasse ihr dann jeweils tiefergreifende folgen.

Die Technik der gezielten Selbstbeeinflussung (Autosuggestion) beruht weitgehend auf dem praktischen Einsatz des erworbenen Reflexes, das heißt des selbstbewirkten reflektorischen Ablaufs in unserem Nervensystem und damit in unserem Organismus. Der davon zu unterscheidende angeborene Reflex ist uns von Natur aus zu eigen, z. B. der gesteigerte Speichelfluß, wenn Sie sich etwa eine auszulutschende Zitrone oder Ihre vergeblich ersehnte Lieblingsspeise nur lebendig vorstellen. »Wenn ich nur daran denke, läuft mir schon der Speichel im Mund zusammen.« Den gleichen reflexartigen Ablauf können Sie sich selbst erwerben, selbst gestalten. Denn jede ganz plastisch-bildhafte Vorstellung wirkt sofort auf das vegetative Nervensystem und damit auf die in uns unbewußt verlaufenden Lebensvorgänge. Die ständige Wiederholung der bildhaften Vorstellung übt die psychophysischen Folgen ein und verfestigt den Prozeß schließlich bis zu einem nahezu automatisch-zwangsläufigen Ablauf. Statt vieler Worte möchte ich nun dieses bewährte Verfahren *in seinen wesentlichen Schritten* anreißen:

1. Je entspannter Körper und Seele-Geist, um so intensiver die nachfolgende Selbstbeeinflussung. Daher den ganzen Organismus kurz entspannen im Liegen, Sitzen oder auch ruhigen Stehen mit gutem Bodenkontakt und dabei kurze Zeit ganz gesammelt die Bewegung der Bauchdecke beim Ein- und Ausatmen beobachten. Das läßt sich schon nach wenigen Versuchen rasch erlernen. Es hilft sehr, das Innere ganz offen zu machen für die folgenden Schritte.
2. Die eindeutig immer nur positive Formulierung des erstrebten Ziels in einer knappen, einprägsamen Formel (»Affirmation«), z. B. »Ich bin ganz sicher und ruhig, in jeder Lebenslage.« (Nicht: »Ich habe keine Angst mehr« oder »Ich verliere nie mehr die Ruhe.«)
3. Dabei die lebendige Vorstellung des bereits voll erreichten Ziels, ganz plastisch in der subjektiv schwierigsten Lebenssituation. Dadurch Aktivierung der wichtigen Arbeit der das Unbewußte steuernden Nervenkräfte.
4. Wiederholung täglich möglichst einige Male, wenn nach Einübung auch noch so kurz, aber vor allem kurz vor dem Einschlafen, damit die Wirkungskraft des Vorstellungsbildes die ganze Nacht über im Unterbewußten arbeiten kann.
5. Das Ganze konsequent Tag für Tag und immer nur dieses eine Vorstellungsbild mit seiner Formel (niemals mit zwei Affirmationen arbeiten!) einige Wochen oder noch länger wirken lassen. Zusätzlich kleine Hilfe: Einen Zettel mit der Formel darauf stets in der Tasche bei sich zu führen, verstärkt den Vertiefungsprozeß bei jeder Berührung mit der kurzen Bewußtmachung. »Steter Tropfen höhlt den Stein!«
6. Nicht vergessen: Was sich in langen Jahren an falschen Reaktionsgewohnheiten eingegraben hat, können Sie nicht in wenigen Tagen ändern, wohl aber bei konsequenter Bemühung in längerer Zeit. Indessen wird die Übungszeit von Mal zu Mal bei gleicher Wirksamkeit immer etwas kürzer, weil sich der zu erwerbende Reflex langsam, aber sicher einprägt.

Ein anschauliches Beispiel für die praktische Anwendung dieser Methode bei menschlicher Gehemmtheit, Kontaktscheu oder Redeangst habe ich an anderer Stelle in Einzelheiten ausgeführt, wo Sie es gegebenenfalls in Ruhe nachlesen können (42). Nun meinen Sie vielleicht, diese Methode habe im Kern mit Freier Energie nichts zu tun, da würde doch nur mit der beschränkten Kraft des eigenen Verstandes und

Willens gearbeitet? Stellen wir diese spezielle Technik in ihren größeren Zusammenhang:

Die unerhörte Stärke der Vorstellungskraft, mit der man in vielerlei Hinsicht bewußt arbeiten kann. Genauso wie wir ihr auch in vielerlei Hinsicht ausgeliefert sind, wenn wir uns nicht mit ihrer Gesetzlichkeit vertraut machen und sie für unser Wohl einsetzen. In den einleitenden Kapiteln dieses Buches haben wir uns klargemacht,

- daß der Geist, die geistige Einstellung das Primäre in uns ist,
- daß wir letztlich nur durch die Kraft unseres Geistes geheilt werden können,
- daß für den gereiften Menschen auch Tod und Sterben nichts Furchterregendes sind, sondern nichts anderes als der Übergang in eine neue, vom Gefängnis des Körpers befreite Daseinsform in der geistigen Welt, da wir zur wahren Wirklichkeit des Lebens erwachen dürfen,
- daß unsere Gedanken eine starke Kraft sind: die negativen, lähmenden ebenso wie die positiven, aufbauenden.

Immer ist es die große geistige Kraft, genährt von der schöpferischen Freien Energie, die hinter, besser gesagt, in unserer eigenen geistigen Tätigkeit steht. Sie gibt ihr erst diese oft bewundernswerte Festigkeit und Zähigkeit oder auch in der Fehlleitung diese erschreckende Starrheit und sture Verbissenheit, die wir in beiden Richtungen zuweilen bei Menschen in extremen Lebenssituationen beobachten können.

Am Anfang muß die Klärung der Situation stehen, die mich bedrückt. Wieweit bin ich für meinen Zustand, meine Schwierigkeit oder meine Erkrankung selbst verantwortlich? Was habe ich falsch gemacht in meinem Leben, in meiner Lebensführung? Was ist der Kern meiner doch offensichtlich falschen Einstellung? Für den oberflächlich Denkenden, der im Bann seines ICH steht, sind diese Fragen unsinnig, ja »beleidigend«. Für den tiefer Denkenden, der den Mut zur kritischen Selbstbetrachtung hat, sind sie der Anfang seiner Befreiung aus Schwierigkeit und Not. Denn er weiß:

FÜR DIE WAHRHEIT GIBT ES KEINEN ERSATZ.

Die Kraft der Vorstellung ist eine unerhörte Kraft. Schon Ludwig Klages sprach in seiner tiefgreifenden Lehre von der Wirklichkeit der Bilder von deren Kraft der Ein-Bildung in den unterbewußten Schichten und Vorgängen des lebenden Organismus, die er durch die fundamentale psychologische Tatsache untermauert hat, daß jedes Gefühl seine Stimmungs- und seine Antriebsseite hat (43). Denn lebendige Vorstellungen haben die Tendenz der Verwirklichung, sie tragen sie gewissermaßen in sich. Man kann getrost vom Prinzip der sich selbst realisierenden Vorstellung sprechen. Sie wirkt ja in die Tiefe der Persönlichkeit hinein. Nicht umsonst verlangt die buddhistische Lehre vom Menschen nachdrücklich, daß er das Tor seines Denkens stets achtsam bewache. Denn dem Denken, der Vorstellungskraft, der Kraft der Ein-Bildung folgt das Tun, das dann nicht mehr zu ändernde Tatsachen setzt.

Als praktisches Beispiel für die Kraft der Gedanken brauche ich Sie nur an den Optimisten im Gegensatz zum Pessimisten zu erinnern und an die gesundheitliche Erscheinungsform: Der eine schüttelt im selbstverständlichen Bewußtsein seiner inneren Kraft erste Erkrankungsanzeichen von sich und ist überraschend schnell wieder wohlauf, und der andere, der Hypochonder, bildet sich die Krankheit ein, er bildet sie sich in seinen Körper hinein, so daß er sie prompt auch ohne anstekkenden Virus in all ihren Erscheinungsformen zu bieten hat. Ich brauche nicht zu betonen, wie entscheidend sich dabei die Nachhaltigkeit, das Festkleben oder Beharren des Denkens auswirkt.

Es kommt also ganz darauf an, *die heilenden Energieströme zu lenken.* Wenn – wie wir gesehen haben – der Geist der wahre Kern des Menschen ist, dann kann der kranke Mensch letztlich nur durch die Kraft seines Geistes geheilt werden. Das trifft auf jeden einzelnen Menschen zu, und zwar ausnahmslos. Der einzelne muß es nur in seiner ganzen Bedeutung erfassen, um es dann im Bedarfsfall in die Realität umzusetzen. Das Mittel, das »Werkzeug«, das ihm dazu verhilft, ist die ihn ganz durchpulsende Kraft seiner Vorstellung.

Voraussetzung für den erfolgreichen Einsatz ist zunächst die Fähigkeit der totalen inneren Sammlung, von der ich schon früher sprach. Sie darf nicht verwechselt werden mit bloß willensmäßiger Zusammenraffung oder »Konzentration«. Verlangt sie doch eine gewisse innere Gelöstheit, in der die untergründigen Gefühlskräfte frei zur Verfügung stehen. Dann sind die kraftvollen Energieströme im Vordergrund, auf keinen Fall die Krankheit oder das auszuräumende Übel. Dann überschwemmen die mächtigen Abwehr- und Heilungskräfte den ganzen

Körper und verdichten sich intensiv an den befallenen Körperstellen oder Organen bzw. in dem Vorstellungsbild, das den erstrebten Erfolg als schon erreicht auch in plastischen Einzelheiten vorwegnimmt. Jede Bemühung dieser Art ist mit dem absolut positiven Bild zu beenden: Ich bin im Kern völlig gesund. Ich gehe mit Erfolg meiner Arbeit nach. Auch die anderen Leute sehen mich als kerngesund, voller Schwung und voller Energie. Ich erfülle den Sinn meines Lebens. Sich all das lebendig ausmalen! Dann kann sich »die Wirklichkeit der Bilder« (Klages) auch in die entscheidend wirksame Gefühlsunterschicht tatsächlich ein-bilden.

Nun folgen noch *einige praktische Beispiele* für den Einsatz dieser so hilfreichen Methode. Beim ersten Beispiel geht es um die stets aktuelle Problematik der Schlafschwierigkeiten vieler Menschen, also um *ein rasches Einschlafen mit Hilfe eines beruhigenden Vorstellungsbildes.* Nehmen Sie in Ihrem Bett eine Körperhaltung ein, die eine möglichst hohe Entspannung möglichst aller Muskeln bewirkt. Vergessen Sie dabei ja die Gesichtsmuskulatur nicht! Genießen Sie diese bequeme Haltung und beobachten Sie gleichsam spielerisch jeden Ein- und Ausatemzug in der sanften Bewegung Ihrer Bauchdecke. Das einige Minuten lang. Wenn Ihnen störende Gedanken bewußt werden, lassen Sie diese auf der Stelle fallen und kehren Sie sofort zur geistigen Begleitung Ihres Atems zurück. So schaffen Sie so etwas wie einen Puffer gegen belastende Gedanken etwa aus dem vergangenen Tag. Dann stellen Sie sich spielerisch und genüßlich auf ein für Sie persönlich tief beruhigendes Vorstellungsbild ein, zum Beispiel:

• Sie sitzen am Ufer eines Sees oder breiten Flusses oder am Strand des Meeres und blicken hinaus auf die leichte Dünung des Wassers. Wo immer Sie hinblicken: Sie haben das ewige Spiel der Wellen vor sich. Eine nach der anderen läuft auf Sie zu, läuft auf den flachen Sandstrand auf und verläuft da unter dem Aufplatzen kleiner Gischtbläschen. Eine Welle nach der anderen, immer wieder eine neue. Im Ohr haben Sie nichts anderes als das unaufhörliche, immer und immer wieder sich erneuernde Rauschen und Plätschern, das Auflaufen und das Zurückfließen, das Kommen und Verschwinden ohne Ende.

• An einem heißen Sommernachmittag sitzen Sie am Rand eines großen Getreidefeldes kurz vor dem Schnitt: Der Wind streicht darüber hinweg und bewirkt das sanfte und nicht endende Wiegen und Wogen der unendlichen Fläche von schweren dunkelbraunen Ähren und Halmen. Rundum hochsommerliche Atmosphäre, am tiefblauen Himmel ein paar weiße Wolken, gelegentlich ein Insektensummen an Ihrem Ohr, sonst Stille, wunderbare Stille, und stets das weiche wellenartige Wiegen und Wogen, wohin immer das Auge wandert.

• Irgendeine Wiesen- oder Waldlandschaft von grüner Farbe, sanft hügelig, von harmonischem Charakter, nahezu totale Stille, hin und wieder ein ferner Vogelschrei. Oder irgendeine beruhigende Landschaft, welcher Art sie auch sei, die Ihnen aus der Jugendzeit oder einem Urlaubserlebnis ans Herz gewachsen ist ...

Wichtig: Die Details ausmalen, alle Bilder ganz anschaulich vor sich sehen und sie müde und müder werdend genießen. Aufkommende Störgedanken auf der Stelle ganz einfach fallenlassen und sofort wieder bei dem beruhigenden, einschläfernden Vorstellungsbild sein. Je besser es Ihnen gelingt, sich in Ihrer körperlichen Entspannungsposition dem Vorstellungsbild restlos hinzugeben, um so rascher werden Sie in den Schlaf gleichsam hineinsinken.

Sehr günstig ist es, immer wieder das gleiche Bild zu Hilfe zu nehmen, mit immer dem gleichen Gedankenablauf. Dann werden Sie bald spüren, wie sich dieser psychophysische Prozeß in Ihnen einspielt. Von Mal zu Mal verläuft er etwas flüssiger und damit schneller ab, weil er sich entsprechend verfestigt. Schließlich werden Sie erleben, wie Sie selbst bei unruhiger äußerer Umgebung in wenigen Minuten wegdämmern können und prompt einschlafen.

Das praktische Problem liegt zumeist in der Einleitung dieses Prozesses: Mit erzwungener Willenskraft ist da nichts zu erreichen, wie schon vorhin gesagt. Dann fehlt die innere Gelöstheit und Lockerheit, das gewissermaßen spielerische Sichhineinversenken in die köstliche Ruhe, die das Vorstellungsbild in sich trägt. Daher ist die Einleitungsphase der Entspannung, des Umschaltens der geistigen Beschäftigung, sozusagen die Entleerung des Denkens von belastenden Gedanken so entscheidend. Wenn Ihnen das zu Anfang Ihrer Bemühung schwerfallen sollte, dann widmen Sie dem zunächst Ihre erhöhte Aufmerksamkeit. Mit einiger Geduld werden Sie bald den Durchbruch erreichen.

Das zweite Beispiel für die Lenkung der heilsamen Energieströme geht von *der charakteristischen Körperhaltung* einer dreißigtausend (!) Jahre alten Göttinfigurine aus, die ein hohes Potential zur Gewinnung von kosmischer Energie in sich trägt. Der Körper steht aufrecht mit gutem Fußbodenkontakt auf Mutter Erde, auf die der rechte, zur Seite abgewinkelte Arm hindeutet. Die Hand ist flach zum Boden hin locker geöffnet. Der seitlich ausgestreckte linke Arm mit dem nach oben gerichteten Unterarm hält die abgewinkelte und locker geöffnete Hand waagerecht zu Vater Himmel hinauf gerichtet. Vor dreißigtausend Jahren wußte man gewiß noch nichts von der Polarität des Energieflusses und dem schon früher erwähnten physikalischen Gesetz der sich abstoßenden gleichnamigen und der sich anziehenden ungleichnamigen Pole. Doch genau das führt uns diese Figurine einer Göttin vor: Der rechte positive Arm zeigt mit seiner Hand zur negativ gepolten Erde und der negativ gepolte linke Arm mit seiner Hand hinauf zum positiven Kosmos. So ziehen sich die energetischen Kräfte auf ganz natürliche Weise an und durchströmen den Körper ganz unbehindert und in voller Stärke. Offensichtlich haben die damals lebenden Menschen das schon so genau erspürt, daß diese Haltung ihren künstlerischen Niederschlag fand. Nehmen Sie diese Haltung in aller Ruhe einige Minuten lang ein, und vielleicht spüren Sie dann selbst als Neuling schon ein deutlich erkennbares kribbelndes Gefühl in beiden Handflächen. Und wenn Sie sich diesem Gefühl kurze Zeit hingeben, werden Sie hinterher rasch eine gewisse Stärkung und Erfrischung Ihres ganzen Organismus verspüren. (Übrigens: Wir hatten diese Haltung schon seit vielen Jahren unseren Kursteilnehmern vermittelt, bevor wir von dieser so alten Kultfigur erfuhren.)

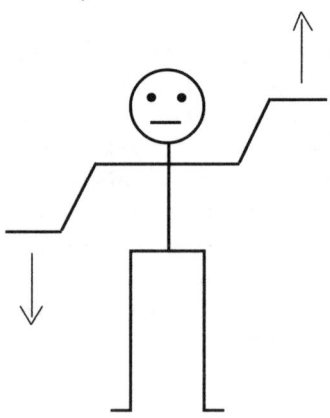

Die positive Wirkung wird erst recht und noch intensiver eintreten, wenn Sie sich von allem Anfang an *bewußt gesteuert diesem Erleben öffnen*. Die Aufmerksamkeit Ihres Bewußtseins ist in beiden Händen. Stellen Sie sich innerlich ganz gesammelt auf das Fließen und Strömen der Freien Energie zwischen Mutter Erde und Vater Himmel durch Ihren Körper hindurch ein. Und spüren Sie dem nach, wie die schöpferische Lebenskraft, der wir unser Dasein verdanken, dabei Ihren ganzen Organismus: Körper und Seele-Geist durchflutet und ausfüllt, die Abermilliarden seiner Zellen stärkt und kräftigt.

Sollten Sie *einen Schwachpunkt Ihres Organismus* kennen, dann lenken Sie die heilsamen Energieströme im besonderen gerade dahin. Wenn Sie das ernsthaft und in voller innerer Sammlung nur wenige Male versuchen, werden Sie spätestens dann die Stärkung deutlich verspüren. Wenn Ihnen das nicht schnell genug gelingen sollte, dann denken Sie daran: Alles, was lebt, entwickelt sich langsam, für unsere Ungeduld oft zu langsam, aber es entwickelt sich stetig und unaufhaltsam! Deshalb verlieren Sie nicht die Geduld. Dann werden auch Sie es erleben und nicht mehr bezweifeln, daß und wie die Große Kraft in Ihren Körper fließt und Ihnen Hilfe bringt.

Das dritte Beispiel zeigt Ihnen *eine noch einfachere Körperhaltung der Öffnung* für das Einströmen der allgegenwärtigen kosmischen Freien Energie. Sie breiten aus ganz normalem Stand mit gutem Fußbodenkontakt heraus Ihre beiden Arme weit zur Seite aus und lassen Ihre Hände dabei locker und doch weit geöffnet in den Raum hinaus fühlen, etwa mit geschlossenen Augen dem Licht der Sonne entgegen. Besonders eindrucksvoll ist das Erleben bei einem in seiner Farbenpracht packenden Sonnenuntergang, für Frühaufsteher beim Sonnenaufgang, und oft genug tagsüber im Zusammenhang mit den manchmal großartigen Wolkenformationen in ihrem Licht- und Schattenspiel. Vergessen Sie dabei alles, was um Sie herum ist, öffnen Sie weit Ihr Herz und saugen Sie die von der Sonne ausströmende Kraft mit jedem Atemzug tief in Ihre Lunge und in die Milliarden der Poren Ihrer Haut ein. Ihre Gedanken sind restlos gesammelt auf dieses Erlebnis. Es ist in dieser Form einmalig und wird so gewiß niemals wiederkehren (carpe diem: Nutze den Tag!) – und genießen Sie auf diese Weise, was etwa diese Worte zum Ausdruck bringen: »Die Große Kraft strömt in mich ein und gibt mir Kraft und Ruhe.«

Selbstverständlich können Sie auch die Große Kraft, den heilenden Energiestrom auf irgendeinen *hilfsbedürftigen Schwachpunkt Ihres Organismus* lenken, körperlich wie seelisch zu verstehen. Und auch hier gilt: Ein einmaliges Erlebnis dieser Art mag noch so schön und packend sein, es kann nur ein erster Anfang sein und nicht mehr. Es bewirkt wenig oder auch nichts, wenn das ganze »Klima« der Persönlichkeit nicht stimmt. In der immer wieder sinngemäßen Wiederholung jedoch liegt eine unerhörte Kraft und Wirkung verborgen, die Sie nur zu aktivieren brauchen. Wer es tut, der wird es erfahren.

Zum Abschluß dieser Betrachtungen noch ein viertes und letztes Beispiel der ganz einfachen praktischen *Lenkung oder Steuerung von heilsamen Energieströmen.* Das läßt sich *in jeder körperlichen Haltung* machen, am Boden liegend, am Tisch oder Schreibtisch sitzend oder wenn Sie sonstwo im Stehen auf etwas warten, z. B. im Supermarkt an der Kasse. Wenn Sie die Übung sozusagen schulmäßig am Boden liegend machen, dann empfiehlt es sich, daß Sie die sogenannte Totenstellung (Hatha-Yoga: Sawasana) einnehmen, in der der Körper der Länge nach auf dem Rücken ausgestreckt in der gesamten Muskulatur entspannt daliegt: die Beine etwa parallel mit leicht nach außen gefallenen Fußspitzen und die Arme neben dem Körper je nach dem persönlichen Gefühl des Übenden locker gestreckt und ganz gelöst geöffnet. Im Sitzen und Stehen sollten Sie auf eine aufrechte Wirbelsäule und guten Bodenkontakt der Füße achten und auf nur locker gestreckte Knie. So ist der Körper in der Tat ganz locker, ohne doch übermäßig gelöst, also in schlaffer Haltung dazustehen. Jetzt ist er aufnahmebereit dafür, daß ihn seine Lebenskraft, seine Psychoenergie unbehindert in allen seinen Gliedern frei durchströmen kann.

Zu Anfang beobachten Sie – wie kürzlich schon betont – Ihren Atem, wie er kommt: die Bauchdecke wird leicht nach außen, nach vorn gedrückt, und wie er geht: sie tritt in die Position der Atempause zurück. Wo es die äußeren Umstände erlauben, vor allem im Liegen, wenn es geht, auch im Sitzen, legen Sie Ihre beiden Hände auf den Unterleib. So erleben Sie die sanfte Bewegung Ihrer Bauchdecke noch deutlicher, und die volle innere Sammlung darauf fällt Ihnen noch etwas leichter. Dann wechselt das Bewußtsein kurz zu der schmerzenden oder hilfsbedürftigen Stelle, z. B. zu Ihrem rechten Knie, um von jetzt an die im Atem enthaltene Lebenskraft genau dorthin zu lenken. Jedesmal, wenn Sie einatmen, saugen Sie mit der Atemluft die schöpferische Freie Energie, die Große Kraft der heilenden Lebensenergie, über die Lunge in die Mitte Ihres Körpers: in den Bauch-Becken-Raum. Und bei jedem Ausatmen lenken Sie diese heilende Lebensenergie dahin, wo sie ihre Wirkung tun soll, in unserem Beispiel in das rechte Kniegelenk.

Es ist nur die Frage Ihrer Einübung und Ihrer guten inneren Samm-lung darauf, wie bald die ständige Wiederkehr der eingeatmeten Lebens- und Heilungs- (oder Abwehr-, Immun-, Regenerations-)Kraft und ihre Weiterleitung beim Ausatmen in das betroffene Organ hinein ihre Wirkung tun und den Heilungsprozeß entsprechend stärken. Zwischendurch denken Sie daran, wie mit der Ausatemluft immer ein wenig »Körperschlacke« Ihren Leib verläßt. Denn unaufhörlich werden mit dem Neuaufbau von Zellen die alten verbrauchten abgebaut. Forcieren Sie dabei nichts, das unablässig wiederkehrende Spiel soll sich in völliger Ruhe und innerer Gelöstheit vollziehen.

Wenn Sie abends schon im Bett liegend diese Übung machen und darüber einschlafen, dann zeigt das,

1. daß Sie die »Technik« perfekt beherrschen, weil keine bewußte Willensbemühung mehr am Werk ist (Sie sind ganz bei sich, vereinigt im Gefühl und Denken, in Herz, Bauch und Kopf!), und ist
2. das die ideale Basis dafür, daß sich dieses heilerische Spiel noch während des Schlafes zu Ihrem Heil fortsetzt, was natürlich recht wirkungsvoll ist.

Auch hier gilt wiederum: *Erwarten Sie keine frühzeitigen Wunder* und arbeiten Sie beharrlich weiter. Auch tagsüber immer wieder, und wenn es nur wenige Atemzüge sind. Ich wiederhole den inhaltsschweren Satz: Alles, was lebt, entwickelt sich zwar langsam, aber unaufhaltsam weiter. An uns selbst liegt es, die Richtung dieser Entwicklung zu steuern.

Wenden wir uns der Großen Kraft ganz bewußt zu, der Urschöpfungskraft des Großen Geistes, der in allem lebt und wirkt! Öffnen wir uns voll und ganz, auch im alltäglichen Leben, in allem, was wir denken und tun, dieser großen, dieser »göttlichen« Kraft! Je mehr es uns gelingt, weil wir in der Tiefe unseres Wesens von dem Wissen darum getragen sind, um so nachhaltiger und damit erfolgsträchtiger werden alle unsere Bemühungen sein. Das ist ein Gesetz der Natur. Es wirkt in jedem, der sich dafür aufmacht, und hilft ihm in seiner Not mit aller schöpferischen Kraft, die ihm innewohnt.

5. Geistiges oder energetisches Heilen

Mit dem Schlußgedanken des letzten Kapitels sind wir schon mitten im zentralen Problem des Geistigen Heilens, wofür wir genausogut, vielleicht noch treffender energetisches Heilen sagen können. Denn dabei geht es immer nur darum, die heilende Energie entweder bei uns selbst – was wir seither schon im wesentlichen betrachtet haben – oder für einen anderen – was jetzt im Vordergrund steht – im höchstmöglichen Maß auszuschöpfen. Ich brauche jetzt nicht mehr besonders zu betonen, daß es sich dabei letztlich immer nur um die Überschwingung von der Freien Energie der Großen Schöpfungskraft auf den hilfsbedürftigen Menschen handelt mit dem Ziel, dessen eigene Immun- und Heilungskräfte optimal zu aktivieren. Eine ganze Reihe von Forschern verschiedener Länder konnten eine zum Teil ganz überraschend hohe Verstärkung der Energiestrahlungen nachweisen, die den Händen von Heilern bei deren Heilungsbemühungen entströmen. Dazu wurden neben anderen Techniken die Kirliansche Hochfrequenzfotografie und die Messung der Biophotonenstrahlung eingesetzt (44).

Die Fähigkeit dieses »geistigen« Heilens ist durchaus nicht, was oft behauptet wird, eine besondere Begabung oder Gnade, die nur wenigen verliehen sei. Im Prinzip kann das jeder normale Mensch. Das Entscheidende ist nur, ob er sich in seiner seelisch-geistigen Einstellung so weit entwickelt hat, daß er sich für die allgegenwärtige geistige Kraft entsprechend öffnen kann. Je mehr das der Fall ist, um so größer ist seine Heilungsfähigkeit. Der egoistische Materialist wird sich da sicher vergeblich bemühen. Zum anderen habe ich schon mehrfach darauf hingewiesen, daß der Kranke sich letztlich nur selbst gesund machen kann. Auch der bestmeinende sogenannte geistige Heiler kann nur Anstöße und Hilfestellung dazu geben. Entscheidend ist die Arbeit des Kranken an sich selbst, die in ihm selbst schlummernden Kräfte, seine eigene, durch nichts zu ersetzende Lebensenergie zu erkennen, sie zu wecken und bis zum äußersten zu mobilisieren. Je mehr er sich dabei – auch durch die Hilfe des Heilers – an die Große Kraft anschließen kann, desto rascher wird es ihm bessergehen. Der sogenannte Heiler kann also, wie gesagt, einen vielleicht wesentlichen

Anstoß geben, aber das, was die Heilung am Ende bewirkt, sind die Öffnung des Kranken für die Große Kraft und seine eigene Arbeit. Fehlt es daran, dann fällt er bald aus seiner anfänglich oft auffallenden Besserung wieder zurück in den früheren Leidenszustand. Das mußten wir über die Jahre hinweg sehr oft beobachten. Daher sind wir inzwischen kritischzurückhaltend geworden mit unseren Bemühungen für andere, wenn diese nicht von Anfang an wirklich ehrlich mitarbeiten.

Sie werden verstehen, daß ich an dieser Stelle nicht alle bedeutungsvollen Details zu diesem Thema aufführen kann. Das würde ein ganzes Buch ausmachen, und das habe ich mit dem Titel »Heilen aus geistiger Kraft« vor jetzt 20 Jahren schon in der ersten Auflage veröffentlicht (45). Ich kann heute mit voller Überzeugung sagen, daß ich dem Inhalt auch jetzt nichts Neues hinzuzufügen habe. Alles Wesentliche ist darin enthalten. Sie brauchen nämlich keinerlei Umwege zu gehen wie das Einbringen von Symbolen und dergleichen. Und vor allem brauchen Sie die Fähigkeit des geistigen Heilens nicht in verschiedenen Stufen für bis zu vier oder gar fünfstellige DM-Beträge zu »kaufen«. Denn sie ist in jedem Fall auch in Ihnen angelegt. Jeder trägt die Heilkraft potentiell in sich. Und niemand anders als nur Sie selbst können sie durch richtiges Denken, richtige Lebensführung und Arbeit an sich selbst bestmöglich entwickeln. Dann wird der tiefe Quell Ihrer eigenen Kraft frei, und zugleich sind Sie offen für die Große Kraft, die in Sie und durch Sie hindurch strömt.

So beschränke ich mich hier darauf, *die vier wesentlichen Schritte der Heilungstechnik* aufzuzeigen. In dem dafür zuständigen Kapitel des erwähnten Buches finden Sie viele ergänzende Einzelheiten, die Ihnen helfen, typische Fehler des zunächst noch Unerfahrenen zu vermeiden.

1. Verbindung mit der geistigen Welt:
Stellen Sie sich meditativ auf die bevorstehende Heilungsbemühung und auf die jenseitigen Kräfte, auf die Große Kraft ein. Ob Sie diese verstehen als geistige oder göttliche Kraft, als kosmische Schöpfungsenergie, als TAO oder Prana, als persönlichen Geistführer oder eine Art von Schutzengel, ist im Grunde nebensächlich. Wesentlich ist allein Ihre tiefinnere Überzeugung von dieser »anderen« Großen Kraft, mit der Sie sich verbunden wissen, ohne einen Rest von Zweifel.

Hüten Sie sich dabei vor der falschen Konzentration, sie ist die Ursache vieler Fehlschläge. Es kommt allein auf die ganz einfache innere Sammlung an, von der ich schon mehrfach sprach. Da ist nichts von bloß willensmäßiger Bemühung zu spüren. Denken und Fühlen sind in eher gelöster Weise ganz eins in der Sammlung auf die alles beseelende Urenergie.

Eine gewisse gebetsmäßige Formel kann besonders anfänglich recht hilfreich sein. Sie können Sie ganz nach Ihrer persönlichen religiösweltanschaulichen Einstellung formulieren. Es kommt nur auf die aufrichtige Bitte an den Großen Geist an, er möge Sie mit seiner Heilungskraft erfüllen und Ihnen bei Ihrer Bemühung beistehen.

2. Verbindung mit der Wesenheit des Kranken:
Seien Sie bedacht auf eine durch nichts getrübte liebevolle Zuwendung zum hilfsbedürftigen Menschen, die völlig egofrei ist. Das kann in äußerster Kürze geschehen. Seien Sie so intensiv auf ihn eingestellt, daß Sie sich selbst vergessen. Das jedoch innerlich ganz gelöst, ohne jede Willensbemühung. Nur dann kann die heilende Energie frei fließen.

Bringen Sie den Leidenden zu der Erkenntnis, daß er mitarbeiten möge, daß er sich in vollem Vertrauen ganz der Großen Kraft und dem Fließen der Lebensenergie öffnet. So baut sich eine innige Verbindung zwischen ihnen auf, die jede Reserviertheit überbrückt.

Ist der Kranke getragen von Selbstmitleid und verharrt er in rein passivem Entgegennehmen von äußerer Hilfe, so kann ihm kaum geholfen werden.

3. Bitte um Hilfe und Ausströmen der Großen Kraft, das eigentliche Kernstück des Geistigen Heilens:
Leiten Sie das mit der jetzt vertieften demütigen und inständigen Bitte an die heilenden Kräfte ein, dem hilfsbedürftigen Kranken zu helfen. Die jenseitige göttliche, geistige Kraft, die kosmische schöpferische Energie, die geistigen Helfer möchten die Schmerzen des Leidenden fortnehmen, sein Übel erleichtern und ihn der Gesundung zuführen. Nennen Sie diese inständige Bitte ruhig »Gebet«. Darüber speziell im folgenden Kapitel.

Mit das wichtigste: Erbitten Sie das, wie gesagt, ohne jede Eigensucht, ganz der Großen Ordnung oder »Gott« hingegeben. Und seien Sie jetzt restlos gesammelt und erfüllt von der Vorstellung der fließenden, strömenden Heilungskraft, die durch Sie als Werkzeug, als Kanal hineinströmt in den Körper des Leidenden, dahin, wo sie gebraucht wird. Da fließt nicht Ihre eigene »kleine« Kraft, sondern die Große, allgewaltige, geistige Schöpfungskraft. Die Vorstellung mag Ihnen helfen, daß Sie sie aufnehmen mit jedem Atemzug, durch Ihr Scheitelchakra oder die Unsumme der Poren Ihrer Haut. – Wer nur seine persönliche Vitalkraft einbringt, ist hinterher in einem Zustand der totalen Erschöpfung. Das haben wir früher verschiedentlich erlebt bei Menschen, die das noch nicht verstanden hatten.

Ihre den Energiefluß vermittelnden Hände können Sie anfangs – wo es angezeigt ist – auf die entsprechende Körperstelle auflegen oder sonst ganz dicht darüber halten, oder die rechte Hand über Wurzelchakra oder Solarplexus und die linke über das Herz- oder Stirnzentrum, und sie dann ganz langsam bis über die äußerste Auraschicht (siehe oben) nach oben führen und schließlich nach oben hin wegnehmen. Auch als Anfänger werden Sie bald das eigenartige Kribbeln, das aufsteigende Wärme- und Hitze-, zuweilen auch Kältegefühl in Handfläche und Fingerspitzen verspüren. Es zeigt Ihnen da, wo es am stärksten ist, die richtige Plazierung der Hände und die jeweils richtige Höhe an. – Versuchen Sie es offenherzig, die anfängliche Scheu weicht rasch Ihrer wachsenden »Erweckung« dafür!

Vertrauen Sie darauf: Die Heilkraft fließt dahin, wo sie gebraucht wird. »Dein Vater weiß, wessen du bedarfst, ehe du ihn bittest« (Matthäus 6,8). Seien Sie voll und ganz ausgerichtet auf die Gesundung und auf Ihre persönliche Durchlässigkeit für die Heilkraft.

4. Dank an die Heilkräfte:
Am Ende versäumen Sie niemals, inständig zu danken für die Heilkräfte, die Ihnen die Große Energie, die in ihrem Dienst stehenden geistigen Helfer, die »Gott« Ihnen und dem Kranken hat zuteil werden lassen. Nur die in ihrem EGO verhafteten Menschen sind undankbar.

So gestaltet sich Ihre Bindung an die göttliche Kraft, an die Schöpfungskraft der Freien Energie, enger und enger, und so können auch Sie persönlich aus dieser grenzenlos ergiebigen Quelle Stärke,

Ruhe und Gelassenheit schöpfen. Denn je mehr Sie davon als »Kanal« liebevoll an Bedürftige weitergeben, desto mehr lädt sich Ihr eigener Organismus, Körper und Seele-Geist, damit auf.

Noch einige Bemerkungen von grundsätzlicher Bedeutung:
Versäumen Sie nicht, sofort nach einer Behandlung dieser Art das aus Ihrem eigenen Körper wieder abzugeben, was Sie an negativen, krankhaften Schwingungen des zu heilenden Menschen selbst aufgenommen haben. Schütteln Sie, besser schleudern Sie die Hände mit Ihren ausgestreckten Fingern gründlich aus oder waschen Sie das Negative unter fließendem Wasser ab. Wenn Sie schon geübter sind, leiten Sie noch während der Behandlung die aufgenommenen unerwünschten Schwingungen gleich ab: an der Kontaktstelle Ihres Körpers in den Boden und die Erde hinein, durch den Atem oder aus den Abermilliarden Ihrer Zellen und Poren hinaus in das riesige Schwingungsfeld der Welt, wo sie aufgesaugt und neutralisiert werden.

Eine relativ kurze und ganz intensive Bemühung von fünf bis acht Minuten bewirkt mehr als eine zu lang ausgedehnte, die an innerer Sammlung einbüßt. Den Kranken hinterher warm zudecken und einige Zeit zum tiefen Nacherleben in Ruhe lassen.

Den systematisch fortschreitenden Prozeß nicht zu früh abbrechen, ihn geduldig Tag für Tag wiederholen. Was sich in langer Zeit aufgebaut hat, braucht seine Zeit zur Aufarbeitung. Dann bringt jeder Tag einen kleinen Fortschritt hin zur Gesundung.

Eine anfängliche Verschlechterung der Symptome ist ein häufiges Phänomen. Es zeigt an, daß die Abwehrkräfte an der erkrankten Stelle aktiv sind. Lassen Sie sich durch diese Heilungs-, Aufarbeitungsschmerzen nicht verunsichern.

Sollte der Kranke nicht mehr gesunden, so können Sie beruhigt sein, nichts unterlassen zu haben, was ihm vielleicht doch hätte helfen können. Schicksalhaftes, karmabedingtes Leid kann niemand von außen her heilen, also solche Belastungen, die aus früheren Leben mitgebracht werden. Dann steht die Große Ordnung der Heilung im Weg bzw. sie duldet nur eine gewisse Besserung.

Für die Fremd- oder Fernheilung, von der der Kranke selbst zum entsprechenden Zeitpunkt nichts weiß, haben grundsätzlich der Wunsch des Hilfsbedürftigen und sein volles Einverständnis vorzuliegen. Niemand hat das Recht, in das Lebensgesetz eines anderen hineinzuwirken. Was wissen wir, was letztlich für ihn gut ist?

Handauflegen und allgemein heilende Berührung, Körperkontakt, therapeutic touch, zartes Streicheln, eine liebevolle Umarmung oder das schlichte Halten einer Hand – all das kann mehr echte Zuwendung, tiefes Verständnis und heilende Wirkung vermitteln als die beste Arznei und damit zum Beginn und zur wichtigsten Hilfe für den Heilungsprozeß werden.

Die einzige Prüfung der persönlichen Heilungsfähigkeit ist der ernsthafte Versuch. Bitten Sie die Große Kraft um ihre Hilfe, das stärkt Ihr Selbstvertrauen. Wenn sich erste Erfolge zeigen, verharren Sie in Demut und Ehrfurcht vor der unendlichen Schöpfungskraft. Dann wird sie Ihnen auch weiterhin beistehen.

Es ist mehr ein religiöser Akt als ein medizinischer, was wir geistiges Heilen nennen. Re-ligio bedeutet die Wieder-Verbindung mit der uns unfaßbaren Schöpfungs- und damit Heilungskraft. Insofern ist sie die buchstäblich not-wendige Ergänzung, sozusagen die Zwillingsschwester der bloß körperlich heilenden Medizin.

In diesem Kapitel konnte ich – wie schon eingangs betont – nur den großen Verlauf und die wichtigsten Einzelheiten und Erfahrungswerte aufführen, die das so hilfreiche geistige oder energetische Heilen ausmachen. Diejenigen unter Ihnen, die mit dem Pendel vertraut sind, finden in meinem »Großen Pendelbuch« noch eine Reihe von weiteren Anregungen und Hilfsmöglichkeiten, die Sie sich durch den kritischen und verantwortungsvollen Gebrauch dieses Werkzeugs zunutze machen können (46).

6. Das Gebet als Heilungshilfe

Sie dürften bei der Lektüre des soeben beendeten Kapitels festgestellt haben, daß es beim geistigen Heilen in erster Linie auf *die innere Einstellung* der Beteiligten ankommt und weit weniger auf die Art und Weise des äußeren Vorgehens, das gern in den Vordergrund gerückt wird. So ist es in der Tat. Am besten können Sie das daraus ersehen, daß ein wahrhaft inniges und selbstloses Bitten und Beten für einen in großer Not befindlichen Menschen sehr oft seine Wirkung bringt. Aus allen Völkern und Religionsbereichen, aus allen Erdteilen und allen Zeiten wird das berichtet. Auch erfahrene Mediziner können bestätigen, wie sehr das Gebet von Kranken den Heilungsprozeß beschleunigen kann und es oft genug tut.

Das alte Sprichwort »Not lehrt beten« bestätigt trefflich die unabdingbare Notwendigkeit *der echten inneren Sammlung*, auf die ich immer wieder in diesem Buch hinweisen mußte. Um sie geht es auch hier. Denn eben seine bittere Not nötigt den Menschen dazu, aus der Inbrunst seines Herzens um Hilfe zu flehen. Alles andere verliert dann seine frühere Bedeutung. Und so »sammelt er seinen Geist auf *einen* Punkt« – Sie erinnern sich: die beste Definition des Begriffs »Meditation«. Bekanntlich ist ja auch sie, die echte Meditation, so wie das innige Gebet eine starke Hilfe, die über uns allen stehende Große Kraft (»Geist«) anzurufen, damit sie uns helfe, unsere eigene persönliche Kraft (»Seele«) nachhaltig zu stärken. In dieser Einstellung gilt es, in Demut und Ehrfurcht die allmächtige Schöpfungskraft Gottes, den Großen Geist, der in allem lebt und wirkt, um Hilfe zu bitten, um Hilfe anzuflehen. Es wird selten vergeblich sein. Und: Vergessen Sie nie das Dankgebet hinterher. Es öffnet die bleibende Verbindung mit der Großen Kraft.

Nochmals: »*Not lehrt beten*«. In der Krise, in die uns die Not hineinwirft, fragen wir und erkennen wir, was in unserem Leben letztlich wirklich wesentlich und wichtig ist. Da lernen wir neu zu denken, und wie oft ist das Ergebnis eine tiefe geistig-spirituelle Wandlung. Da erwacht das Religiöse: das uns mit unserem Ursprung wieder verbindende Denken, das mit kirchlichen Institutionen im Grunde nichts zu tun hat. Das Unwesentliche, das zuvor so oft eine große Rolle gespielt hat, fällt ab, und das Wesentliche, nämlich die Frage: Wer bin ich und wo stehe ich?, meldet sich unabweisbar mit dem Wissen, daß wir am näherrückenden Ende doch alles wieder zurückgeben müssen. In dieser Gewißheit wächst die Erkenntnis einer für uns unfaßbaren, über allem existierenden Kraft und Allmacht mit der ihr eigenen Gesetzlichkeit, der wir, wie wir auch immer darüber dachten und denken, am Ende doch unterworfen sind. Das spätestens ist die Geburtsstunde des »Betens«, da wir uns anschicken, aus unserer Hilflosigkeit heraus in Verbindung zu treten mit dieser uns übergeordneten Instanz und ihrer ehernen Gesetzlichkeit.

Die Macht inniger Gebete kann Wunder bewirken. Das wird im buchstäblichen Sinn deutlich an den völlig unerwarteten und mit dem medizinischen Verstand unerklärlichen *Spontanheilungen.* Eine ganze Reihe sorgfältiger Untersuchungen hat als häufigste Ursache von solchen ermittelt: Beten – 69 Prozent, Meditation – 64 Prozent, geführte Imagination – 59 Prozent. Von seelischen Momenten waren es der tiefverwurzelte Glauben an den guten Ausgang – 75 Prozent, Kampfgeist (»Ich siege«) – 71 Prozent und das Annehmen der Krankheit – 71 Prozent (47). Der Hintergrund in jedem dieser hohen Prozentsätze ist, direkt oder indirekt, die innere Verbindung mit dem Absoluten, die das Gebet in sich trägt. Sie ist es, die das »Heilsystem« offensichtlich nachhaltig stimuliert. Und zwar ohne eine Grenze in Raum oder Zeit: Das »Göttliche«, die Urschöpfungskraft ist allgegenwärtig. Sie war es, sie ist es, und sie wird es immer sein.

Die Heilkraft des Gebetes wie der Meditation stellt sich von allein ein, wenn diese im richtigen Geist praktiziert werden. »Bittet, und es wird euch gegeben; suchet, und ihr werdet finden; klopfet an, und es wird euch aufgetan« (Matthäus 7,7). So heißt es in der Bergpredigt, dem Heilsprogramm Jesu. Viele medizinische Untersuchungen aus verschiedenen Ländern brachten und bringen immer die gleichen Ergebnisse, die aus einem tiefen Beruhigungseffekt resultieren: Die Muskelverspannungen lösen sich, der Atemrhythmus wird ruhiger, Sauerstoffverbrauch und Kohlendioxyd-Produktion reduzieren sich ebenso wie der Blutdruck, und das Herz schlägt langsamer. Auf der anderen Seite zeigt sich die stärkende Kraft des innigen Gebets, der Versenkung in sich selbst in den aufkommenden Alpha-Wellen des Gehirns, der Verminderung der Milchsäure im Blut und im Ansteigen des elektrischen Hautwiderstands.

In manchen Kulturen ist es üblich, sogenannte Feinde oder andere Menschen, die einem Übles angetan haben, *zu verfluchen oder ihnen alles Übel der Welt an den Hals zu wünschen.* Das läßt sich durch eine negative Variante des Voodoo-Kults noch verstärken. Wer sich in dieser Weise einklinkt in den Strom der üblen Gedanken, der verstärkt ihn um seine Person. Weiß der Angegriffene sich nicht zu schützen (einen geistigen Schutzmantel um sich aufzubauen) (48), so werden die zerstörerischen Schwingungen kaum ohne Wirkung bleiben. Diese zerstörerische Energie richtet sich jedoch immer auch gegen den, der sich mit der ganzen Kraft seiner üblen Gedanken in sie vertieft, um sie möglichst zu intensivieren. So ist es unausbleiblich, daß er selbst in der einen oder anderen Form das sichere Opfer seiner eigenen üblen Denk- und Handlungsweise wird. Auf diese denkbar unschönen Dinge werde ich später in einem eigenen Kapitel noch zurückkommen.

Zu Gebet und Meditation noch ein nicht unwichtiger Gedanke: Es gibt in allen althergebrachten religiösen und weltanschaulichen Institutionen und Organisationen *gewisse Rituale, die für deren Gemeinschaftsleben* oft große Bedeutung haben. Je älter sie sind und je mehr Menschen davon betroffen werden, um so stärker sind die Energieströme, die hier aufgebaut und immer wieder aktiviert und damit weiter gestärkt werden. Da sind wir erneut bei den Gedächtnisfeldern, den morphogenetischen Feldern von Rupert Sheldrake. Jeder Gedanke ist schwingende Energie, und so tut sich ein mächtig schwingender Energiestrom auf, in den sich derjenige hineinbegibt, der diesem Ritual seinerseits huldigt und es nun von sich aus noch weiter verstärkt. Das ist die einfache Erklärung für die Wirksamkeit dieser Rituale, die Außenstehende in falscher Überheblichkeit abtun oder gar als unsinnig betrachten. Denken Sie zum Beispiel an die Klagemauer der Juden in Jerusalem, an die Pilgerfahrt der Moslems nach Mekka oder an die weit weniger spektakuläre Anziehungskraft vieler Pilgerorte oder auch der Litaneien in breiten Schichten der katholischen Bevölkerung, an Abendmahlsriten oder im buddhistisch-hinduistischen Bereich an die fast magisch erscheinende Wirkung der heiligen Silbe OM oder anderer Mantras, die immer und immer wieder rezitiert werden. Wer sein geistiges Auge für diese »formgebenden Schwingungsfelder« öffnet, dem wächst nicht nur manche tiefgreifende Erkenntnis über sonst sehr schwer durchschaubare Phänomene dieser Welt zu. Er hat darüber hinaus auch persönlichen Gewinn, wenn er sich in ein solches Schwingungsfeld bewußt hineinbegibt. So werde ich niemals die mich in meiner Tiefe bewegenden und gewiß auch prägenden Erlebnisse vergessen können, die mir an heiligen Stätten ganz verschiedener »Religionen« in verschiedenen Teilen der Welt beschieden waren. Wer es erlebt hat, der weiß: Seine »Meditation« und sein »Gebet« können dadurch an Wirksamkeit für ihn selbst und für das, was ihm zuteil wird, nur gewinnen (49).

7. Speziell: Innere Energieblockaden lösen

Dieses Kapitel halte ich für ganz besonders wichtig. Denn nach den Erfahrungen von reichlich 50 Jahren der bewußten Arbeit mit und am Menschen bin ich mir sicher: Es kann kaum eine ernsthafte körperliche Krankheit oder eine irgendwie tiefergreifende seelische Störung geben, die ihre letzte Ursache nicht in dem Phänomen hätte, das wir als innere Verspannung, Verhärtung oder Verkrampfung bezeichnen. Ihr Kern ist immer Stauung der Antriebskraft, der natürlichen Lebensenergie, die sich nicht so ausleben darf und kann, wie sie es sollte und müßte und ohne diese Hemmung auch könnte. Es liegt also immer eine mehr oder minder ausgeprägte innere Blockade vor (50).

Von Dr. Voll, dem heute weltbekannten Entdecker der Elektroakupunktur, stammt der Satz: »*Schmerz ist der Schrei des Gewebes nach Energiedurchflutung.*« Vom Standpunkt der Psychodynamik und der Ganzheitsmedizin besagt das: Auch jeder auf Erkrankung beruhende Schmerz zeigt eine Energieblockade, zeigt Energiestauung oder -verhärtung an. Auch wenn die allerfeinsten Schwingungen in unserem Organismus hinreichend lange gestört werden, ist die Erkrankung mit ihren Schmerzen unabwendbar. Jeder Schmerz zeigt die Bemühung des Körpers um Heilung an. Diese setzt aber voraus, daß die Heilungskräfte frei sind. Darum geht es in erster Linie.

Wie können wir die eigene Heilungskraft freisetzen? Zunächst einmal nur dadurch, daß wir uns innerlich lösen vom Denken an die Krankheit, daß wir die uns belastende Beschwernis ganz einfach loslassen. Das setzt freilich voraus, daß wir zunächst den Mut haben, sie nicht zu verdrängen, sie also nüchtern zu erkennen und sie insoweit anzunehmen. Wer in seinem ICH gegen eine innere Belastung nur ankämpft, weil er sie nicht wahrhaben will, merkt gar nicht, daß er das selbst ständig verstärkt, wogegen er sich widersetzt! Was nützt es ihm?

Ist es schon eine der größten Gefahren für uns, in einem bestimmten Entwicklungszustand, in einer bestimmten Denkweise, in einem bestimmten Verhalten sozusagen steckenzubleiben, darin zu verharren und so eine neu auf uns zukommende Lebenssituation nicht mehr realistisch aufnehmen und verarbeiten zu können, so gilt das erst recht im Fall der Erkrankung. Unser Organismus warnt uns durch die Schmerzen und ruft uns zum Besinnen und zur Umkehr auf: *Wir haben etwas falsch gemacht. Das gilt es zu erkennen.* Wenn wir nun wie so viele ständig mit unseren Gedanken um unsere Krankheit kreisen, wenn wir an ihr anhaften, dann ist es doch kein Wunder, daß die Blockaden in uns immer stärker und massiver werden und daß die Heilungskräfte in uns gleichsam ersticken. Wir müssen sie frei machen, ihnen den Weg öffnen zu ihrer heilsamen Entfaltung.

Um es Ihnen leichter zu machen, die Wurzel von dieser unbewußten Energieblockierung zu finden, bringe ich hier eine Übersicht über deren so oft verborgene Quelle oder Ursache. Ich habe sie im Laufe der Jahre zusammengestellt und entnehme sie meinem »Großen Pendelbuch« (51). Sie hat schon vielen Seminarteilnehmern und darüber hinaus auch Pendlern in ihrer persönlichen Arbeit zur Erkenntnis ihrer wesentlichen Problematik verholfen. Immer geht es um die Frage: *In welchem Bereich ist meine unbewußte Energieblockierung verwurzelt, wo und wie ist sie begründet?* Denken Sie die einzelnen Stichworte dieser Übersicht in aller Ruhe durch, die sich selbstredend gegenseitig berühren können:

Krankheit, Leiden	Gesundheit, Vitalkraft, Arbeitskraft
Wünsche und Hoffnungen	Schöpferische Fähigkeit, Kreativität
Finanzielle Lebensbasis	Partnerschaft, Familie, Kinder
Kommunikation, soziales Verhalten	Geschlechtsleben
Gesellschaftlicher, beruflicher Status	Weltanschauung, Religion, Lebenssinn
Eigenes Erscheinungsbild	Höhere »Bildung«, Kopflastigkeit

Überspannte Achtsamkeit, Eigenbezüglichkeit

Als oft wichtige Ergänzung zu dieser präzisen Übersicht verweise ich noch auf die Problematik *der außergewöhnlichen Belastungen*, die ich in ähnlicher Weise in Jahren der Erfahrung in einer eigenen Übersicht (Pendeltafel) zusammengefaßt habe (52). Sie sind heute für viele Menschen hochaktuell. Es lohnt sich zumeist, auch dieser Frage nachzugehen, um volle Klarheit über die Ursachen von inneren Blockaden zu finden. Hier auch auf diese Einzelheiten einzugehen würde den Rahmen dieses Buches entschieden sprengen.

Das gleiche trifft auch für die Frage zu, die mit steigendem Lebensalter sehr oft aufkommt: *Spielt etwa der Alterungsprozeß dabei mit?* Kann im Einzelfall von der heute so oft zitierten Midlife-Crisis gesprochen werden? Es liegt auf der Hand, daß man im vorliegenden Zusammenhang auch dieser Frage klugerweise nicht aus dem Weg gehen sollte. Alle diese Fragen beschäftigen mich seit Jahrzehnten, was sich ebenfalls in dem erwähnten Buch in mehreren Übersichten (Pendeltafeln) und erklärendem Text niedergeschlagen hat (53). Viele Menschen werden im Alter häufiger krank, nicht weil der Körper unmittelbar schwächer würde, sondern weil sie vergeblich nach dem wirklich befriedigenden Sinn ihres Lebens fragen. Darüber verlieren sie ihre innere Harmonie und erleiden so eine Energieblockade mit dem äußeren Krankheitssymptom.

Hilfsmöglichkeiten für das Erkennen von Energieblockaden:
- Wer im richtigen Geist pendelt, wird wertvolle Hinweise bekommen, denen er nur mit der nötigen Selbstkritik nachzugehen braucht.
- Ein nachforschendes und ganz offenes Gespräch mit einer nahestehenden Person oder einem anderen lebenserfahrenen Menschen, dem man voll vertrauen darf, kann einen für die Selbsterkenntnis öffnen, auch wenn sie schmerzt. Man muß nur sein ICH hintanstellen können und darf dem andern dann nicht böse sein, wenn er einem unerfreuliche Wahrheiten vermittelt.
- Eine längere psychotherapeutische Behandlung bei einem wirklich guten Therapeuten, der nicht nur – wie heute leider des öfteren zu hören – die »Schuld« in erster Linie bei anderen, vorzugsweise bei den sich immer anbietenden Eltern sucht, sondern der von der Selbstverantwortlichkeit eines jeden Menschen ausgeht. So sehr das Fehlverhalten anderer nicht ohne Wirkung bleibt, so ist doch ein jeder früher oder später aufgerufen, sich auf sich selbst, auf sein eigenes Verhalten und auf seine eigene Kraft zu besinnen und sich aus mehr oder weniger passivem Geschehenlassen herauszulösen, herauszuarbeiten. Ohne dies gibt es keine Wandlung, keine Entwicklung, keine Reifung.
- Sich in stiller Stunde in einen entspannten Zustand meditativer Art begeben, wovon in diesem Buch schon mehrfach die Rede war, und den Lebensweg ganz für sich und in schonungsloser Offenheit von der Kindheit bis zum heutigen Tag kritisch geistig durchwandern. Wo hat sich und in welcher Weise falsches Denken und Handeln

eingenistet? Die obige Aufstellung der Gründe für die Energie-blockierung kann eine entscheidende Hilfe dabei sein. Aber bitte keine übertriebene Suche nach Schuld (um die es jetzt primär gar nicht geht) nur bei sich selbst, wozu so viele Menschen neigen!

Die Energieblockaden aufzulösen ist gewiß nicht einfach. Je tiefer sie verwurzelt sind, um so schwerer ist es im allgemeinen und um so länger dauert es. In wirklich schwierigen Fällen mit ihren körperlichen und seelisch-geistigen Krankheitssymptomen können viele Behand-lungen nötig werden. Selbstverständlich wird in den meisten Fällen solcher Art ein erfahrener Therapeut mitwirken. Hier noch einmal die gern vergessene Binsenweisheit: Was sich oft in vielen, vielen Jahren Schritt für Schritt an Verhärtung und Blockade aufgebaut hat, kann nicht im Handumdrehen aufgelöst und bereinigt werden. Das erfordert Geduld und Ruhe und kann keine Überhastung brauchen.

Ganz tief, etwa von kleinauf eingegrabene Blockaden mögen sich in diesem Leben niemals voll und ganz auflösen lassen. Aber jeder, der im richtigen Sinn ernsthaft an sich arbeitet, kann sich so weit von ih-nen befreien, daß er mit dem verbleibenden Rest leben kann. Jeden-falls kann der Einsatz von Freier Energie, indem man wie beschrieben den ganzen Organismus von ihr durchfluten läßt, wesentlich mithel-fen, die Blockade mit der Zeit aufzulockern. Das kritische Gefühls- und Denkmuster, das das Übel verursachte, kann durch das steigend freie Fließen der Lebensenergie der Auflösung näher gebracht werden. Im übrigen: Ist erst ein guter Anfang gemacht – das zeigen viele Erfahrun-gen –, dann tut die heilende Zeit immer noch das Ihre, um auch ein schweres Geschick zu mildern.

Verschiedene bewährte Hilfen und »Techniken« habe ich in den vorigen Kapiteln wohl klar genug beschrieben. *Den aufgezeigten Weg muß man nur gehen.* Das ist schließlich das einzig Entscheidende! In den folgenden Kapiteln werden Sie noch eine Reihe von weiteren Hilfsmit-teln und Möglichkeiten kennenlernen, die Sie nur einzubauen brauchen in das eine oder andere Verfahren, das Ihnen schon bekannt ist. Dazu zählt zum Beispiel das Ableiten der Überspannung, die in jedem Energiestau und in jeder inneren Blockade vorliegt, durch Auflegen der rechten flachen Hand auf den Boden oder durch ihre Hinwendung zum Boden hin, selbstverständlich bei entsprechender innerer Sammlung darauf, oder über ein Chakra, zumeist wohl den Solarplexus.

Wer mit dem Energiesensor vertraut ist, kann bei einem größeren Schmerzbereich den stärksten Schmerzpunkt, also *den zentralen Punkt der Energiestauung,* durch Abtasten des kritischen Körperbereichs mit einem langen Finger der linken Hand durch den entsprechenden Ausschlag des Sensorkopfes recht *genau lokalisieren.* Dann beläßt er den Finger der linken Hand an dieser Stelle und legt – wie soeben schon gesagt – die rechte Hand auf dem Boden auf oder hält sie flach und dabei locker zur Erde hin. Zugleich gibt er sich in voller Sammlung der Vorstellung hin, wie die disharmonische Energie, die Energiestauung, zur Erde hin abfließt, wo sie von deren gewaltigem Kraftfeld aufgesaugt wird.

Auch die in den früher beschriebenen Übungen aufgezeigte *Aufnahme der Freien Energie bringt gestaute Energie zum Fließen* und löst Blockaden auf. Sie stärkt die Lebenskraft und nimmt gleichzeitig »falsche Energie« weg. Sie ist – wenn Sie sich an den einleitenden Teil des Buches erinnern – schneller als die Lichtgeschwindigkeit, sie pulsiert rascher als diese, und so strukturiert sie die subatomare Grundlage unserer Zellen und Moleküle neu in der wiederum tragfähigeren Form. Freilich, wie ich mehrfach betonte, geht das nicht von heute auf morgen, aber bei kontinuierlicher Übung sehr wohl über die Zeit hinweg. Leider fehlt es dazu oft an Geduld und Beständigkeit. Indessen werden uns im Leben weder »Gesundheit« noch »Glück« geschenkt. Wir müssen uns beides durch eigenes Bemühen erringen und genauso durch eigenes Bemühen erhalten.

Die Freie Energie, die universellen Kräfte sind allgegenwärtig. Das können wir uns gar nicht oft genug bewußt machen. Aber wir müssen ihren Ruf hören und uns ihm öffnen. Denn nur wer sich dieser Urschöpfungskraft weit aufgetan hat, kann auch ihre Hilfe erwarten und auf sie bauen. Das tiefe Vertrauen darauf und der feste Glaube an sie machen den Weg zur Heilung frei und lassen die verlorengegangene Harmonie wiederfinden. Es ist so, als würde ein durch Schmutz und Schlamm blockierter Kanal durch die Wassermassen eines Wolkenbruchs freigefegt: Jetzt kann ihn die Flut ungehindert durchströmen. Die heilende Energie ist freigesetzt und kann so den ganzen Organismus durchströmen und wieder gesunden lassen. Jeder Zweifel schwindet dem, der es erlebt hat.

Der mittelbare Einsatz der Freien Energie:
Die verschiedenen Energieträger
sinnvoll und gezielt einsetzen

In dem eben beendeten Kapitel haben wir uns mit den verschiedenen Möglichkeiten befaßt, die Urschöpfungskraft der Freien Energie ganz unmittelbar für unsere gesundheitlichen Bemühungen zu nutzen, also ohne Einschaltung irgendwelcher äußerer Energieträger. Eben damit wollen wir uns jetzt beschäftigen. In der Regel gilt es, diese energietragenden Substanzen zuerst für ihren praktischen Gebrauch aufbereitet zu haben. Oben haben wir das Einfangen der Freien Energie und ihre Überschwingung auf solche Energieträger eingehend besprochen. Jetzt geht es darum, wie sich diese mit bestmöglicher Wirkung zweckmäßig einsetzen lassen.

Wesentliche Arbeitsgrundsätze

1. Die innere Mitarbeit ist nötig
Schon tut sich eine Gefahr auf, der erfahrungsgemäß viele sogleich oder bald erliegen: Sie setzen ähnlich wie bei einem vom Arzt verschriebenen Medikament ein heilungsversprechendes Mittel ein, auf das sie ihre Hoffnung setzen. Also – so schließen sie fälschlicherweise wenigstens in ihrem Unbewußten – brauchen sie »selbst«, das heißt in ihrem eigenen Denken und dem dazugehörigen Tun, nichts mehr zu machen. Wozu auch? Es ist doch so bequem. Wenn Sie die seitherigen Ausführungen dieses Buches aufmerksam auf sich haben wirken lassen, dann wissen Sie sofort, daß mit dieser Einstellung die besten Chancen für eine wirklich durchgreifende Hilfe schon verspielt sind. Ich zitiere bewußt nochmals das inhaltsschwere Wort des weisen Konfuzius:»Der Weise sucht, was in ihm selber ist, der Tor, was außerhalb.« Mit dieser Warnung setze ich die Wirksamkeit dieser Energieträger an sich in keiner Weise in Zweifel. In der Tat bringen sie auch bei dieser Einstellung oft ihre Wirkung, besonders in einfachen Fällen. Ich möchte nur nachdrücklich betonen, daß ein wirklich durchschlagender Erfolg dann nicht erwartet werden kann, wenn man ein noch so gutes Werkzeug nicht optimal einsetzt.

Um dieser Gefahr vorzubeugen, halte ich es für richtig, am Eingang dieses für die Praxis zentralen Kapitels nochmals knapp an die wesentlichen Erfolgskriterien für unsere Bemühungen zu erinnern. Von größter Bedeutung ist die schon so oft betonte *innere Sammlung auf die kosmische Urenergie* und ihr Hinströmen zu dem erkrankten oder sonstwie hilfsbedürftigen Menschen bzw. Organ. Je intensiver diese geistig-emotionale Sammlung darauf, um so leichter und nachhaltiger verändert sich jede einzelne Zelle ganz im Sinn dieser Steuerung. Die Natur versteht es ja in großartiger Weise, sich selbst zu helfen, wenn sie nur den hinreichend starken Anreiz dazu verspürt. Das ist der Kern der sogenannten Energetisierung, Tachyonisierung oder Vitalisierung, was immer nur andere Worte sind für die Aktivierung der Freien Energie, der allgegenwärtigen Urschöpfungskraft mit ihren heilerischen Wirkungen. Religiös ausgedrückt: Sich vertrauensvoll der göttlichen Kraft zu öffnen, macht den Heilungsweg frei.

2. Die heilende Wirkung der Freien Energie auf zwei Ebenen

Diese zwei Ebenen – Sie erinnern sich – sind

1. *die Quantität,* das heißt die Leistungsstärke oder -intensität, auch die Felddichte genannt, die sozusagen die Durchschlagskraft als solche ausmacht, und

2. *die Qualität,* das heißt die besondere Information einer Strahlung oder Schwingung, die ihren speziell ausgerichteten spezifischen Nutzwert kennzeichnet.

So sprechen wir von einem Ort der Kraft, wenn dieser eine besonders hohe Felddichte aufweist bei der uns selbstverständlichen Unterstellung seiner positiven Wirkung, also einer uns körperlich oder/und seelisch förderlichen Wirkung, seiner spezifischen Schwingung oder «Information». Das muß aber durchaus nicht so sein. Ein Ort mit hoher Felddichte kann genauso geprägt sein durch negative Schwingungen oder Information: Dann haben wir z. B. einen Platz von ausgeprägter Geopathischer Belastung vor uns. Zudem ist jedes Übermaß an Quantität oder Felddichte von vornherein schon gefährlich und als ausgesprochen negativ zu sehen, weil es unseren Organismus ganz einfach belastet, wenn nicht überfordert: unser Nervensystem ist ihm nicht gewachsen. Daher gilt es in der Praxis, bei der Zuführung von Energie jedes Übermaß zu vermeiden. Das werden wir noch an Beispielen sehen.

145

Im besonderen zur Qualität, also der spezifischen Schwingung eines Energieträgers: Es kann uns beruhigen, daß die Biofrequenz, also die besondere Schwingungseinheit für die Gattung Mensch, demnach für alle Menschen, immer dieselbe ist. Individuelle Abweichungen gibt es nicht. Das kennzeichnet die allgemeine Lebenskraft oder -energie eines jeden von uns, also – um auf das so treffende Bild zurückzukommen – den Tropfen Wasser der persönlichen Seele aus dem unerschöpflichen Ozean der alles schaffenden Urschöpfungskraft. Weiterhin können wir das absolute Vertrauen dazu haben, daß diese Lebenskraft wesensmäßig stets positiver, unserer Gesundheit förderlicher Natur ist. Wie schon gesagt, sofern wir sie zu einer besonderen Heilungsbemühung nur nicht im gefährlichen Übermaß einsetzen.

Eine Einschränkung ist jedoch angezeigt. Sie ergibt sich aus der Frage, aus welcher besonderen Quelle wir den jeweils verwendeten Energieträger mit der Freien Energie aufgeladen haben, um ihn dann für irgendeinen heilerischen Zweck zu gebrauchen: Ist die Qualität dieser eingefangenen und überschwungenen Freien Energie wirklich nur positiv? Denn auch für diese gilt das Gesetz der zwei Ebenen von Quantität und Qualität. Hier gilt es in der Tat aufmerksam zu sein. Ich wies aus gutem Grund darauf hin, daß nicht jeder Ort der Kraft positiver Natur sein muß. Würden Sie die Energie etwa eines geopathisch belasteten Platzes auf Ihren zu heilerischen Zwecken bestimmten Energieträger überschwingen? Dieses krasse Beispiel mahnt zur Vorsicht gegenüber allen Quellen von Freier Energie, die wir anzapfen können.

Aus der Reihe dieser Quellen habe ich mehrfach auf die *Verwendung von Bäumen* hingewiesen, ganz einfach weil sie in unserem Land fast überall zur Verfügung stehen und die Energieüberschwingung von ihnen auf unsere Energieträger so einfach und unkompliziert ist. Sie erinnern sich: Ich sprach immer von einem *gesunden,* kräftigen Baum. Leider sind heute nicht alle Bäume gesund, auch wenn sie noch so kräftig erscheinen. Seien Sie also in dieser Hinsicht wachsam! Nun gibt es eine Quelle, bei der Sie nicht die geringste Sorge zu haben brauchen, weil sie die ursprünglichste aller möglichen darstellt: die kosmische, die Urenergie schlechthin und ganz direkt. Diese erfassen Sie unmittelbar ohne ein zwischengeschaltetes Medium durch *die Energiespirale,* die ich im zweiten Hauptteil dieses Buches beschrieben habe. Wer sich die Mühe macht, sich eine solche anzufertigen, der ist diese Sorge ein für allemal los. Wer nicht über diese Energiespirale verfügt, der kann – sofern er erfahrener Pendler ist – die für ihn best-geeignete Quelle in erreichbarer Nähe erpendeln. Der Nichtpendler möge mit gesundem Gespür dafür etwa seine Lieblingsbaumart her-ausfinden und dann einen ganz kräftig und gesund erscheinenden Baum dieser Gattung anzapfen. Er wird auch mit dieser einfachen Methode kaum fehlgehen.

3. Spezielle Heilungsinformationen auf Energieträger übertragen bzw. sie löschen

Eine bestimmte Heilungsinformation in Vita-Wasser eingeben: Das ist schon deshalb kein Problem, weil sich Wasser hervorragend zur Aufnahme von Schwingungen eignet. Das im Kern ganz einfache Ver-fahren möchte ich sogleich an einem Beispiel darstellen. Gesetzt den Fall, Ihre linke Hand neige seit einiger Zeit zu leichtem Zittern, was Sie verständlicherweise sehr stört. Die Ursache kann ganz verschiedener Natur sein, sie tut jetzt nichts zur Sache. Wie gehen Sie vor?

• Sie schreiben auf einen nicht zu großen Zettel einen knappen, so-zusagen formelhaft erscheinenden Satz (»Affirmation«), der das ge-wünschte Ziel in positiver Form als bereits erreicht in sich trägt, bei-spielsweise »Meine linke Hand ist immer ganz ruhig.«

• Auf diesen Zettel stellen Sie ein mit Vita-Wasser gefülltes Glas und umfassen dieses mehrere Minuten lang mit beiden Händen so, daß die Handflächen und Fingerspitzen möglichst beider Hände eng an dem Glas anliegen.

• Während dieser Zeit sind Sie seelisch-geistig ganz gesammelt in der Vorstellung, wie die von dem Gedanken an die immer ruhige, zitter-freie linke Hand gesättigte Freie Energie von Ihren Fußsohlen (Mut-ter Erde, negativ gepolt) und von Ihrem Scheitelpunkt (Vater Him-mel, positiv gepolt) her durch Ihren Körper in das Wasser hineinströmt und es mit der aufgeschriebenen Information (Quali-tät) auflädt.

• Nach wenigen, äußerstenfalls vier Minuten ist dieses Wasser mit der spezifischen Schwingung von völliger Ruhe in der Haltung der Hand gesättigt. Sie können jetzt von diesem informationsgesättigten Was-ser alle paar Stunden einen Schluck trinken, sich Ihre linke Hand damit einreiben, ein paar dieser Tropfen in Ihr gewohntes Getränk oder Ihre Mahlzeit geben und so wieder und wieder diese besondere Informationsschwingung in Ihrem Organismus zur Wirkung brin-gen. Das Charakteristikum dieser im Wasser enthaltenen Schwin-gung ist ja, daß sie sich in Augenblickslänge in allen Substanzen, die

147

auch nur eine kleinste Menge von Wasser enthalten, voll ausbreitet und das gesamte Volumen damit ausfüllt. Da der menschliche Körper zu 70 Prozent und mehr aus Wasser besteht, wird er bis zur letzten Pore von dieser speziellen Schwingung durchdrungen.

Hier nur zu Ihrer Anregung einige Beispiele für den *Stil der Informations-Formulierung:*
- »Mein Körper hält das Gewicht von 65 Kilogramm von Tag zu Tag über die Zeit hinweg.«
- »Ich nehme Tag für Tag einige 100 Gramm Gewicht ab.«
- »Ich schlafe die ganze Nacht durch.«
- »Ich schlafe nach kurzem Erwachen sofort wieder ein.«
- »In jeder Lebenslage behalte ich meine tiefinnere Ruhe.«

Die in Vita-Wasser eingegebene Informationsschwingung auf andere Substanzen überschwingen: Sie können jede dem Vita-Wasser eingegebene Information in prinzipiell der gleichen Weise, die Sie in dem früheren Kapitel des Überschwingens der Freien Energie schon kennengelernt haben, auf einen anderen Energieträger übertragen. Hier brauche ich nur das Schema anzureißen; Einzelheiten sinngemäß zu übertragen ist gewiß kein Problem mehr.
- Links steht vor Ihnen der Behälter mit der dem Vita-Wasser eingegebenen Informationsschwingung und rechts der Energieträger, auf den diese Information aufgeschwungen werden soll.
- Die linke Hand drei Minuten lang über den linken Behälter halten oder darauf legen oder ihn voll umfassen und gleichzeitig die rechte Hand über, auf oder um den aufzuschwingenden anderen Energieträger halten.
- Dabei ganz gesammelt sein in der Vorstellung des Hinüberströmens der speziellen Informationsschwingung von links nach rechts bis zur vollen Sättigung.

Löschung von aufgeprägter Information: Sie können jede von Ihnen in einen bestimmten Energieträger eingegebene Information wieder löschen. Und zwar dadurch, daß Sie sie aus diesem hinaus und zugleich in Wasser, Luft oder Erde hinein schwingen. Im einzelnen sieht das so aus: Sie halten Ihre linke Hand nur 60 Sekunden lang über, auf oder um den Energieträger, z. B. ein Glas mit dem Inhalt, und halten gleichzeitig die rechte, flach nach unten hin gerichtete Hand ganz knapp über eine Wasseroberfläche (Brunnen, Spülbecken, Eimer) mit oder ohne leichte Wasserberührung. Da lassen Sie die Information hineinschwingen und reinigen damit den Energieträger davon. Das können Sie auch – eine zweite Möglichkeit – in die Luft hinaus tun durch die leicht erhobene und locker geöffnete rechte Hand. Oder – die dritte Möglichkeit – über die Füße bei gutem Bodenkontakt (wenn Sie stehen oder sitzen) oder über die Knie (wenn Sie knien) in den Fußboden, in die Erde hinein. Alle drei Methoden sind gleichwertig. Die 60 Sekunden (nicht länger) sind Sie in voller geistiger Sammlung ganz auf das Hinausschwingen *nur* der früher eingegebenen Information eingestellt. Das ist wesentlich. Nachher enthält der jetzt von der Information »gereinigte« (Qualität) Energieträger noch immer seine 100 Prozent der Freien Energie (Quantität, Felddichte).

4. Das Gesetz der Polarität beachten

Die Beachtung der Polarität der Energieträger lohnt sich in vielen Fällen. In dem Kapitel über das Überschwingen der Freien Energie ist Ihnen das Problem laufend begegnet, wie die Plus- und die Minusseite der Energieträger jeweils liegen sollte, und seither tauchte diese Frage auch noch verschiedentlich auf. Die sorgfältige Beachtung bringt nach meiner Erfahrung um fünf bis zehn Prozent erhöhte Heilungswirkung, vor allem beim Arbeiten mit Energieplatten oder -scheiben, aber auch mit energetisierten Textilien, soweit das da möglich ist. Wenn nicht, wie zum Beispiel beim Umwickeln eines Armes oder Beines, ist der Verlust nur etwa drei Prozent, der natürlich vernachlässigt werden kann. Die Beachtung der Polarität bei der praktischen Arbeit wird von manchen Autoren überhaupt nicht gesehen und bei anderen nach meiner Ansicht entschieden übertrieben dargestellt. Denn die Nichtbeachtung ist am Ende doch nicht so schlimm und kann bei dem relativ bescheidenen Verlust an heilerischer Wirksamkeit schließlich verschmerzt werden.

Eine nicht unwichtige *Randbemerkung* an dieser Stelle: Vergessen Sie nicht, daß die elektromagnetische Erscheinungsform der Polarität in Form von Plus und Minus ein Teilaspekt der Polarität im großen Schöpfungsgesetz ist. Sie begegnet uns im Spannungszustand der Lebensenergie mit ihren so weitreichenden Folgen für jeden Menschen, wo die Spannung der Lebenskraft (Yang) ihrer Lösung (Yin) gegenübersteht, von denen jede wiederum ihre schicksalträchtige positive und negative Seite hat. Im Kapitel »Freie Energie und Gesundheit« habe ich diesen Zusammenhang aus gutem Grund deutlich herausgestellt.

5. Mit feinsten Reizen arbeiten

Nochmals der Hinweis, daß *gerade Reize von minimaler Stärke* an den kritischen labilen Punkten eines biologischen Systems oft große Wirkungen erzielen. Auf ganz schwach dosierte Reize reagieren sie oft viel intensiver als auf kräftige Impulse. Erinnern Sie sich an mein nächtliches Erlebnis, das ich eingangs festgehalten habe: »Allerfeinste Schwingungen, die von der Grundsubstanz ausgehen, bewirken die Steuerung der groben Elemente, Materie und Massen«? Es sind geradezu ultrafeine Schwingungen von Licht und Farbe, Tönen, Temperaturen und körperlichen Berührungen, ausgehend auch von Salz, Gewürzen, Stein und Metall, z. B. in Gestalt von Mineralsalzen und Spurenelementen, die die unaufhörlich in unserem Körper ablaufenden Regulationsprozesse steuern. Gerade für das Arbeiten mit den feinstdosierten Schwingungen der Freien Energie ist das von großer Bedeutung. Es ist interessant, daß es immer wieder hochsensible Menschen gibt, die die Einwirkungen der Freien Energie auf ihren Körper bei den ersten Erfahrungen damit als auffallend stark beschreiben.

Aus dieser Betrachtung ergibt sich eine wichtige Folgerung für unsere Arbeit: *Setzen Sie diese Energie bei einer Behandlung nicht zu lange ein, sondern lieber öfters und jeweils kürzer.* Viele Leute wollen verständlicherweise möglichst rasch Erfolge sehen. Aber auch hier gilt: Es läßt sich nichts erzwingen! In der Natur wandeln sich die Dinge zwar unaufhörlich, aber langsam. Ich wiederhole auch in diesem Zusammenhang: »Allzuviel ist ungesund.« Daher diese wichtige Warnung vor zu starkem, gleichsam »grobem« Einsatz dieser oft wundervoll wirksamen Urenergie. So mancher Fehlschlag hat hier seine Ursache. Die Gewähr für guten Erfolg liegt auch hier in den beiden Worten: Geduld und Beständigkeit.

Der praktische Einsatz der verschiedenen Energieträger

Haben Sie bitte Verständnis dafür, daß *gewisse Überschneidungen in der Darstellung* der einzelnen Anwendungsgebiete nicht zu vermeiden sind. Sie sind zu sehr miteinander verflochten, und fast jedes hat seine eigene Problematik oft weiterreichender Art, manchmal bis in Handhabungsschwierigkeiten, die sich erst im Gebrauch herausstellen. Daher ist eine streng logische und auf den ersten Blick ganz klar und übersichtlich erscheinende Behandlung des Stoffes nicht zu erreichen.

Welchen Energieträger wofür auswählen? Diese wichtige Frage gilt es nun zu klären. Wenn Sie sich auf dem heutigen Markt der »tachyonisierten« Produkte umsehen, werden Sie ein ständig steigendes Angebot an solchen Produkten gefunden haben. Von Halbjahr zu Halbjahr gab es mehr Produkte von immer mehr konkurrierenden Herstellern. Auch in der Spezialisierung der Artikel für ganz spezielle Anwendungen ging es stetig weiter. Und jeder Artikel kostet seinen Preis, nicht selten einen stolzen Preis.

Wenn Sie wissen,
1. daß das Geheimnis all dieser Anbieter und Produkte nichts anderes ist als die Aktivierung der Urschöpfungskraft, von mir vorwiegend Freie Energie genannt,
2. daß Sie diese Urenergie – wie in den früheren Kapiteln beschrieben – selbst ohne große Mühe sozusagen aus der Natur gleichsam abschöpfen können, und zwar ohne nennenswerten Energieverlust, und
3. daß Sie dieses Ihnen kostenlos zuwachsende Naturgeschenk der ursprünglichen Lebensenergie mit ihren heilsamen Eigenschaften persönlich in alle Arten und Formen von Objekten – von mir Energieträger genannt – überschwingen können,
dann wissen Sie auch,
• daß Sie sich frei machen können von einem Markt, der sich ähnlich wie der esoterische Markt mehr und mehr zu einem lukrativen Geschäft entwickelt hat,
• daß Sie nicht für jede gesundheitliche Störung ein speziell energetisiertes Produkt zu kaufen brauchen, sondern es sich mit ein wenig Phantasie und Geschick so gut wie kostenlos selbst exakt auf Ihre Person zugeschnitten machen können,
• daß Sie sich also selbst zu helfen in der Lage sind, daß Sie sich in fast unbegrenzter Hinsicht für ein und denselben Zweck oft mehrere Möglichkeiten zunutze machen können.

Ich muß es abschließend noch einmal zusammenfassend wiederholen: Das alles ist so, weil es nur eine einzige Urschöpfungskraft gibt, die alles und jedes geschaffen hat, was existiert. Sie gibt auch jedem von uns seine Lebenskraft, von der wir alle zehren und die wir in Gestalt der Freien Energie in jeder vermeintlich toten Materie ebenso wie in jedem Lebewesen vor uns haben, erfahren und erleben können. Das unseren menschlichen Sinnen verborgene atomare Geschehen ist sozusagen das Werkzeug dieser Urschöpfungskraft der Natur, das uns lehrt, das uns überkommene Weltbild von Grund auf zu überdenken: Alles ist wahrhaftig eins, denn alles und so auch wir selbst kommen aus dem gleichen Urquell des Seins.

Je tiefer wir von dieser Erkenntnis durchdrungen sind, um so offener können wir sein für das Wirken dieser schöpferischen Kräfte der Freien Energie. *Es geht um die Heilung nicht bloß unseres Körpers,* sondern um die Korrektur und Heilung unseres Selbstverständnisses und Selbst-Bewußtseins, unseres Denkens über die grundlegenden Dinge unseres Seins, *um die Heilung unseres Menschseins in seiner durch nichts eingeschränkten Ganzheit.* Das ist das letztlich auch für unsere Gesundheit in Seele und Körper Entscheidende: Je mehr wir in der Tiefe unseres Wesens von dieser Erkenntnis getragen sind, um so leichter und selbstverständlicher fließen auch unserem Körper alle heilenden Kräfte zu. Das, ob wir die Freie Energie nun in irgendeiner Form dazu aktivieren, ob wir uns (bei einfacher Problematik) darauf beschränken oder ob wir (bei bedrohlichen Problemen) ärztliche Hilfe in Anspruch nehmen, ob diese uns in der einen oder anderen Therapieform zuteil wird. Letztlich ist das der Kernpunkt für unsere Gesundung. Bei allen Heilungsbemühungen und der sich gern dabei einstellenden Routine sollte diese Grunderkenntnis nie verloren werden. Wer wirkliche Heilung sucht, kommt nicht darum herum, über die wahre Ursache seiner Krankheit ernsthaft nachzudenken, die in aller Regel in ungünstigem Denken und in falscher Lebensführung begründet liegt.

Aus gutem Grunde habe ich an dieser Stelle nochmals auf diese wesentlichen Punkte für die Art und Weise des Vorgehens hingewiesen. Nun kann ich mich getrost dem ganz *konkreten Arbeiten mit den verschiedenen Energieträgern für die verschiedenen gesundheitsfördernden Zwecke* zuwenden. Es geht darum, daß wir die wertvollen therapeutischen Möglichkeiten, die uns die Freie Energie anbietet, auch so fruchtbringend wie nur möglich einsetzen und auswerten. Die im folgenden angeführten Mittel, die Ihnen ja schon von ihrer energetischen Aufbereitung her bekannt sind, weisen alle die gleiche Fähigkeit auf, Freie Energie sowohl aufzunehmen als auch über die Zeit hinweg zu speichern. Das gilt für Aluminium, alle anderen Metalle, für Textilien ebenso wie Kunststoffe ganz verschiedener Art und für Glas und Leder. Wir können sie, was ihren Einsatz angeht, also als gleichwertig betrachten und sie bei ihrem Gebrauch nebeneinander benutzen oder auch gegenseitig austauschen.

Für die Anwendung sämtlicher Energieträger (aus praktischen Gründen besonders der Energieplatten, -scheiben) *sind die folgenden Hinweise wesentlich:*
- Alle mit Urenergie gesättigten Produkte strahlen ihre energetischheilsamen Schwingungen nach allen Seiten aus. Kein Material kann die Strahlungskraft der Freien Energie stoppen oder behindern. Sie durchdringt alles.
- Legen Sie die Energieträger ganz einfach auf die betroffenen Punkte oder Körperstellen auf. Wo es angezeigt ist, können Sie sie mit einem Streifen von auf der Haut gut klebendem Heftpflaster oder ähnlichem befestigen, je nach der besonderen Situation auch mit einer Binde oder Bandage. Natürlich können Sie sie auch in die sich dafür anbietenden Taschen Ihrer Kleidung stecken oder in beliebiger Weise bei sich tragen. An gegebener Stelle werde ich auf diese praktischen Dinge noch zurückkommen.
- Die Sättigung mit der Urschöpfungskraft bleibt normalerweise immer erhalten. Verschmutzung, Waschen oder sonstige Reinigung kann dem nichts anhaben.

1. Der übergreifende Wert der Energiespirale
An dieser Stelle muß ich auf *die besondere Bedeutung der Energiespirale* hinweisen. Sie steht uns jederzeit innerhalb unserer vier Wände zur Verfügung, was bei fortlaufender Arbeit mit Freier Energie von vornherein vieles erleichtert. Wir können ganz kleine Artikel (Steinchen, Perlen, Ringe) unter ihr genauso mit Freier Energie aufladen wie wesentlich größere Objekte (Topf mit Wasser, Lebensmittel, zusammengelegte große Bänder, Tücher und dergleichen). Nahezu alles, was uns dafür geeignet erscheint, können wir ohne Mühe unter der aufgehängten Spirale unterbringen. Sie bringt uns die kosmische Urenergie sozusagen absolut rein in ihrem Urzustand ins Haus, weil keinerlei Medium mehr zwischengeschaltet ist, das durch irgendwelche Umstände Beeinträchtigungen oder Störungen bewirken könnte. Von keinem anderen Energiespender oder -träger ließe sich das mit solcher Sicherheit behaupten. Wenn im folgenden von

der Energiespirale die Rede ist, dann ist ausnahmslos die 65-Zenti-
meter-Spirale gemeint.

Wenn sich jemand eine bestimmte Zeit, etwa fünf Minuten lang, innerlich total gesammelt hat in einer geistigen oder energetischen
Heilungsbemühung (siehe oben), wird er eine heilende Wirkung erzielen. Die gleiche Zeit von fünf Minuten, die jemand unter der Spirale
sitzt oder liegt, bewirkt bei totaler geistiger Sammlung darauf die gleiche Heilungswirkung und bei innerer Gleichgültigkeit noch immer
etwa 65 Prozent, also zwei Drittel davon. Freilich gelingt nur relativ
wenigen Menschen diese volle innere Sammlung in der Einheit von
Fühlen und Denken. Dann ist die kosmische Heilungskraft aus der
Spirale um so wertvoller. Für den hilfsbedürftigen Menschen ist immer
die eingefangene Urschöpfungskraft am Werk.

Einen schmerzenden Körperteil, z. B. einen Arm oder ein Bein, auch
ein bestimmtes Organ auf der Körpervorder- oder -rückseite, z. B. das
Kreuzbein, kann man – sofern das körperlich möglich ist – direkt unter
die Spirale legen (ungefähr zehn bis zwölf Zentimeter Abstand vom
unteren Ende) und direkt bestrahlen. Die Wirkung dieser Bestrahlung
reicht dann von ihrem Mittelpunkt fünf bis sechs Zentimeter nach allen Seiten hin.

Soll der Mensch in seiner Ganzheit mit kosmischer Energie durchflutet werden, etwa bei schwerer Erkrankung allgemein oder bei tiefer
Niedergeschlagenheit, dann richtet man den Energiestrahl am besten
auf den Solarplexus. Das ist wirkungsvoller als auf den Bauch- oder
Hararaum. Abstand zum unteren Spiralende: nicht größer als 30 Zentimeter, besser weniger. Dabei steht immer die Frage im Raum: Arbeitet der Kranke wirklich mit? Läßt er das alles ohne innere Beteiligung
einfach über sich ergehen, wird es weit weniger Hilfe bringen. Und
immer beachten: Lieber kürzer bestrahlen, etwa nur 20 bis 30 Minuten, das aber öfter, maximal drei- bis viermal täglich. Das bringt viel
mehr.

Ein praktischer Hinweis für das damit verbundene »technische Problem«: Der Körper liegt längs vor einem nicht zu niedrigen Schrank
auf dem Fußboden. Öffnen Sie eine Schranktür nur so weit wie dazu
nötig und stecken Sie einen 80 bis 90 Zentimeter langen Holzstab
oberhalb der Tür knapp unter den dahinter befindlichen Türrahmen.

Am äußersten Ende des schräg nach oben herausragenden Stabes hängen Sie die Spirale auf. Jetzt können Sie leicht den Abstand des unteren Spiralendes zur Körperoberfläche bestimmen und die Aufhängeschnur mit einer einfachen Schlinge entsprechend festmachen.

Die aus der Spirale kommende kosmische Energie, diese Urschöpfungskraft, ist immer positiver Natur, also heilsam für den Organismus. Wir können uns ihr getrost anvertrauen. Natürlich dürfen wir von ihr keine Wunder erwarten. Aber das mindeste, was sie bewirkt, ist Stärkung der Immunkraft und Hilfe für die Regeneration des Organismus, körperlich und seelisch zu verstehen. Die einzige Besorgnis: Es gilt, jedes Übermaß zu vermeiden, das den Körper doch nur überfordern würde.

Sie brauchen auch keine Sorgen zu haben, daß Ihnen durch diese Spirale etwa *die schlechte Energie* eines ausgesprochen negativ eingestellten Menschen, der genau über Ihnen wohnt, in Ihren Organismus geholt würde. Zum einen kann die Spirale nur die absolut senkrecht aus dem Kosmos kommende Strahlung der Urenergie aufnehmen, zum anderen würde deren immense Intensität die vergleichsweise schwache Ausstrahlung dieses im Negativen dahinlebenden Menschen gleichsam überschwemmen und damit unwirksam machen. Davon ganz abgesehen, daß die Spirale in ihrer spezifischen Einstellung auf die kosmische diese menschliche Strahlung kaum aufnehmen und weitertransportieren könnte. Diese Sorge ist also durchaus unbegründet.

Gelegentlich wird gefragt, ob die Spirale *die elektromagnetischen Strahlungen der Mobilfunk-Sendemasten* einfangen und damit mehr schaden als nützen könnte. Auch diesbezüglich brauchen Sie sich in keiner Weise zu beunruhigen. Wie eben schon gesagt, kann die Spirale ihrer Konstruktion gemäß nur die direkt und exakt senkrecht vom Kosmos herunterkommenden Energiewellen aufnehmen und nach unten hin verdichten. Von der Seite oder auch von schräg oben herkommende müssen durch das darauf nicht ausgerichtete Drahtgebäude ganz einfach hindurchlaufen, ohne irgendwelche Spuren zu hinterlassen.

Übrigens: *Wo die Spirale hängt,* ob unter freiem Himmel auf der grünen Wiese oder irgendwo in der Wohnung, gut sichtbar oder versteckt in einem Schrank, ist in der Tat gleichgültig. Dann die Tachyonenschwingungen gehen durch jede Materie hindurch, als wäre das »Hindernis« eines Daches, von Stockwerksdecken, eines oben auf dem Schrank liegenden Koffers gar nicht da. Das haben wir in den langen Jahren der Erprobung immer wieder erleben dürfen.

Wenn bei der Behandlung mit der Spirale irgendwo im Körper *lokale Schmerzen auftreten*, so deutet das in der Regel auf eine Schwachstelle hin. Sie nimmt jetzt an dieser Stelle kosmische Energie auf, die sie nicht gewöhnt ist, und wehrt sich zunächst gleichsam dagegen, daher die Schmerzen. Es begegnet uns hier wieder das bekannte Phänomen der Erstverschlimmerung oder der Heilungsschmerzen. Statt darüber zu erschrecken und mit der Behandlung aufzuhören – was unwissende oder allzu ängstliche Naturen dann tun –, sollten wir durch diese Phase hindurchgehen: sie zeigt, daß wir auf dem richtigen Wege sind.

2. *Vitalisiertes Wasser, vitalisierte Salben und dergleichen*
Sofern Sie nicht schon Erfahrung auf dem hier behandelten Gebiet haben, rate ich Ihnen, im zweiten Buchteil über die Erfassung der Energieträger die ersten vier Kapitel über Orte der Kraft, Wasser, Bäume und Mineralien noch einmal aufmerksam nachzulesen. Das wird es Ihnen leichter machen, die folgenden Ausführungen über deren praktischen Einsatz bis ins Detail nachzuvollziehen.

Zunächst zum vitalisierten Wasser, das ich auch weiterhin einfach als »Vita-Wasser« bezeichne. Mit großem Nutzen können Sie es folgendermaßen gebrauchen:

(1.) Sie können es unmittelbar einnehmen oder trinken. Viele Ganzheitsmediziner vertreten seit Jahren die Ansicht, daß regelmäßiger Genuß von energetisiertem Wasser den ganzen Organismus laufend vitalisiert und auf diese Weise wesentlich zur »Jungerhaltung« beiträgt. (Bei Mineralwasser sei Vorsicht angezeigt, weil die in ihm enthaltenen Mineralien, vor allem, wenn sie zu viel eingenommen werden, die Entgiftung des Körpers stark behindern können, was Krampfadern, Arthritis und Herzinfarkt begünstige. Hier sei ein diesbezüglich erfahrener Arzt zu Rate zu ziehen.) Im übrigen ist Wasser in der Lage, den Frequenzbereich des elektromagnetischen Feldes in seinem vollen Umfang zu speichern, was sich entsprechend positiv auf

den Menschen ebenso wie auf andere Lebewesen, vor allem die meisten Tiere und Pflanzen, auswirkt. Sie können das Vita-Wasser also unmittelbar trinken, zum Beispiel stündlich eine gewisse Menge. Sie können damit alle möglichen warmen Getränke zubereiten und es laufend zum Kochen benutzen. Die längerfristige systematische Einnahme belebt den ganzen Körper. Bald werden Sie die kräftigende Wirkung des regelmäßigen Genusses verspüren.

Sie brauchen auch nur einen einzigen oder einige wenige Tropfen dieses Vita-Wassers in ein Glas normalen Trinkwassers oder in ein beliebig zubereitetes Getränk zu geben, und schon verbreitet sich im selben Augenblick in der Flüssigkeit seine besondere energetisierende Schwingung. Manche Menschen können es auf der Stelle schmekken. Der Schwingpendel (Energiesensor, Einhandrute) bestätigt seine volle Vitalisierung sofort durch starkes Aufschwingen mit Rechtsdrehung.

(2.) Sie können es für heilerische Zwecke gebrauchen, z. B. für Umschläge aller Art, vor allem auch zum Einreiben in die Haut und überall da, wo Schmerzen eine körperliche Störung anzeigen. Morgens und abends oder auch mehrfach während des Tages eine kleine Menge in die hohlgeformte Hand geben und sie so lange in die Haut einreiben, bis diese alles aufgesaugt hat. Die Wirkung ist oft geradezu unglaublich. Hier nur einige wenige von vielen verbürgten Fällen:

- Ein über 70jähriger Mann ist jedesmal nach überstandenem Schlaganfall, wenn seine bösen Schmerzen eintreten, gegen die seither kaum etwas half, nach einer einzigen Einreibung mit Vita-Wasser schmerzfrei.
- Eine Frau in mittlerem Alter leidet an einer »sich blühend entfaltenden Gürtelrose«. Nichts hilft. Nach einer Woche täglicher Einreibungen volle Heilung. Der Arzt: »Noch nie erlebt, kaum glaublich.«
- Ein 68jähriger Mann mit üblen neuralgischen Schmerzen in der rechten Schulter kann den rechten Arm nur noch mühsam hochheben. Drei Monate ständige Verschlimmerung. Sieben Tage lang täglich zwei gründliche Vita-Wasser-Einreibungen in Schulter und engere Umgebung: volle schmerzfreie Beweglichkeit des rechten Arms im Schultergelenk wiederhergestellt.
- Ein ob seiner Kreuzschmerzen kaum noch arbeitsfähiger Gärtner ist immer, wenn es wieder einmal soweit ist, nach wenigen Einreibungen von neuem schmerzfrei voll im Einsatz.

- Bei Verrenkungen und Verzerrungen genügen oft mehrere Einreibungen zur völligen Gesundung des Gelenks bzw. der betroffenen Muskelpartien.
- Alle natürlichen Heilmittel pflanzlicher Art, so auch die verschiedenen Blütenessenzen, werden durch die Vermischung mit Vita-Wasser in ihrer Wirkung gesteigert. Alle Lebensprozesse in unserem zu reichlich 70 Prozent aus Wasser bestehenden Körper sind ja auf das engste mit Wasser verbunden!

(3.) Sie können das Wachstum Ihrer Pflanzen damit wesentlich beschleunigen, aber bei deren voller Gesundheit. Das gibt kein nur vorübergehendes chemisches Aufputschen für längere Frischhaltung und nur kurzfristige Schönheit! Die Pflanzen sind kräftiger, vitaler, viel widerstandsfähiger als die mit normalem Leitungswasser gegossenen. Das ist heute durch viele Versuche einwandfrei bestätigt durch Pflanzen und Blumen liebende Hausfrauen ebenso wie durch Hobby- und Berufsgärtner. Das regelmäßige Gießen mit Vita-Wasser kann nicht nur kranke Pflanzen gesund machen, es hat auch seine Auswirkung auf die Erde. Sie wird dadurch ebenfalls energetisiert mit allen positiven Folgen.

Nun zu den vitalisierten Salben: Energetisierte Vaseline (»Vita-Salbe«) oder auch energetisierte handelsübliche Cremes aller Art bewirken oft ganz überraschende Heilungserfolge. Eine kleine Menge davon wird an der schmerzenden Stelle und deren Umgebung einige Male am Tag sanft in die Haut eingerieben. Es leuchtet ohne weiteres ein, daß die Energieausstrahlung jeweils beträchtlich länger anhält als nur bei dem vergleichsweise flüchtigen Wasser. Hier nur drei Fälle:
- Eine ältere Frau hat in beiden schon leicht deformierten und versteiften Schultern starke Schmerzen. Die Arme kann sie nicht anheben. Das vom Arzt verschriebene Mittel bewirkt Allergie. Nach wenigen Tagen Einreibung von Vita-Salbe kann sie ihre Arme wieder bis Schulterhöhe anheben und damit arbeiten.
- Ein Hobbysportler verstaucht sich das Fußgelenk derart, daß er kaum noch auftreten kann. Dabei hat er starke Schmerzen. Drei Tage lang reibt er das Gelenk mit Vita-Salbe ein. Die starke Schwellung bildet sich stetig zurück. Schon am vierten Tag ist alles wieder gut, der Fuß voll belastbar.
- Schon früher erwähnte ich das Ärzte-Ehepaar, das die Vita-Salbe als

die beste Heilsalbe bezeichnete, die die beiden je kennenlernten. Die hervorragende Wirkung verblüffte sie geradezu.

Sind das »Wunder«? Keineswegs. Nochmals der Kernsatz: Alles ist schwingende, fließende Energie! Und nochmals der Schlüsselsatz von Dr. Voll: »Schmerz ist der Schrei des Gewebes nach Energiedurchflutung.« Durch die Vita-Salbe wird die schmerzende Stelle, also die Stelle der Energiestauung, stetig von Lebensenergie durchflutet, die Abwehr- und Heilungskräfte werden laufend aktiviert, die Stauung löst sich auf, der Schmerz schwindet. Ich bin versucht, den profanen Spruch zu zitieren: So einfach ist das.

Solche Vita-Salben können selbstverständlich alle möglichen Salben, Cremes, Öle und dergleichen für Einreibungen, Wickel, Umschläge, Massagen usw. *zur Grundlage haben,* die schon die für den besonderen Zweck wünschenswerte qualitative Ausrichtung in sich tragen.

• Das Anwendungsspektrum ist nahezu unerschöpflich: Verletzungen, Gelenk- und Muskelschmerzen, Verstauchungen, Zerrungen, Prellungen, Blutergüsse, Verbrennungen, Kopfschmerzen, Insektenstiche, Hautreizungen aller Art, durch Sonne und Trockenheit ausgelaugte Haut, Regeneration der Haut, Akne, Faltenbildung, Haarausfall, überanstrengte Beine und Füße.

• Genausogut können Sie jegliches Medikament und die bald zahllosen Nahrungsergänzungs- und Stärkungsmittel energetisieren, die Ihnen heute in großer Zahl in Drogerien, Apotheken und Reformhäusern angeboten werden. Ich erinnere Sie nur an das so heilsame Silicea (Kieselsäure) oder an Gelatine, die beide für die innere Festigkeit aller Knochen und Sehnen, aller Bänder und Knorpel in den Gelenken und gleichzeitig für ihre Elastizität und auch für alle Bindegewebe, Haare und Nägel so hilfreich sind. Besonders bei regelmäßiger Einnahme von minimalen Mengen können etwa ältere Leute für die Gesundheit ihrer Wirbelsäule einiges tun und sich damit viel Übles ersparen. Oder denken Sie an Aloe vera, das so wertvoll ist für die Haut und bei Verletzungen oder Verbrennungen im Alltag oft erstaunliche Hilfe bringt. Das nur als einige wenige Beispiele für viele solcher Hilfen, bei denen das Einschwingen der Urschöpfungsenergie ihren faktischen Wert um ein Mehrfaches steigert.

• Nicht zu vergessen die Erfrischung und Belebung für Körper und

Seele nach ungewöhnlicher Anstrengung, bei Müdigkeit, Schlappheit, Energielosigkeit. Oder die Zugabe gewisser Essenzen oder Öle ins um so mehr belebende Badewasser.

Sie können sich all diese wertvollen Beiträge für Ihr Wohlbefinden und Ihre Gesundheit selbst herstellen, indem Sie alle dafür geeigneten Produkte auf die beschriebene Weise mit Urenergie sättigen: Sei es, daß Sie sie unter Ihre Spirale legen oder mittels eines Ortes der Kraft, eines Baumes, eines geeigneten Steins oder durch Überschwingen der Freien Energie, wie Sie das weiter oben kennengelernt haben. Das kostet Sie praktisch keinen Pfennig, nur ein wenig Bemühung, die Ihnen bald zur Freude wird. Da brauchen Sie also keine jeweils teuer zu bezahlenden spezialisierten Erzeugnisse, die ja doch alle nichts anderes in sich tragen als die abgeleitete Urschöpfungskraft. Sie »gehört« einem und einer jeden von uns und steht uns allen zur freien Verfügung ... wenn wir es nur erkennen und nutzen!

3. Energetisierte Metall- und Kunststoffscheiben sowie Glaskörper

Hier geht es, wie Sie wissen, weder um die früher behandelte Aufbereitung zum Energieträger noch um das Überschwingen der Urenergie von einer Metallscheibe auf eine andere oder auf einen sonstigen Energieträger. Hier geht es um *den praktischen Einsatz zu gesundheitlichen Zwecken.* In erster Linie bieten sich dazu ganz einfache Platten oder Scheiben verschiedenster Größe aus Aluminium an, das heute ja überall zur Verfügung steht. Sie können jedoch auch jedes andere Metall verwenden, auch ganz einfaches Blech. Wohl hat jedes Metall seine eigene qualitative Ausstrahlung, doch geht es hier vorwiegend um die allen gemeinsame gleich starke, heilende Urenergie. Platten oder Scheiben aus Kunststoff sind aus begreiflichen Gründen wesentlich seltener. Sie werden genauso behandelt und eingesetzt wie die aus Metall, so daß sich eigene Betrachtungen dazu erübrigen.

Die Größen der eingesetzten Platten hängt ganz von ihrem Verwendungszweck ab. In der Praxis gebrauche ich selbst seit Jahren im allgemeinen die folgenden Größen, die Maße in Zentimeter angegeben: 2×2, 2×5, 4×4, 4×6, $5,5 \times 8,5$ (etwa Scheckkartengröße), 10×15 (etwa Postkarte), 20×20, 20×30 (etwa DIN-A4-Format). Viele behelfen sich mit der scheckkartengroßen Scheibe und der 20×20-Platte. Sie wissen ja: Sie können sich alle Größen selbst machen. Da gibt es keine vorgeschriebenen Regeln. Daher sind zuweilen auch Alu-Rohre oder sonstige Profile interessant, etwa bei Versuchen mit der Neutralisierung von Geopathischer Belastung oder für die Anpassung an den Körper, besonders an Gliedmaßen.

Normalerweise wird nur eine Energieplatte eingesetzt und nicht mehrere gleichzeitig. So können sich zu ein und demselben Zeitpunkt die bioenergetischen Schwingungen des ganzen Organismus auf die eine betroffene Stelle einspielen, und jede Zersplitterung oder gar Gegensätzlichkeit des Kräfteeinsatzes wird vermieden. Später ist dann der ungestörte Einsatz an anderer Stelle möglich. Also: Niemals zwei Energieplatten zur gleichen Zeit an verschiedenen Stellen ansetzen!

Die einzige Ausnahme, daß zwei Energieplatten gleichzeitig ihre Wirkung tun sollen, ist, wenn diese auf ein und dasselbe naturgegebene Ziel hinarbeiten. Ein Beispiel: Sie wollen im Sinn der bewährten Chakrenlehre dem Organismus insgesamt gesteigerte Lebenskraft zuführen. Jetzt können Sie zwei Chakren gleichzeitig bestrahlen: Sie lassen eine Energiescheibe auf das Wurzelchakra einwirken, indem Sie diese beim Sitzen auf einem Stuhl zwischen die beiden Sitzhöcker direkt unter dem Steißbein, also am Wurzelchakra, plazieren und die andere auf dem Solarplexus zwischen dem Nabel und dem Schwertfortsatz des Brustbeins. Beide Plusseiten sind zum Körper hin gerichtet. Jetzt wirken Sie gleichzeitig über das erste auf die körperlich-vitale und über das zweite mehr auf die seelisch-emotionale Grundlage unseres Seins, zusammen also auf die Stärkung der Vitalkraft insgesamt ein. Das sollten Sie normalerweise etwa 15 Minuten, auf keinen Fall länger als 25 Minuten lang tun und optimal zwei- bis dreimal täglich, sonst nach Bedarf. Es versteht sich wie immer, daß Sie sofort mit der Einschwingung der Freien Energie aufhören sollten, wenn sich das Gefühl einstellt: »Das wird mir zu viel.« Sonst wird aus der Hilfe Schaden und aus der Stärkung nur Überlastung und damit Schwächung.

Addiert oder gar multipliziert sich die Stärke der heilenden Ausstrahlung, wenn man mehrere Energieplatten aufeinanderlegt? Das wird zuweilen gefragt. Haben also zum Beispiel fünf aufeinandergelegte Energieplatten mehr Ausstrahlung als eine, oder ist Quantität und Qualität der Ausstrahlung dieselbe? Die Ausstrahlungskraft ist immer dieselbe, nämlich das Optimum an Energiesättigung von 100 Prozent. Es kann nicht überschritten, »überladen« werden. Wenn also die fünf Energieplatten zu 100 Prozent mit Urenergie gesättigt sind, so können sie nicht mehr als diese 100 Prozent ausstrahlen. Wenn sie oder einige von ihnen aber nicht voll mit 100 Prozent aufgeladen sind, dann addieren sich die Kräfte dieser fünf Platten so weit, daß die obere Grenze von 100 Prozent erreicht, jedoch nicht überschritten wird. Zuweilen wird behauptet, die Wirkung wäre bei fünf aufeinandergelegten Platten fünfmal stärker: Das ist ein Irrtum, eine falsche Behauptung. Das bestätigen einfache Versuche: Sie zeigen, daß z. B. eine Energiescheibe von fünf mal acht Zentimeter Größe, kontinuierlich in der Stärke der Schwingung abnehmend, bis 85 Zentimeter ausstrahlt. Hier sind gerade noch allerletzte, ganz feinste Schwingungen als solche erkennbar. Das Ergebnis von fünf dieser aufeinandergelegten Scheiben ist exakt dasselbe, es ist nicht besser.

Ein anderer Fall: *Sie legen zum Beispiel acht Energieplatten* der Größe zwei mal sechs Zentimeter mit jeweils zwei Zentimeter Abstand von der einen zur anderen Platte *nebeneinander* und kleben sie beidseitig auf einem gut klebenden Verpackungsband auf. Dann bekommen Sie eine Gesamtlänge von 30 Zentimeter. Sie haben ein faktisch gleichmäßig intensives Ausstrahlungsfeld von 6 × 30 Zentimeter. Sie haben keine Minderung der ausgestrahlten Energie in diesem ganzen Feld, aber auch dieses ist nicht stärker als die 100 Prozent, die auch schon eine einzige dieser acht Scheiben aufweist. In dem Kapitel über die verschiedenen Methoden des Überschwingens habe ich übrigens eine einfache Skizze eingefügt, die dieses System klar aufzeigt.

Zu diesem relativ breiten Energiefeld das praktische Beispiel, das ich in seinem Verlauf beobachten konnte. Ein gut 40 Jahre alter Mann hat ein schweres, ganz seltenes Leberleiden, das die Ärzte für kaum heilbar erachten. Sie geben ihm noch sechs bis äußerstenfalls neun Monate Lebenszeit. Der Betroffene befestigt sich das soeben beschriebene Energiefeld von 6 × 30 Zentimeter täglich 45 Minuten lang (nicht länger!) direkt über seiner Leber, diesem großen Organ, das er damit voll abdecken kann. Er stellt sich dabei ganz ein auf das Überströmen der heilsamen Energie auf die volle Größe und Tiefe seiner Leber. Er berichtet, daß der ganze Bereich rasch deutlich warm wird und daß er sich dabei recht gut fühlt. Seine Leber regeneriert sich nach etwa acht Wochen (die er zu Hause verbrachte) nahezu total. Seither lebt er wieder ein völlig normales Arbeitsleben. Ich erkühne mich nicht, dieses Heilungs-»wunder« allein auf das Konto dieser acht so angeordneten Energiescheiben zu buchen, ich habe aber bei aller kritischer Einstellung zu »Wunderheilungen« keinen Zweifel, daß dieses Energiefeld der Urschöpfungskraft hier mehr oder minder wesentlich zur überraschenden Heilung beigetragen hat.

Bisher war immer nur die Rede von metallischen Energieplatten. *Platten oder Scheiben aus Kunststoff, aus Glas oder Leder* können Sie im praktischen Einsatz für gesundheitliche Zwecke ganz genauso betrachten und behandeln wie die aus Metall bestehenden. Da gibt es keinerlei Unterschied. Stoßen Sie sich auch nicht daran, wenn Ihnen eine Plastikscheibe, zum Beispiel eine alte Kreditkarte, für Ihren Zweck zu dünn erscheint. Freilich ziehe auch ich dickere »Platten« vor, aber das hat eigentlich keine sachliche Begründung, nur eine psychologische: sie erscheinen uns eben kompakter und damit gleichsam vertrauenswürdiger!

All das trifft selbstverständlich auch zu für aus Kunststoff gefertigte »Platten« im ganz weiten Sinn, als da sind: runde oder ovale Plastiklinsen, auch -zellen genannt, alle möglichen vereinfachten Formen von Tieren oder Symbolen, die man als sogenannte Handschmeichler bei sich führen kann, und dergleichen. Das demnächst über derartige Glasartikel Ausgeführte trifft auch für diese Objekte in vollem Umfang zu.

Hier der *Hinweis auf Holzstücke*, worauf ich schon bei der Vorstellung der Energieträger kurz zu sprechen kam. Es liegt auf der Hand, daß deren Einsatz aus praktischen Gründen der Handhabung beschränkt ist. Andererseits ist die Beschaffung sehr einfach. Jeder Schreiner oder Zimmermann gibt schöne Stücke aus dem großen Haufen kleiner Reste gern ab. Wer sich dieses schönen Materials annehmen möchte, dem bieten sich viele Anwendungsmöglichkeiten.

Zur praktischen Anwendung all dieser Energieträger:
• Ihre *Größe* hängt selbstredend vom Verwendungszweck ab. Die allergrößten oben genannten Formate, oder noch größere, bewähren sich sehr für die Energetisierung aller gekauften *Lebensmittel*. Besonders dankbar dafür sind Gemüse und Obst aller Art. In unserer Familie legen wir diese sofort nach dem Einkauf für einige Stunden darauf, bevor wir sie dann auf ihren üblichen Platz oder in den Kühlschrank stellen. Das bedeutet zugleich eine deutliche Reduzie-

rung (Neutralisierung) von heute so häufig zu findenden Bestrahlungsbelastungen und der negativen Folgen der zahllosen Konservierungsmittel.

- Das gleiche trifft zu für *Wasser und Getränke aller Art,* für Mineralwasser, Erfrischungsgetränke, Milch und Wein. Die Flaschen bzw. sonstigen Behälter einfach eine Nacht lang darauf stehen lassen! Wenn Sie das nicht nur gelegentlich tun, so kann das über die Zeit hinweg gar nicht ohne heilsame Auswirkungen auf Ihre Gesundheit und Ihr allgemeines Wohlbefinden bleiben. Es ist doch so einfach, sich das anzugewöhnen. Der übliche Ablauf der Dinge spielt sich rasch darauf ein.
- Wenn Sie *Pflanzen,* zum Beispiel eine Topfpflanze, auf eine entsprechend große Energieplatte stellen, werden Sie sich bald über ihr üppiges Wachstum und ihre Kerngesundheit wundern, die sich auch in der Abwehr von Schädlingen zeigt. Der Vergleich mit nahe stehenden, nicht energetisierten Blumen weist das nur zu deutlich auf. Genauso dankbar dafür (oder für längeres Gießen mit Vita-Wasser) sind eben erst gekaufte Pflänzchen vor der Aussaat, Setzlinge und Keimlinge sowie alle Blumen und Pflanzen in kritischem Zustand, etwa nach Umtopfen oder Umpflanzen im freien Feld, ferner natürlich die Schnittblumen.
- Ganz kleine Platten sind für *nahezu punktförmige Anwendung* sehr gut geeignet. Ein praktisches Beispiel dafür: Ein älterer Herr wollte zwei Warzen an seinem Kopf loswerden. Zunächst zur ersten: Er klebte gut zwei Wochen lang jede Nacht mit Leukoplast eine kleine 16 x 16 Millimeter große Alu-Energieplatte von zwei Millimeter Dicke darauf. Ergebnis: Die Warze reduzierte sich bis auf eine minimale Hauterhöhung, kaum wahrnehmbar. Die Bemühung um die andere brachte eine höchst bedeutsame Überraschung, von der ich Ihnen am Ende dieses Buchteils berichten werde.

Überwindung von Schmerzen: Hier sind Energieplatten aller Art oder auch Glaslinsen oder -zellen oft, aber nicht immer eine große Hilfe. Freilich gilt das im allgemeinen nur, solange die Schmerzen nicht ein unerträgliches Maß erreichen. Bei allen möglichen Schmerzerscheinungen haben sie sich bewährt:
- Bei Verletzungen aller Art, auch an Gelenken (hier sind energetisierte Textilien oft praktischer, darüber sogleich), Muskelzerrungen, Rheuma, Magenverstimmungen, Rücken- oder Bauchschmerzen, lokale kleine Entzündungen, Herpes, Angstzustände

(hier Auflegen auf Solarplexus und zusätzlich Bewegung sowie Trinken von Vita-Wasser).

- Besonders bei Zahnschmerzen, die ja gern durch lokale Erkältung oder sonstige Reize auftreten können oder im Anfangsstadium von bösartigen Entwicklungen wie Granulombildung: Die Scheibe auf die Wange am Schmerzzentrum auflegen und möglichst fixieren. Sehr oft bald einsetzende Erleichterung, nach einigen Stunden zuweilen schon volle Schmerzfreiheit. Bei mehrtägig sich hinziehenden Zahnschmerzen die Geduld nicht verlieren, immer wieder Energieplatte auflegen. Aber Vorsicht: Gehen Sie bei ansteigender Körpertemperatur (Entzündung!) sicherheitshalber sofort zum Zahnarzt!

Handhabung und Befestigung von Energieplatten durch:
- Festkleben (Leukoplast oder ähnliches).
- Zwei Sicherheitsnadeln an der Unterwäsche oder der Unterkleidung, die über zwei diagonal sich gegenüberliegenden Ecken geschlossen sind und die Energieplatte dazwischen halten.
- Durch einen Streifen eines Bandes oder eines Stücks Bandagenbandes.
- Durch mehrere ineinander zusammengehängte und in ausreichende Spannung gebrachte dünne Verpackungsgummis, etwa rund um den Kopf oder ein Bein. Ein einfaches, selbst gebogenes Drahthäkchen erlaubt das rasche An- und Ablegen.
- Einfaches Tragen in einer engen am Körper anliegenden Tasche.

Wie lange soll man diese besondere Energetisierung vornehmen?
Nicht alle Menschen vertragen sie den ganzen Tag oder die ganze Nacht oder gar Tag und Nacht durchlaufend. Schon mehrfach wies ich auf die normalerweise sehr zu begrenzende Bestrahlungszeit hin. Wenn wie bei Schmerzen eine längere Einschwingung nötig ist, gehe man behutsam vor und achte auf den Beginn des Gefühls »zuviel«, wie schon beschrieben.

Zum Abschluß dieses so wichtigen Kapitels noch *einige Hinweise zu einfachen Glaskörpern,* zumeist Glaslinsen oder Glaszellen genannt, die ich kürzlich schon erwähnte. Es gibt sie in verschiedenen Farben in Hobby- und Bastlergeschäften für wenig Geld zu kaufen. Die für uns hier interessantesten sind rund oder oval geformt, haben einen wechselnden Durchmesser von etwa acht bis gut zwanzig Millimeter. Sie haben eine glatte und eine gewölbte Seite. Oft werden sie als Handschmeichler bezeichnet, weil sie so weich in der Hand liegen. Sie wissen längst, daß Sie sie selbst vollwertig energetisieren können: Legen Sie sie einfach zwischen zwei größere Energieplatten (erinnern Sie sich: deren Plusseite nach oben) und immer so, daß die glatte Seite nach oben liegt und die gewölbte nach unten. Dann ist die glatte Seite positiv gepolt, wie es für die Auflage auf dem Körper bzw. die Ausstrahlung auf ihn auch besser ist.

Der große Vorteil dieser Glaslinsen ist die denkbar einfache Befestigung – soweit nötig – an praktisch jeder Körperstelle mit Leukoplast oder einem geeigneten Klebeband. Sind jetzt noch viele Worte zu ihrer unkomplizierten Anwendung nötig? Dazu nur einige Beispiele:

- auf eine schmerzende Stelle geben, wie beschrieben,
- auf den Solarplexus zur Harmonisierung des gesamten emotionalen Bereichs und damit zur Stärkung der inneren Ruhe,
- auf die Thymusdrüse, um das Immunsystem und damit die Widerstands- und Regenerationskraft des Körpers zu stärken,
- auf besondere Akupunkturpunkte für spezielle Wirkungen,
- einfach in die Hosen- oder eine andere Tasche stecken, gegebenenfalls auf die bedeckende Unterkleidung aufkleben, auch auf die Innenseite von Kleid, Jacke oder Mantel; ihre Energieausstrahlung ist in jedem Fall ausreichend für die Wirkung in den Körper hinein.

Diese Glaskörper gibt es auch *in verschiedenen Formen und in größeren Ausführungen*, die jetzt gewiß keiner weiteren Darlegung bedürfen. Auf die Bedeutung ihrer *Farben* werde ich in einem späteren Kapitel noch zurückkommen.

4. Energetisierte Textilien

Anfänglich ist man geneigt anzunehmen, daß sich das, was wir im Oberbegriff Freie Energie nennen, allenfalls nur im gefühlsmäßig harten und schweren Metall oder in ähnlich gearteten Objekten einfangen ließe. Das ging mir vor vielen Jahren genauso. Fallen Sie diesem wirklich naheliegenden Vorurteil nicht zum Opfer! Die Urschöpfungskraft ist in allem und jedem. Und ich kann Ihnen versichern: Textilien, die ich vor vielen Jahren energetisiert habe, weisen auch heute noch ihre volle Strahlungskraft auf. Und sollte bei ganz besonders kritischen Menschen je ein Zweifel darüber aufkommen: Sie wissen längst, wie einfach es ist, in ein paar Stunden das Maximum an gespeicherter Energie wiederherzustellen.

Es liegt in der Natur der Sache, daß Textilien und textilienartige Produkte im Gegensatz zu metallischen oder Kunststoffscheiben *eine große Anpassungsfähigkeit an den menschlichen Körper* und all seine Formen bieten. Sie sind ausgesprochen anschmiegsam und lassen sich auch ohne weitere Hilfsmittel für eine Heilungsabsicht ausreichend befestigen. Die für den aufmerksamen Leser selbstverständliche sinngemäße Anwendung aller bisherigen Ausführungen sowie seine eigenen wachsenden Erfahrungen erlauben mir, einen relativ kurz gefaßten Überblick zu geben über die reichen Möglichkeiten, die sich hier bieten. Dabei setze ich selbstverständlich voraus, daß Sie die im folgenden aufgeführten Objekte alle voll energetisiert haben.

Watte, die Sie auf einer ausreichend großen Energieplatte, an einem Baum oder unter der Spirale mit Energie aufgeladen haben, läßt sich vielfältig einsetzen: in dünnen oder dickeren Packen, also in einer oder mehreren Lagen, in jeder ihr denkbar leicht zu gebenden Form, praktisch an jeder Körperstelle. Ein oder mehrere Streifen Leukoplast geben problemlos den nötigen Halt. Watte ist allgemein verfügbar und denkbar einfach in der Handhabung. Daher kann ich Ihnen dieses Mittel sehr empfehlen.

Decken, vor allem etwas größere und dickere, sind wegen ihrer Größe nicht ohne weiteres zu energetisieren. Abhilfe: Wer darüber verfügt, hat bei einem Ort der Kraft kein Problem, ebenso bei einer Energiespirale. Hier brauchen Sie nur die gut zusammengelegte, vielleicht locker verschnürte Decke sicherheitshalber zuerst von oben und hinterher gleich in umgekehrter Lage »von unten« (was jetzt oben ist) her mit Energie zu sättigen. Genauso können Sie zum Beispiel mit einem *mit frischem Heu gefüllten Sack* vorgehen, der ganz ähnliche Wirkung hat. Viele Menschen empfinden die Bestrahlung von einer viertel bis zu einer halben Stunde (nicht länger!), in die Decke eingewickelt, ganz besonders beruhigend und meditativ. Das regt zugleich intuitive Prozesse an. Es ist fast so, als ob sich die äußere Welt entfernt hätte. Es wirkt gleichsam wie ein Bad in der von Ruhe und Kraft getragenen ausgewogenen Energie. Bei regelmäßiger Anwendung führt das leicht zu beachtlichem Abbau von psychologischem Leistungsdruck (Streßgefühl).

Schals: Ähnliches läßt sich bei der Benutzung von vitalisierten Schals feststellen, die natürlich mehr lokal begrenzte Wirkung haben. Jedoch kann diese bei starker innerer Sammlung auf das Überfließen der Energie ein gutes Stück weiterreichen. Ein um den Hals geschlungener Schal kann bei Schwierigkeiten mit dem Nacken, mit der Stimme, auch mit den Bronchien im oberen Lungenbereich recht hilfreich sein. Auch die Verwendung als *Augenbinde*, als entsprechend gefaltetes *Stirnband* oder als *Hüftbinde* (Wirkung auf die Nieren!) bietet sich an. Wer will, kann in einen solchen Schal auch einige Glaslinsen einbauen, deren zusätzliche Strahlungskraft über die des Schals oder der Binde hinaus aber nicht überschätzt werden darf. Damit sind wir schon bei:

Binden und Bändern: Neben den soeben schon angeführten Halsbändern, den Augen-, Stirn- und Hüftbinden können Sie Binden oder Bänder um die Hand- oder auch Fußgelenke tragen. Den besonderen Wert oder Segen für die jeweilige unmittelbare Umgebung dieser Körperstellen brauche ich nur kurz anzureißen:

• bessere Durchblutung des Gehirns und damit gesteigerte Gehirntätigkeit ganz allgemein bei einer gut angesetzten Kopfbinde,
• die auch eine bessere Harmonisierung der beiden Gehirnhälften bewirken kann, ähnlich wie Stirn- und Augenbinden,
• Kräftigung von Hand- und Fußgelenken gegen mögliche Verzerrungen und Verstauchungen,
• insgesamt intensivere Durchblutung aller benachbarten Gewebe mit allen ihren heilsamen Wirkungen,
• Aktivierung aller betroffenen Meridiane (Akupunktur) mit ihren Auswirkungen auf weite Körperbereiche.

Alles das sind die Folgen des Einsatzes solcher Hilfen. Ich bin vorsichtig: Sie können es sein, wenn wohlüberlegt und mit dem Herzen bei der Sache vorgegangen und mit Bedacht nichts übertrieben wird.

Bandagen: Hier liegen die Dinge ganz ähnlich. Sie sind im Grunde ja nur je nachdem stärker, fester, breiter, elastischer gearbeitete Binden für ihre jeweils besondere Aufgabe. Sie schmiegen sich den Geweben eng an und lassen ihnen die Freie Energie mit ihren Heilungskräften voll zufließen. Besonders wertvoll ist das für Menschen, die laufend ihre Muskeln, Bänder und Gelenke wie Knie, Fußgelenke, Ellbogen oder Handgelenke hoch beanspruchen müssen. Gipsverbände bei Knochen- oder Gelenkbrüchen oder zu gesicherter Ruhestellung aus sonstigem Grunde kann man großzügig umwickeln und die Heilung so beachtlich beschleunigen. Ich selbst prellte mir einmal durch Unachtsamkeit eines Helfers bei schwerer körperlicher Arbeit ganz übel meine rechte Hand: Daumen, Mittelhand und alle Finger. Statt der mir drohenden wochenlangen Behinderung konnte ich nach sofortiger Auflage einer energetisierten Bandage bereits nach zwei Tagen wieder voll arbeiten.

Kissen sind ebenso oft sehr hilfreich, weil sie sich am ganzen Körper leicht auflegen lassen. Jegliches Ihnen geeignet erscheinende Material können Sie verwenden. Zur vollen Energetisierung großer Kissen gehen Sie vor, wie vor kurzem bei Decken beschrieben. Solche sanfte und doch starke Heilenergie ausstrahlende Kissen sind ein Segen für die verspannte Schulter-Nacken-Partie, bei Rücken- oder Bauchschmerzen. Für Menschen, die viel sitzen, können vitalisierte *Sitzkissen* beachtliche Erleichterung bringen. Sie wirken bis zum kritischen Kreuzbein-Lendenwirbel-Gebiet hinauf und können bei den gefürchteten Kreuzschmerzen gute Linderung bringen. Für Personen, die oft lange Autofahrten bestehen und frisch ankommen müssen, sind sie in verschiedenen Ausführungen diverse Versuche wert. Es ist wohl besser, sich erst dann darauf zu setzen, wenn sich gefährliche Ermüdungszustände bemerkbar machen.

Speziell zu Augen: Für viele Menschen sind sie ein ständiges Sorgenkind. Schon das einfache völlige Abdecken der Augen durch die beiden Handflächen (Handchakren) von fünf bis 15 Minuten Dauer ist für angestrengte bis überanstrengte Augen eine große Hilfe. Schon das vermindert deutlich spürbar die Spannung im Augenbereich und bewirkt bei ruhigem Atem zugleich eine allgemeine Entspannung, Beruhigung, Loslösung von der Außenwelt. Diese hervorragende Hilfe für die Augen wird noch wesentlich gesteigert durch zwei kleine energetisierte Kissen, die Sie je eines auf ein Auge auflegen und mit Ihrer leicht hohlen Handfläche festhalten, wiederum nur fünf bis maximal 15 Minuten lang. Sie können diese Augenkissen leicht selbst machen: die Füllung besteht aus weicher, noch einigermaßen locker zusammengedrückter Watte und das Säckchen entweder aus bester Seide oder aus ganz weichem dünnen Baumwollstoff. Die Energetisierung dieser Säckchen ist für Sie ja keinerlei Problem mehr. Wenn Sie bei diesem Verfahren noch, wie von mir mehrfach schon betont, mit Ihrer ganzen inneren Sammlung das Fließen der

Freien Energie unterstützen, werden Sie staunen, wie gut Ihren Augen das tut.

Speziell zu Füßen: Einlegesohlen, die richtig gewählt sind, waren schon immer eine große Hilfe für alle, die ständig auf ihren Beinen sind, und das oft auf sehr harten Böden. Das Problem ist zunächst, die individuell am besten passenden Einlagen zu finden. Bringen Sie bei der Auswahl Ihre eigenen Empfindungen klar zur Geltung. Die Einlagen sollten in jedem Fall eine gewisse Dicke aufweisen und aus nachgiebigem und saugfähigem Material sein. Beim Anprobieren sollten Sie ein ausgesprochen gutes Gefühl haben.

Leder ist sicherlich keine Textilie. Dieser besondere Stoff als Produkt tierischen Lebens eignet sich indessen recht gut zur gesteigerten Aufnahme der Freien Energie. Das habe ich vielfach festgestellt. Ich ordne dieses Material, das für unsere Zwecke keine allzu große Rolle spielt, der Einfachheit halber mit in dieses Kapitel ein. Leder hat den Vorteil der Biegsamkeit. Es ist wegen seiner guten Anpassungsfähigkeit an runde Formen für verschiedene Zwecke daher besser geeignet als starre Produkte. Wenn Sie also alte Lederriemen oder -gürtel – seien sie schmal oder breit, dünn oder dick – in Stücke von beliebiger Länge schneiden, dann haben Sie solche biegsamen Scheiben, die Ihre Arbeit mit der Urenergie erweitern oder erleichtern können. Mit einem solchen vier Zentimeter breiten Lederstreifen hat ein mir gut bekannter Herr kürzlich eine gute Erfahrung gemacht, die ich Ihnen demnächst berichten werde. Zur Energieüberschwingung brauche ich ja nichts mehr auszuführen.

Gürtel: Als letztes Produkt in dieser Reihe führe ich noch den zumeist aus Leder gemachten Gürtel an. Der Gürtel umschließt unseren Körper an der Taille, ganz dicht beim Nabel, Kreuzbein und Lendenwirbel. Das gibt ihm seinen besonderen Wert für unsere Arbeit. Der energetisierte Gürtel kann daher eine fühlbare Erleichterung bringen bei Problemen und Schmerzen in diesem Bereich: vorn bei Bauchschmerzen, Verdauungs-, Menstruations- und ähnlichen Problemen und hinten bei den sattsam bekannten Kreuzschmerzen und Rückenbeschwernissen. Wegen seiner Ausstrahlungskraft kann sich der Gürtel auch noch beträchtlich nach oben und unten hin auswirken. Und das rund um den ganzen Körper. Die unmittelbare Nähe des Sonnengeflechts bringt zudem positive Auswirkungen auf unsere allgemeine Gefühlslage, sie steigert innere Ruhe und Kraft. Ist der Gürtel nicht aus Leder, sondern aus anderem Material, zumeist textilen Ursprungs oder aus Kunstfaser, so ändert das an diesen Wirkungen nichts. Denn auch diese Materialien sind hervorragende Träger der Freien Energie.

Kleine Anhänger: Wer seit Jahren mit den hier beschriebenen Energieträgern arbeitet, mag auch seine Erfahrungen mit Kindern und Tieren haben. Beide sind nicht von einem allzusehr zu Kritik neigenden Verstand geleitet. Durchweg reagieren sie besonders stark auf die eingefangene Urschöpfungskraft. Deshalb hängt mancher Tierfreund seinem Hund, seiner Katze einen energetisierten kleinen Stein um den Hals. Und die Tiere fühlen sich damit offensichtlich sehr wohl. Das gleiche kann man auch bei Kindern feststellen.

5. Energetisierte Steine und Mineralien sowie Schmuck
In diesem Kapitel geht es um das Hilfsmittel Mineralien, deren Gebrauch schon seit Menschengedenken weit verbreitet ist als Abwehr gegen das Böse und Unglück jeder Art, zur Stärkung der eigenen Kräfte und als Schmuck. Stellen wir hier das Heilwerden in den Vordergrund! Mineralien sind – kurz gesagt – zumeist kristalline Verbindungen, die die Gesteine aufbauen. Wir können auch sagen: Steine sind geronnene Energie, geronnenes Licht.

Wie können sie für heilerische Arbeit eingesetzt werden?

• *Mit welchem Stein, mit welchem Kristall sollen wir arbeiten?* Dem erfahrenen Radiästheten sagt es sein Pendel. Wer diese Hilfe nicht in Anspruch nehmen kann oder will, der schaue sich die ihm zur Verfügung stehenden Steine in absoluter Ruhe an, einen um den anderen, versenke sich kurz in jeden: seine Form, seine Farbe, seine Ausstrahlung, und er wird bald spüren, wie es ihn zu einem bestimmten Stein hinzieht. Das ist er!

• *Ihn vor der Arbeit zu reinigen* ist im Zweifel nie falsch. Also hält man ihn einige wenige Minuten unter fließendes Wasser mit der Vorstellung, wie alles an ihm Klebende und alle negative Energie dabei weggespült werden. (Manche atmen währenddessen ganz bewußt und stoßen in ihrer Vorstellung bei jedem intensiven Ausatmen das Negative von ihm ab. Sie empfinden das als hilfreich.) Andere Arten der Reinigung: den Stein einige Stunden in die Sonne legen oder ihn nach längerer Zeit wieder einmal für ein oder zwei Tage in seine ursprüngliche Heimat – in die Erde – einbetten.

• *Jetzt gilt es, den Stein aufzuladen,* ihn voll zu sättigen mit der »Großen Kraft«, der heilenden Urschöpfungskraft. Die meisten Steine tragen von Natur aus nur rund zwei Drittel der Stärke in sich, die sie haben könnten. Durch die zusätzliche Energetisierung erreichen sie erst das Optimum von 100 Prozent Heilungskraft. Das habe ich über die Jahre oft feststellen können, ob es sich um Lava- oder Jaspissteine oder -steinchen oder um ganz andere handelt. Die volle Energieüberschwingung lohnt sich also allemal. Ist sie einmal erfolgt, muß sie natürlich nicht wiederholt werden. Wem es hilft, der kann auch jetzt noch vor dem Einsatz des Steins bewußt tiefer atmen: Beim Einatmen die Große Kraft tief in sich einsaugen und sie bei jedem Ausatmen in den Kristall hineinfließen lassen. Er möge nur beachten: Es geht dabei nicht um seine persönliche Kraft!

• *Nun zum eigentlichen Heilungsvorgang:* Man legt den Stein auf den Körper, entweder auf das schmerzende oder hilfsbedürftige Organ oder auf den Solarplexus oder das Herzchakra mit der intensiven Vorstellung der fließenden Heilkraft, bei totaler innerer Sammlung auf ihre heilsame Wirkung. Die den Körper verlassende negative Energie läßt man in die Erde hineinströmen, wo sie aufgesaugt wird.

• *Vergessen Sie zum Schluß nicht Ihren Dank* und die Reinigung Ihres Kristalls, da er sich mit den negativen Schwingungen des Kranken aufgeladen haben könnte.

Merken Sie die ganz enge Verwandtschaft zu dem, was Sie in dem Kapitel über das geistige oder energetische Heilen gelesen haben? Es ist dabei kein Unterschied, ob es um die Heilung der eigenen Person oder eines anderen geht. Diese große Nähe ist gewiß kein Zufall, wie sich gleich zeigen wird.

Die Kristalle von Steinen und Mineralien tragen offensichtlich starke rechtsdrehende Kräfte in sich, wie die radiästhetischen Kontrollinstrumente deutlich aufzeigen. Das ist sicherlich zurückzuführen auf die mikrokristallinen Bewegungen in ihnen. Die Urenergie hat sie in vielen, vielen Millionen von Jahren wachsen und ihrer Gesetzlichkeit gemäß so werden lassen. Daher können wir uns diesen Kräften und dem in ihnen waltenden ordnenden Prinzip getrost anvertrauen.

Es ist übrigens sehr interessant, daß Edgar Cayce, der weltbekannt gewordene »schlafende Prophet«, schon rund zwanzig Jahre vor der wissenschaftlichen Aufdeckung der Atomkraft in einer Reihe seiner readings (seiner Sitzungen, in denen er die Gründe für die gesundheitlichen Störungen von ihm unbekannten und abwesenden Menschen aufzeigte) die atomaren Schwingungen von Steinen, Edelsteinen, Metallen und deren Wirkung auf den menschlichen Organismus betonte (54).

Professor Dr. Otto Neunhoeffer, der Begründer der Lithotherapie (Steinheilkunde), bringt einen *treffenden Vergleich* zur grundsätzlichen Situation. Er betont, daß die unbelebte Welt aus Materie und Energie besteht und die belebte aus Materie, Energie und Information. Dies erläutert er an einem Beispiel: Ein Tonband bringt eine Symphonie von Beethoven, ein anderes die Geräuschkulisse einer Diskothek. Bei beiden stimmen Materie und Energie völlig überein, der Unterschied liegt in der durchaus verschiedenen Information (55). An anderer Stelle weist er darauf hin, daß Fehlinformationen im Immateriellen bei bestimmten Voraussetzungen in wenigen Minuten korrigiert werden können und daß sich daraus entsprechende Korrekturen im Materiellen ergeben können (56). Das kann geschehen durch die Tätigkeit eines verantwortungsbewußten geistigen oder energetischen Heilers, wofür er eine genaue Begründung gibt. Und ich füge an: Es kann genauso geschehen und geschieht tatsächlich nicht selten durch die spezifischen Schwingungen, die ein bestimmtes Mineral, ein bestimmter Stein unaufhörlich ausstrahlt.

Dazu ein Beispiel, das mich selbst betrifft: *Heimtückische Fingernagelpilze,* die sich durch die herkömmliche Medizin einschließlich Ziehen der betroffenen Nägel in eineinhalb Jahren konsequenter Behandlung nur teilweise beseitigen ließen. Ein kleiner, vom Pendel angezeigter Roh-Rubinstein, zwei Wochen lang jede Nacht mit Leukoplast direkt auf dem Nagel fixiert, tötete die Pilze ab. Der letzte betroffene Nagel am linken Daumen, der hartnäckig jeder Wiederherstellung widerstanden hatte, war nach etwa sieben Wochen wie in blühender Frische neu geboren. Das war vor etwa sieben Jahren. Später zeigte der benachbarte Zeigefingernagel, etwa zwei Millimeter tief die eine Seite des Nagels entlanglaufend, die charakteristische Verfärbung und Unterhöhlung. Nach sorgfältigem Ausschneiden der betroffenen Stelle fixierte ich dort auf Weisung des Pendels wiederum eine Woche lang nachts einen kleinen Rubinstein: Das sonst übliche weitere »Unterfressen« des Nagels blieb aus, und die ausgeschnittene Stelle wuchs langsam kerngesund nach. Dieses Spiel wiederholte sich inzwischen noch einmal. Seit nun drei Jahren bin ich die Plage los.

Eine Bemerkung von grundsätzlicher Bedeutung dazu: Die Zahl der pilzbefallenen Menschen nimmt überdurchschnittlich zu. *Die Pilze vermehren sich* im menschlichen Organismus in gefährlicher Weise. Der Grund: Die entzündungshemmenden Medikamente wie Sulfonamide, Antibiotika oder Cortisone töten zwar Viren und Bakterien, unterstützen aber die Pilze in ihrem Wachstum. Daher – so ist zu lesen (57) – sind Mykosen, also Pilzerkrankungen, speziell Blut-Mykosen, die aktuelle Gefahr der kommenden Jahre. Berechtigt mich mein eigenes Erlebnis (das übrigens kein Einzelfall ist) zu der Vermutung oder gar Hoffnung, daß sich die Forschung dem Problem der Bekämpfung der Mykosen durch Lithotherapie annehmen möge?

Die praktische Anwendung der Steine ist einfach: Soweit es wegen ihrer Größe oder ihrer Starrheit anders nicht möglich oder zweckmäßig ist, rate ich Ihnen zu folgendem Verfahren: Am besten beschaffen Sie sich von jeder Steinart so viele ganz kleine, daß Sie sie in ein etwa faustgroßes Säckchen aus dünnem Textilgewebe oder aus Folie abfüllen und durch einen Aufkleber kennzeichnen können. Das erlaubt Ihnen die Anpassung der ausgestrahlten Schwingung an eine im allgemeinen ausreichend große Körperoberfläche bis hin zum fast schon geschlossenen »Einwickeln« zum Beispiel eines Daumens oder eines schon größeren Gelenkes.

Ein praktischer Fall: Eine mir gut bekannte Dame litt mehrere Jahre lang an einem *recht schmerzhaften Geschwür im Zwölffingerdarm.* Alle üblichen medizinischen Hilfen versagten. Sie rief mich fast schon verzweifelt an und fragte, ob ich eine Hilfe für sie wüßte. In der ersten ruhigen Stunde erpendelte ich für sie den Einsatz von Granitsteinchen, die sie drei Wochen lang täglich 20 Minuten auf die schmerzende Stelle auflegen sollte. Die Frage: »Woher bekomme ich diese?« beantwortete ich mit dem Hinweis auf die Splitthaufen oder -kästen, die in bergigen Gegenden am Straßenrand für das Streuen im Winter bereitliegen. Ich sah den Unglauben bei dem Ehepaar, das fast widerstrebend den Rat befolgte. Das Ergebnis war baldige Besserung, und nach genau drei Wochen waren die Schmerzen total verschwunden. Der Arzt konnte kein Geschwür mehr feststellen. – In den späteren Jahren wiederholten sich die Schmerzen bis hinauf in den Magenbereich noch viermal. Jedesmal sorgten die Granitsteinchen innerhalb kurzer Zeit für rasche Besserung und volle Schmerzfreiheit. Die Dame litt unter starkem Berufsstreß, was bei all dem sicherlich mit die Ursache des Übels war. Seit drei Jahren – sie ist mittlerweile in Pension – hat sie nun keinerlei Probleme mehr. Die spezifischen Schwingungen von Granit haben eben genauso wie die der anderen Steine eine starke Heilwirkung.

Bei dieser Arbeit mit losen, abgefüllten Steinchen können Sie das nicht tun, was der schon erwähnte Professor Neunhoeffer empfiehlt: die schmerzende oder verletzte Körperstelle mit einem Stein (er empfiehlt meines Erachtens zu einseitig nur den Turmalin) mehrfach in geradliniger Bewegung langsam und unter sanftem Druck zu bestreichen, und zwar von allen Seiten auf die Störstelle zu und über sie hinweg. Dabei sollte man, wenn es um die Ableitung von negativ geladener Energie (Überspannung) geht, die Kristallspitze vom Körper weg nach außen halten und mit dem stumpfen Ende den Körper entlangstreichen. Ich kann diesen Ratschlag nicht teilen. Neben anderen Menschen habe auch ich *mit dem ganz einfachen Auflegen auf die betroffene Stelle* gute Erfahrungen gemacht. Probieren Sie es selbst aus, welches Verfahren Ihnen für Ihre besondere Absicht geeigneter erscheint. Wer sich für das von Neunhoeffer besonders interessiert, dem empfehle ich die Lektüre seines Buches »Impuls- und Lithotherapie« (siehe Literaturverzeichnis).

Auch eine Art von mittelbarer Lithotherapie: Manche haben sich angewöhnt, abends einen Stein in ein Glas Wasser zu geben, dieses die Nacht über stehenzulassen und es am Morgen auszutrinken. Das ist durchaus eine einfache und realistische Möglichkeit, sich die besonderen heilenden Schwingungen dieses Steins zuzuführen. (Aber bitte Vorsicht: Nicht jeder Stein eignet sich dafür, informieren Sie sich in einschlägiger Literatur.) Wenn Sie dabei in Ihrer Vorstellung auch nur in kurzer, aber totaler innerer Sammlung das in Ihren Körper fließende vitalisierte Wasser ganz bewußt an die heilbedürftige Stelle hinschikken und sich da entfalten lassen, so wird das gewiß nicht ohne positive

Auswirkung bleiben. Auch hier gilt: Der Erfolg kommt mit der Zeit. Erinnern Sie sich bitte an Geduld und Beständigkeit!

Aus verständlichen Gründen kann ich hier nicht *die große Zahl von Steinen und Mineralien* aufführen, die sich für gesundheitliche Verwendung anbieten. In meinem »Großen Pendelbuch« (siehe Literaturverzeichnis) habe ich sie in einer stattlichen Übersicht (Nr. 76) aufgeführt und im laufenden Text (Seite 292/293) genauere Ausführungen dazu gebracht. Diesem Text habe ich übrigens auch zwei Absätze für das vorliegende Kapitel entnommen.

Seien Sie sich bitte ganz klar darüber: *Der Heilungswert der einzelnen Steine auf die verschiedenen Organe ist verschieden.* Es gibt keinen Stein, der für alle Organe und Teile des Körpers die dafür jeweils passende Wirkung hätte. Die Heilwirkung der Freien Energie kommt, wie Sie wissen, stets aus zwei Ebenen: Der Quantität oder Intensität der Energieschwingung und der Qualität oder der besonderen Information dieser Schwingung. Um den zweiten Punkt geht es hier: Die Information dieser verschiedenen Schwingungen auch nur von zwei verschiedenen Steinen kann niemals ganz identisch sein. Daher nochmals die Frage: Wie finde ich den für meinen Zweck bestgeeigneten Stein? Eingangs dieses Kapitels können Sie die Antwort nachlesen.

Zu Ihrer Arbeit mit den Steinen noch einige Hinweise bzw. Erfahrungswerte:
- Sie können die Wirkung Ihrer Arbeit mit Steinen *noch steigern,* wenn Sie dabei die Energiespirale zu Hilfe nehmen. Befestigen Sie den Stein direkt in der Ebene des unteren Endes der Spirale, und zwar möglichst in ihrer Mitte. Aber bitte nicht mit einem Draht, sondern nur mit einem Faden oder einer ganz dünnen Schnur. Der Abstand zu dem betroffenen Organ (nicht zur Haut!) sollte zehn bis elf Zentimeter sein.
- Zu ein und derselben Zeit sollte man immer *nur an einem körperlichen Organ arbeiten* und nicht an zwei verschiedenen mit verschiedenen Steinen. Hinterher ist eine ausreichende Nachwirkungszeit einzuhalten, um ein optimales Ergebnis zu erreichen.
- *Ein Gelenk möglichst rundum* oder von allen erreichbaren Seiten her bestrahlen und nicht bloß von einer Seite. Die soeben beschriebenen Säckchen mit kleinen Steinchen ermöglichen es ohne Pro-

blem. Beispiel: Bei Behandlung eines Hüftgelenks etwa mit Granit dem auf dem Bauch Liegenden je ein Granitsäckchen (oder Granitstein) unter die Leiste legen, dann am Ende des Oberschenkelhalses seitlich des Trochanters und von oben im mehr oberen Gesäßbereich möglichst dicht an der Gelenkkugel. Bestrahlungszeit einmal täglich 30–40 Minuten.

- *Ein ähnlicher und doch wieder verschiedener Fall:* Ein Mann litt monatelang unter Ischiasschmerzen, die sich seit Jahren schon öfters schwach gemeldet hatten, mit dem Zentrum in der rechten Gesäßhälfte seitlich vom Hüftgelenk und mit üblichen Ausstrahlungen hinunter ins Bein. Der Betreffende muß beruflich viel sitzen. Er legte ein ziemlich großes Säckchen (25 Zentimeter breit) mit Lavasteinchen auf seinen Stuhl dicht um den etwas vorstehenden Trochanterknochen, etwas nach vorn und mehr nach hinten hin und so hoch hinauf wie möglich (etwa acht bis zehn Zentimeter), wobei ein kleines, etwas steifes Kissen als Stützhilfe diente. Mit dieser Packung hüllte er also den zentralen Schmerzpunkt so gut wie möglich ein, jeweils mit diversen Unterbrechungen mehrere Stunden täglich, und das konsequent zwölf Tage lang. Die Ischiasschmerzen waren verschwunden.

- Hier der kürzlich versprochene *»Lederbericht«:* Kurze Zeit zuvor hatte derselbe Herr ein etwa scheckkartengroßes Stück noch einigermaßen biegsamen energetisierten Leders, vier Zentimeter breit, mit Leukoplast auf dieses Schmerzzentrum befestigt, vier Nächte lang und stundenweise am Tag. Die Schmerzen ließen schon am zweiten Tag fast völlig nach, kamen dann aber sporadisch immer wieder. Die Heilwirkung war wohl nicht stark genug. Dann nach einer Woche Pause begann die Behandlung mit den Lavasteinchen mit ihrem durchschlagenden Erfolg.

- Gelegentlich wird gesagt, *Bernstein* biete erheblich mehr Heilungswirkung als Bergkristall. Das ist unrichtig. Im allgemeinen ist eher das Gegenteil der Fall. Entscheidend ist die Frage: Für welche Person und für welchen besonderen Zweck?

- Das Auflegen von *Rosenquarz* hat sich verschiedentlich bei Entzündungen, besonders im Anfangsstadium, bewährt. Aber: allgemein gültig? Im übrigen wird dieser Stein besonders von Kindern geliebt und ist für diese auch wirklich gut.

- Bei überaktiver Schilddrüse konnte ein grün-blauer *Opal*, den ganzen Tag vor der Schilddrüse getragen, diese beruhigen. Aber: allgemein gültig?

- Nochmals das *Reinigen von Steinen:* Normalerweise ist es unnötig, die Steine haben seit Urzeiten so viel Kraft in sich, daß sie von außen her nur in extremen Fällen verunreinigt werden können. Ein Beispiel dafür: Nicht nur einmal haben wir beobachtet, wie ein Bergkristall in der Hand eines ausgesprochen negativ denkenden Menschen plötzlich in Stücke auseinanderbrach. Soweit kann die starke Kraft von Schwingungen gehen.

Bewußt bringe ich hier nur wenige Beispiele, und diese nur zur Anregung. Auf keinen Fall sollen sie die Ermunterung zur blinden Nachahmung sein. *Auf dem Gebiet der Heilkraft von Steinen* wird auch vieles gesagt, was einer kritischen, wirklichkeitsnahen Betrachtung nicht standhalten kann. Allgemein gültige präzise Erfahrungswerte gibt es bis heute nicht oder kaum. Daher empfehle ich Ihnen: Gehen Sie behutsam vor und machen Sie Ihre eigenen Erfahrungen. Die Menschen sind zu vielfältig und auch die Schwingungen der Steine zu verschieden, als daß rasch allgemein gültige Schlußfolgerungen möglich wären.

Jetzt bleibt mir nur noch, nachdrücklich auf *den Schmuck als Energetisierungshilfe für die Gesundheit* hinzuweisen. Der Schmuck bietet uns zur Betrachtung und Bewunderung oft schöne und zuweilen recht teuere Steine in allen nur erdenklichen Ausführungen. Da taucht sofort die Frage nach dem Gesundheitswert auf. Das gilt für seine Auswahl ebenso wie für seinen praktischen Gebrauch im Alltag. Dazu einige Bemerkungen:

- Zur Erinnerung voraus die Tatsache, daß auch der teuerste Schmuck mit den denkbar kostbarsten Steinen, die noch so sehr strahlen und die Blicke anziehen, zunächst *nicht mehr voll aufgeladen ist* mit der Kraft der Urenergie. Das Herausbrechen des Steins aus seiner natürlichen Einbettung in der Erde und die vielfältigen Bearbeitungsgänge haben den Stein gleichsam traumatisiert. Das bedeutet gewiß Verlust an ursprünglicher Kraft. Im großen gesehen tragen Steine nur noch etwa zwei Drittel der ursprünglichen Ausstrahlungsenergie in sich. Also sollte die volle Sättigung durch Überschwingen der Freien Energie unter keinen Umständen unterlassen werden.
- Von den sozusagen allgegenwärtigen *Ohrringen und Ohrsteckern* wird des öfteren berichtet, daß sie in energetisiertem Zustand positive Auswirkungen auf den Kopf, auf das Gehirn haben, daß sie zum

Beispiel Kopfschmerzen, selbst Migräne, besonders in der Anfangsphase auflösen können. Aber auch das Gegenteil wird zuweilen, sicherlich nicht ohne Grund, berichtet. Das braucht uns nicht zu verwundern. Wiederum weise ich wie schon öfter auf die zwei Aspekte Quantität und Qualität hin. *Prüfen Sie also grundsätzlich die Eigenschwingung von Schmuckstücken, ehe Sie sich endgültig entscheiden: Fühlen Sie sich – wie schon früher beschrieben – in aller Ruhe in jedes einzelne der zur Auswahl stehenden Stücke ein, und entscheiden Sie erst dann.*

• Grundsätzlich gilt das soeben Gesagte für jeden Schmuck an jeder Körperstelle, die sich zu seiner Befestigung anbietet. So kann zum Beispiel ein energiegeladener Stein- oder Goldanhänger, dicht auf der so wichtigen Thymusdrüse getragen, sicherlich das Immunsystem des Körpers und damit seine Widerstandskraft gegen Ansteckung mehr oder weniger kräftigen. Das muß aber nicht in jedem Fall so sein. Vor allem kann es auch zu viel werden. Der Organismus kann die von außen kommenden Einströmungen nicht mehr verkraften, und dann werden sie zur Schädigung. Daher die *Warnung: Vorsicht vor zu langem Tragen von Schmuckstücken,* erst recht vor Dauertragen!

• Ein anderes *Beispiel:* Wer mit Atemschwierigkeiten zu tun hat, überlege sich kritisch, welches Schmuckstück er auf seine Brust und damit auf seine Lunge einwirken läßt und wie lange das der Fall sein soll. Besonders bei älteren Damen ist häufig beobachten: Ein prächtiges Schmuckstück hängt an einer kostbaren Kette herunter bis zum Solarplexus, dem Sonnengeflecht oberhalb des Nabels. Dieses hat eine große Bedeutung für den gesamten emotionalen Bereich unseres Wesens. Je nach den spezifischen Ausstrahlungen des Schmucks können dadurch innere Ruhe, Harmonie, Gleichmut, Über-den-Dingen-Stehen gefördert werden oder das genaue Gegenteil davon.

Diese wenigen lebensnahen Beispiele dürften als Warnung genügen, in diesen Dingen nicht unbedacht vorzugehen, sondern rechtzeitig an gesundheitliche Auswirkungen zu denken. Es mag Ihnen aufgefallen sein, daß in diesem Zusammenhang von Farben mit ihren Auswirkungen auf unsere Psyche nicht die Rede war. Das, obgleich sie oft von großer Bedeutung sein können, besonders langfristig gesehen. Diese Frage werde ich in einem späteren Kapitel noch eigens behandeln.

6. Fotos und Mikroskopfotos von Steinen, Bäumen und Pflanzen

Achtung: Es geht hier nicht um die heilerische Wirkung von Steinen, Bäumen und dergleichen, die in den dafür zuständigen Kapiteln hinreichend behandelt wurden. Nur zur Erinnerung und weil das auch für den vorliegenden Zusammenhang seine Bedeutung hat: Schon früher wies ich darauf hin, daß naturnahe Menschen seit eh und je gern beide Hände auf einen gesunden kräftigen Baum auflegen, sich an ihn anlehnen oder ihn umarmen. So leiten sie seine Energie ganz allgemein in ihren Organismus bzw. durch die gesteuerte geistige Sammlung in ein bestimmtes Organ. Sie halten sich dabei klugerweise an ihren Lieblingsbaum. Sie erinnern sich: Quantität und Qualität! Das, wie gesagt, zur Erinnerung.

Hier geht es nun ausschließlich um den *praktischen Einsatz von Fotografien* oder Mikroskop-Fotografien dieser Produkte der Natur. Dafür gilt genau dasselbe, worauf ich eben nochmals hinwies: der Lieblingsbaum, die Lieblingspflanze oder -blume, der Lieblingsstein – sie alle haben für den einzelnen Menschen ihren ganz besonderen Wert, der eben auch von den Fotos in dieser Form ausgestrahlt wird.

Ein weiterer und ganz wesentlicher Punkt: Vielleicht ist Ihnen aufgefallen, daß in dieser Überschrift *das Wort »energetisiert« nicht aufgeführt ist*. Das hat seinen Grund. Eine besondere Energetisierung, das heißt zusätzliche Aufladung der Fotografie mit Freier Energie wäre sinnlos. Diese Fotos tragen ja die volle Energieschwingung, die im Dargestellten enthalten ist, auch schon in sich. Das zu glauben, fällt uns westlichen Menschen auf Grund unserer Verkopfung zunächst einmal sehr schwer. Weil nun aber diese Naturprodukte von ihrem Ursprung an schon voll und ganz mit der Urschöpfungskraft gesättigt sind, würde es nichts bringen, sie nochmals mit Energie aufzuladen. Es ist wie beim Vita-Wasser: Ist es mit 100 Prozent seiner Aufnahmefähigkeit gesättigt, dann bringt weiteres Überschwingen nichts mehr. Es schadet freilich auch nicht, es kann nur ein wenig beruhigen.

Die Fotos von Steinen, Bäumen, Pflanzen, ebenso wie die von Menschen und Tieren, strahlen also dasselbe Maß und denselben Schwingungscharakter aus wie die dargestellten Originale. Ihre Strahlungskraft können wir gleichsetzen mit ihrer Heilungskraft, sofern sich das heilungsbedürftige Gewebe des Menschen (oder des Tieres) damit in

Harmonie, in Resonanz befindet. *Beides muß zusammenkommen: Der Stein oder Baum,* der uns seine Energieschwingungen schenkt, *und der hilfesuchende Mensch,* der sich für diese Schwingungen auftut. Das Optimum an Kraft kann er freilich nur dann aufnehmen, wenn er zusätzlich zur eben erwähnten Resonanz seine ungetrübte Achtsamkeit, die ganze Fülle seiner Gefühle und Gedanken einbringt. Dann können sich diese beiden in ihrem Schöpfungskern, den kristallinen Wurzeln des Lebens, diesen beiden untergründigen Welten, gegenseitig voll öffnen. Die Energie kann jetzt – durch nichts mehr behindert – frei fließen, und der Heilungsprozeß kommt in Gang. Wir tauchen wiederum ein in die große und heilerische Ordnung der Dinge, aus der wir nie hätten herausfallen sollen. Man könnte das Ganze auch eine uns mystisch anmutende transpersonale Erfahrung nennen.

Es ist in der Tat ein meditativer Prozeß, der sich da vollzieht, ganz besonders bei der Erstellung der mikroskopischen Aufnahmen. Sie erschließen sich am leichtesten und tiefsten, so wie sie entstanden sind, in der Meditation. Dann erst können sie ihre Urschöpfungskraft restlos entfalten. Dann erst geben die Kristalle gleichsam den Blick frei in ihre geheimnisvoll-untergründigen Welten hinein. So entstanden auch die Bilder. Braucht man selbstverständlich die Beherrschung der Technik von Mikroskop und Kamera, viel Erfahrung und viel Geduld, so geschieht das Wesentliche doch in der meditativen Zwiesprache mit dem dem Auge verborgenen kristallinen Grund, damit er sich der beschauenden Seele ganz öffne. Die kristalline Struktur des Menschen, dessen Körper hochgradig aus Wasser besteht, trifft sich mit der kristallinen Struktur des Wassers. Für den, der sich für die Resonanzbrücke zwischen beiden geöffnet hat, setzt ein starkes Schwingen von dem einen Kristallkörper zum anderen ein, vom Menschen zum Kristall, vom Kristall zum Menschen. Die Wesenheit des Kristalls trifft sich mit unserer eigenen, beide begegnen sich auf der seelischen Ebene und fließen ineinander: Das tiefe Wissen von unser aller Ursprung leuchtet auf, das tiefe Wissen von der Einheit allen Seins.

Und nun kommt das zunächst so Erstaunliche: *Die Mikroskop-Fotos haben eine stärkere Schwingung* (im allgemeinen etwa 15 Prozent mehr) als die eigentlichen Steine oder sonstigen Objekte selbst. Daß Fotos die gleiche Schwingung haben wie das Original, ist unter den erfahrenen Fachleuten längst bekannt. Denn sobald sich im Bild der Sinn des Ganzen ergibt, ist dieser Sinn gegenwärtig und schwingt offenbar genauso lebendig wie im Original. Die Mikroskop-Fotografie macht indessen etwas sichtbar, was sonst völlig verborgen ist. Wir schauen gleichsam in das Innere des Dargestellten, in sein geheimes verborgenes Leben, in die körperlose Substanz, die absolute Ursprünglichkeit, in sein ureigenes Wesen. Die im Inneren verborgene Kraft wird jetzt zu einem Teil freigesetzt und damit noch stärker wirksam. Das trifft zum Teil auch schon zu für normale Fotografien, die in einfacher Vergrößerung, z. B. mittels Aufnahme durch ein Teleobjektiv, mehr Einblick geben in die Details der Oberfläche. Auch sie sind insofern schon mehr aufgegliedert, mehr zugänglich für das Verborgene. Das unbewehrte Auge sieht eben nur ein graues Pünktchen, und jetzt bricht in oft überwältigender Weise die verborgene Schönheit und Fülle auf, der Glanz, der wahrhaft unendliche Reichtum an Formen und Farben. Er kann sich jetzt in seinem von uns nie geahnten Reichtum entfalten. Ist es da wirklich verwunderlich, daß die Wiedergabe dessen höher und stärker schwingt als das gleichsam verschlossene Original oder Bild? Muß das nicht eigentlich so sein?

Wir haben gesehen: Jede Fotografie schwingt in der höchstpersönlichen Energieausstrahlung der abgebildeten Person. Was liegt da näher, als *ihre Fotografie genau so zu nehmen wie diese lebendige Person selbst?* Wenn wir ihr ganz im Sinne des früher behandelten geistigen oder energetischen Heilens Kraft schicken wollen, dann können wir es auch dadurch tun, daß wir statt der lebendigen Person auch ihrer Fotografie durch Auflegen oder Darüberhalten unserer Hände die benötigte heilende Energie übermitteln. Selbstverständlich muß dabei alles beachtet werden, was ich darüber hinaus als Erfolgsvoraussetzungen in dem dafür zuständigen Kapitel ausgeführt habe. Mir sind viele Fälle bekanntgeworden, wo die Hilfe tatsächlich unverkennbar den Adressaten auch erreichte. Allerdings erhebt sich dabei die Frage: Wozu brauche ich eigentlich die Fotografie? Wenn mein Geist ganz erfüllt ist vom Bild des Hilfsbedürftigen, dann erreiche ich ihn in jedem Fall, denn ich habe mich ja damit angeschlossen an seine spezifische Schwingung. Aber für den noch nicht Erfahrenen oder Geübten mag die Benutzung des Fotos doch eine vielleicht wichtige Hilfe sein.

In gleicher Weise können wir der schwindenden Kraft eines Schwerkranken möglicherweise dadurch aufhelfen, daß wir mit seinem Einverständnis *seine Fotografie unter die Spirale legen*, um ihm so stärkende und heilende kosmische Kraft zukommen zu lassen. Das Ergebnis dieser Bemühung ist wechselnd. Entscheidend ist dabei wohl die Fähigkeit des Betroffenen, sich ganz meditativ in voller innerer Sammlung auf das Einströmen dieser Heilungskraft einstellen zu können. Ist das der Fall, dann kann nach unserer Erfahrung sehr wohl der ersehnte Erfolg tatsächlich eintreten und deutlich fühlbare und wirksame Hilfe eintreffen.

Jetzt bleibt mir noch der wichtige Hinweis auf den *Einsatz der Steinfotos bei der Arbeit mit den Chakren*. In dem Kapitel »Sich einschwingen in die Große Kraft« habe ich schon auf die Bedeutung der Chakren oder Energiezentren für die körperliche und seelische Entwicklung des Menschen hingewiesen (39). Nun hat jedes Chakra seine ihm eigene Farbe, die auch im Zusammenhang steht mit den Schwingungen der Mineralien. Beide – Stein wie Farbe – sind eine große Hilfe, das jeweilige Chakra, mit dem wir arbeiten wollen, in eine wohltuend-pulsierende heilerische Schwingung zu versetzen und es dadurch weiterzuentwickeln bis zu seinem individuellen Höchstmaß. So können wir die Energie wieder ins Fließen und Strömen bringen, sollte sie einmal blockiert sein. Das geht nicht ohne unser Zutun. Marie-Luise Stangl, die sich seit Jahren intensiv mit Mikroskop-Fotografie von Steinen und Pflanzen und seit Jahrzehnten mit der uralten Chakrenlehre befaßt, hat ihre Erfahrungen in ihrem Buch »Im Einklang mit Kristallen, Band 2, Üben mit den Chakren« niedergelegt. Hier finden Sie für jedes Energiezentrum eine spezifische Steinübung aufbereitet (58).

Für diese Arbeit mit einzelnen Chakren und darüber hinaus ganz allgemein gilt: Wenn wir *ein solches Bild vom Inneren eines Kristalls meditativ betrachten* (oder auch auf unseren Körper auflegen), seine von Farben gleichsam getränkten Schwingungen einatmen und über unsere Augen in unser Inneres hineinlassen, so gehen wir in einen tiefen Kontakt mit dem Stein und mit uns selbst. Das ist nicht nur leiblich zu verstehen. Denn gerade auf der Seelen- und der spirituellen Ebene können uns solche Kristallbilder in unserer Entwicklung betrachtlich weiterhelfen. Das ist ja auch der tiefere Sinn dieser besonderen Chakrenübung. Hier können wir jene Einheit von Lebendigsein erfahren und jenes tiefe Verbundensein, das uns hinführt zu unser aller Ursprung. So können wir mehr und mehr hineinfinden in tief in uns verborgene Weisheit und so der Erfüllung unseres eigenen Lebens näher kommen. Das ist nur möglich in der Stille der Meditation. So sind diese Bilder entstanden, und so können sie sich uns auch voll erschließen.

7. Zeichen und Formen

Als ich Ihnen in einem früheren Kapitel der Reihe nach die verschiedenen Energieträger vorstellte, zählte ich Ihnen die von mir sorgsam ausgewählten sieben Zeichen und Formen auf. Am Ende wies ich jeweils knapp auf die *gesundheitlichen Einsatzmöglichkeiten* und Wirkungen der Symbole hin. Deshalb bitte ich Sie um Verständnis für meine Aufforderung, bei der nochmaligen Lektüre Ihr besonderes Augenmerk auf die gesundheitlichen Wirkungen der einzelnen Zeichen und Formen zu richten.

Der Klarheit halber weise ich an dieser Stelle nochmals darauf hin, daß es bei Ihren Bemühungen *auf die Größe eines Zeichens oder Symbols an sich nicht ankommt.* Entscheidend ist, daß Sie die inneren Größenverhältnisse möglichst einhalten. Auf jeden Fall muß die Grundform des Zeichens absolut klar ersichtlich sein, was wesentlich von der Länge der Striche und den Abständen von einem zum andern abhängt. Ist die Grundform des Zeichens schon auf den ersten Blick hin nicht mehr klar erkenntlich, hat es seinen Wert, seine spezifische Strahlungs- und Wirkungskraft verloren.

So bleibt mir an dieser Stelle noch, Ihnen einige praktische Beispiele zu berichten, die Ihnen die persönliche Anwendung dieser aufgezeigten Hilfen erleichtern mögen. In dem obigen grundlegenden Kapitel habe ich darauf hingewiesen, daß *einige Zeichen eine verdichtende, andere eine mehr auflösende Wirkung* haben. Jetzt sind wir schon mitten in dem stets aktuellen Problem der Auflösung von Energieblockaden, dem ich nicht umsonst ein spezielles Kapitel gewidmet habe. Es gibt eine ganze Reihe von Zeichen, Formen oder Symbolen, die in der Richtung der Aufgliederung, der Auflösung, gleichsam der Zerstreuung von übermäßig zusammengeballter »Energiemasse« wirken, körperlich wie seelisch-geistig zu verstehen. Von den vielen Zeichen, mit denen ich im Laufe der Jahre gearbeitet habe, erwies sich hier das Zwölfspeichenrad als das wirksamste, dicht gefolgt vom sechsstrahligen Stern, dem erst dann mit einigem Abstand die Spirale und dann die Sinuskurve folgen. Dieser Hinweis möge Sie veranlassen, sich über Zeichen von gegenteiliger Wirkung, von Zusammenziehung, Verdichtung, innerer Sammlung Ihre eigenen Gedanken mit entsprechenden Versuchen zu machen.

Vielleicht gehen Sie einen Schritt weiter: Jetzt haben sie das von mir betonte Beispiel des Gegensatzes von Aufgliederung und Zusammenziehung, von Auflösung und Verdichtung (vornehm ausgedrückt: von Zentrifugalität und Zentripetalität) vor sich. Wollen Sie sich dazu verleiten lassen, sich mit diesem so bedeutungsvollen Gebiet überhaupt intensiver zu befassen? Gerade der Ansatz, die psychologisch faszinierende Problematik der gewaltigen Zahl von Zeichen und Symbolen von *klar sich abzeichnenden Gegensatzpaaren her* anzugehen, scheint mir außerordentlich fruchtbar. Dieses Gebiet hat die Menschheit seit Urzeiten »gepackt«, und das sicher nicht ohne Grund. Buchstäblich zahllose Zeugnisse beweisen es. Die uns noch immer geheimnisvoll erscheinenden Schwingungen der Energie sind sicherlich auch hier des Rätsels Lösung. Wir haben sie, die ganze Lösung, in ihren untergründigen Zusammenhängen nur noch nicht gefunden.

Nun das praktische *Beispiel* eines 56jährigen Mannes mit sich immer deutlicher abzeichnenden *Schmerzen im linken Hüftgelenk*. Er legt sich auf die rechte Seite, dabei leicht nach vorn geneigt, so daß die linke Hüfte nach oben steht. Aus einer fotokopierten Vergrößerung des Zwölfspeichenrades hat er den inneren, von Strichen freien Kreis herausgeschnitten. Er legt den Kreis mit den zwölf in alle Richtungen weisenden Speichen ringsherum so zwischen dem Trochanter (dem am Oberschenkelhals seitlich vorstehende Knochen) und dem großen Gesäßmuskel auf, daß er in der Mitte möglichst genau über die Gelenkkapsel zu liegen kommt. So bleibt er einmal täglich jeweils 20 Minuten lang liegen. Dabei pflegt er die intensive Vorstellung der sich nach allen Seiten hin verflüchtigenden gestauten Energie. Das Ergebnis: Laufende Besserung, nach zwei Wochen schmerzfrei. – Natürlich höre ich schon den Einwand der an der Materie klebenden Zweifler, die immer auf der Stelle stehenbleiben: »Einbildung, Selbstsuggestion!« Meine Antwort: »Und wenn ...!« Der Leidende ist schmerzfrei bei unbehinderter Beweglichkeit seines Hüftgelenks. Nach meiner tiefen Überzeugung gewiß nicht nur durch Ein-Bildung, durch Vor-Stellung (!), wenngleich sie mitspielen mag.

Ein hervorragendes Beispiel für die große *Wirksamkeit des sechsstrahligen Sterns* gibt seine unbestreitbare Fähigkeit, geopathische

Belastung zu neutralisieren, das heißt die die Gesundheit belastenden, aus der Erde kommenden Strahlungen oder Schwingungen in allen ihren Variationen. Hier zeigt sich seine Eigenschaft, in sich geschlossene und ungestört dahinströmende Schwingungen sozusagen zu »zergliedern«, ihr gleichmäßiges Dahinfließen aufzubrechen, die »Energiepartikel« in alle Richtungen hin zu zerstreuen und damit unwirksam zu machen. Dieses Bild, dieser Vergleich dürfte den Vorgang gut kennzeichnen und verständlich machen. Genaueres dazu im folgenden Buchteil. – Ein anderes Beispiel: Das Aufzeichnen des sechsstrahligen Sterns auf ein (Taschen-)Tuch kann recht wirksam sein bei der Linderung von Schmerzen (z. B. 36 Stück von je drei zwölf Millimeter langen Strichen bei 35 Millimeter Abstand von einem zum anderen Sternchen). Es liegen gute Erfahrungen damit vor, das Tuch auf eine schmerzende Körperstelle aufzulegen oder einen schmerzende Finger, Arm oder Fuß damit abzudecken.

Der Einsatz des *Zwölfspeichenrads kann auch im seelischen Bereich* beachtliche Hilfe bringen beim Aufweichen von seelisch-geistigen Verhärtungen mit ihren Auswirkungen in Richtung innerer Blockaden. Wer laufend belastet ist durch schlimme Erinnerungen aus seiner Vergangenheit, an denen er »klebt«, die sich immer wieder aus dem untergründigen Gedächtnis heraus ins Bewußtsein hinaufheben, die ihn nie zur Ruhe kommen lassen, der möge sich im Liegen ein Zwölfspeichenrad auf den Solarplexus auflegen, sich dabei das belastende Ereignis zunächst in Erinnerung rufen und sich dann ganz plastisch vorstellen, wie dessen Gedankenschwingungen aus diesem emotionalen Zentrum herausströmen und beim Durchgang durch das Zwölfspeichenrad sozusagen zerfleddert werden, zerstreut werden, ihren Inhalt verlieren, sich in der Luft auflösen und so unwirksam werden. Und schließlich das starke und nachhaltig empfundene Bild: »Das Vergangene liegt hinter mir. Es hat sich in der Luft aufgelöst. Ich bin frei!«, verbunden mit tiefem, freiem Atem, der alles Negative aus der Seele herausstößt. Diese Übung, täglich ein- oder zweimal gemacht, ganze drei bis fünf Minuten lang, kann nach einiger Zeit entscheidend helfen, die mit der belastenden Erinnerung verbundene psychologische Lähmung zum Schwinden zu bringen, sie aufzulösen.

Die beiden Zeichen des Germaniums und des 21-Zacken-Rades haben neben ihren sonstigen Eigenschaften gemeinsam, daß sie sich in hervorragender Weise zur Neutralisierung von belasteten Lebensmitteln oder Getränken bzw. auch der unerfreulichen Nebenwirkungen von Medikamenten eignen. Das in ihre Mitte gestellte oder gelegte Objekt wird offenbar von allen Seiten her von positiven Schwingungen »bearbeitet«, die im wesentlichen wohl aus dem Kosmos, zu einem Teil wohl auch aus der Erdmasse zu uns kommen und uns rundum einhüllen. Wir können sie nur nicht fühlen, weil sie uns von klein auf umgeben, sie sozusagen ein natürlicher Teil von uns sind. Was wissen wir Menschen schon von dem geheimen Wirken der unzähligen Naturkräfte, die in Hunderten von Millionen Jahren unseren Lebensraum geformt haben und weiter formen? Es spricht vieles dafür, daß diese Zeichen oder Symbole solche natürlichen Schwingungen nach innen hin derart verdichten, daß sich der subatomare Aufbau der in der Mitte befindlichen Objekte so ändert, daß für unsere menschlichen Begriffe für uns schädliche Momente ausgeschaltet oder zumindest stark reduziert werden. Jedenfalls bestätigt das die Erfahrung vieler Menschen aus vielen Jahren. Im folgenden Buchteil werden uns diese beiden Zeichen wieder begegnen.

Wie ich früher schon betonte, entwickelt *die Spirale* als Geheimnis der Natur ganz besondere Fähigkeiten und Kräfte. Über das bereits darüber Gesagte hinaus hier noch eine Anwendung der Energiespirale besonderer Art, die sich in vielen Fällen als sehr wirkungsvoll erweist. Die dort schon erwähnte Regel ist das Wesentliche: Rechtsdrehende Spiralen führen Energie zu, linksdrehende leiten Energie ab. Im konkreten Fall erhebt sich immer die Frage: Muß hier Energie zugeführt oder abgeleitet werden? Als Faustregel kann gelten: Bei Schwächezuständen allgemeiner Art oder bei Funktionsschwäche eines Organs gilt es, Energie zuzuführen, also ist die rechtsdrehende Spirale angezeigt. Bei zu viel konzentrierter Energie, also bei Energiestauung, die sich körperlich durchweg als mehr oder minder starker Schmerz äußert, ist die linksdrehende Spirale die angezeigte Hilfe.

Zum Beispiel: Ein von bösen Schmerzen im Unterleib geplagter Mensch liegt hilflos auf einer Liege. Sie möchten ihm helfen. Er braucht *die Ableitung seines im Schmerz konzentrierten Übermaßes an Energie*, also die linksdrehende Spirale. Postieren Sie sich neben seinem Unterleib so, daß sich Ihre parallel nebeneinander gehaltenen Hände knapp darüber befinden. Bewegen Sie diese nun beginnend mit einer engen linksdrehenden Spiralbewegung. Bleiben Sie jetzt von einer Rundung zur nächsten immer in dieser flüssigen

Bewegung, die von einer Rundung zur nächsten immer etwas weiter seitlich ausgreift und dabei gleichzeitig eine Stufe höher steigt. Nach sieben bis acht, aber nicht mehr als zehn stets leicht ansteigenden Rundungen sind Sie mit Ihren Händen ganz oben, einen Meter oder noch mehr höher als am Anfang, und das in der weit ausgreifenden Kreisbewegung. Die Hände führen Sie dann so weit wie möglich nach oben hin weg, auf keinen Fall durch die von Ihnen geistig aufgebaute Spirale hindurch. Dabei sammeln Sie Ihre Gedanken darauf, daß Sie die Überspannung im Schmerz dieses leidenden Menschen gewissermaßen aus seinem Leib herausschrauben. Die sich nach oben hin ständig ausweitende Spiralbewegung weitet die kompakt aus dem Körper austretende Energie in den Raum hinaus aus, sie zerstreut sie gewissermaßen und löst ihre Zusammenballung auf.

• Wollen Sie umgekehrt einem Menschen *in seinem Schwächezustand Energie und damit Stärke zuführen*, verfahren Sie genau umgekehrt. Sie beginnen oberhalb seines liegenden Körpers und knapp über Ihrer Schulterhöhe mit weit ausgreifender rechtsläufiger Kreisbewegung, die eine nach unten hin immer enger werdende Spirale entstehen läßt. Die letzte auslaufende Bewegung zielt bei allgemeiner Körperschwäche auf den Solarplexus, ansonsten auf das betroffene funktionsgeschwächte Organ hin. Knapp über dem Körper angekommen, ziehen Sie Ihre Hände auf sich zu. Die Zahl der Spiralwindungen und dergleichen ist wie soeben beschrieben. So holen Sie gewissermaßen die in der anfänglich weit ausgreifenden Bewegung erfaßte Freie Energie in Ihre Spirale hinein, verdichten sie immer mehr in der nach unten hin sich ständig verengenden Bewegung und führen sie dann gleichsam komprimiert in die Schwachstelle des Hilfbedürftigen hinein. Ihre Gedanken sind in dieser Weise während des ganzen Vorgangs eben auf diese Stärkung des Kranken hin gesammelt.

• Dieses Verfahren ist auch gut dazu geeignet, *einen laufenden Heilungsprozeß* nicht unbeträchtlich zu verstärken und zu beschleunigen. Wir haben diese Übung schon vor 20 Jahren in unseren Seminaren zum Thema Geistiges oder Energetisches Heilen vielen Menschen vermittelt und bei den Teilnehmern durchweg ebenso erstaunte wie begeisterte Reaktionen erlebt. Wer es erfahren hat, der zweifelt nicht mehr: Er hat das Wirken in seinem feinstofflichen Körper, in seiner Aura erlebt, und er weiß sich eins mit dem Erlebten.

Ich schlage Ihnen folgendes *Experiment* vor: Legen Sie sich voll ausgestreckt und locker im ganzen Körper auf eine geeignete Unterlage direkt auf den Boden. Versuchen Sie durch die ganz bewußte Beobachtung Ihres immer ruhiger werdenden Atems in volle innere Ruhe zu kommen. Legen Sie ein zuvor bereitgelegtes, ausreichend großes *Bild einer Spirale*, ob links- oder rechtsdrehend, Außenmaße zehn Zentimeter oder etwas mehr, genau auf Ihren Solarplexus, also zwischen den Nabel und das untere Ende des Rippenkorbs. Bleiben Sie wenigstens zehn Minuten in dieser schönen Ruhelage, ohne jede Störung oder Beeinflussung von außen, in völliger Stille (auch ohne Musik). Lauschen Sie, fühlen Sie in sich hinein, ob Sie etwa in der Gegend des Solarplexus oder sonstwo im Körper irgendeine Veränderung spüren. Ich will Sie in keiner Weise vorbeeinflussen, daher sage ich hier nichts.

Noch ein *Experiment mit dem flachliegenden Unendlichkeitszeichen*, dem Zeichen der liegenden Acht. Füllen Sie in irgendeinen Behälter bis knapp unter den Rand normales Leitungswasser. Sofern Sie radiästhetische Erfahrung haben, prüfen Sie es mit Pendel oder Schwingpendel und vergewissern Sie sich seines unbeeinflußten Zustandes. Bewegen Sie Ihre beiden nebeneinanderliegenden Hände in einer stets gleichflüssigen Bewegung ohne jeden Halt oder Ruck zehnmal in der Form der liegenden Acht einigermaßen nahe an der Oberfläche des Wassers entlang, beginnend an der linken Oberseite der liegenden Acht. Prüfen Sie anschließend wiederum: Sie werden staunen, wie schnell der Pendel senkrecht schwingt und rasch in starke Rechtsdrehung übergeht bzw. wie rasch sich auch der Schwingpendel vor Ihnen senkrecht aufschwingt und dann seine maximal mögliche Rechtsdrehung zeigt: Das Wasser ist bis zum Optimum mit Freier Energie aufgeladen. Das Ganze ist das Werk von nicht einmal einer halben Minute! Solche Energien liegen buchstäblich in der Luft, und ein paar Handbewegungen aktivieren sie! Lohnt sich da nicht die Mühe, diese Kräfte möglichst präzise zu erfassen, sie genauer kennenzulernen, um sie dann für das Wohl der Menschen nutzbar zu machen? Die Natur bietet sie uns an, sie schenkt sie uns, und wir sehen sie kaum, und – entschuldigen Sie – viele »gescheite« Leute sind so gescheit, daß für sie alles »Blödsinn« ist.

8. Farben

Verständlicherweise kann es nicht die Aufgabe dieses Buches sein, das Thema Farbe und Gesundheit umfassend zu behandeln. Da gibt es vor allem im Detail trotz jahrhundertelanger Bemühung um Klarheit so verschiedene Meinungen, daß sich – von einigen Grundlinien abgesehen – objektiv gültige Aussagen kaum machen ließen. Das Thema dieses Buches ist die Freie Energie, die Urschöpfungskraft, die sie in sich trägt. Was verbindet die Farbe mit dieser Urenergie? Schon sind wir wieder bei der Erkenntnis: Alles ist schwingende, fließende Energie.

Wir wissen, daß *das Licht*, das uns das Leben auf diesem Stern erst ermöglicht, von unserer Sonne kommt. Diese ist – nebenbei bemerkt – nur irgendeine von hundert Millionen Sonnen allein in unserer Galaxis, von denen es wiederum ungezählte Millionen gibt. Aber für uns ist sie die unabdingbare Grundlage unseres Lebens. Die Lichtphotonen der Sonne strömen mit der Geschwindigkeit von dreihunderttausend Kilometer pro Sekunde auf uns zu. Wenn sie auf die Luftmoleküle unserer Erdatmosphäre treffen (oder auf die Fasern unserer Kleidung), werden sie in verschiedene Schwingungsbereiche aufgespalten, die wir *als Farben wahrnehmen*. Jede Farbe hat also ihre spezielle Schwingungsfrequenz. Diese Lichtwellen, die uns in unserem Gehirn sichtbar gemacht werden, sind von einer uns unvorstellbaren Kürze: Sie reichen von Rot, das kürzer ist als sieben Zehntausendstel, bis Violett, das etwas länger ist als vier Zehntausendstel eines Millimeters. Jetzt haben wir schon das ganze Farbspektrum vor uns, das uns zuweilen ein Regenbogen in vollendeter Schönheit zu sehen gibt. Und wie wir wissen, sind alle sieben Farben, die zwischen Rot und Violett liegen, in der Farbe Weiß enthalten.

Jetzt sind wir wieder bei *den Chakren oder Energiezentren unseres Körpers*. Erst vor kurzem, als von der Arbeit mit den Steinen die Rede war, mußte ich im Zusammenhang mit deren Farben auf die Chakren hinweisen. Bezeichnenderweise finden wir die sieben Farben des Regenbogens in der gleichen Anordnung auch in der Reihenfolge der Chakren wieder. Statt vieler Worte sehen Sie sie in dieser Aufstellung:

7 *Scheitelzentrum* – Sahasrara – Zirbeldrüse oder Epiphyse
VIOLETT
Verbindung zur geistig-spirituellen, zur »göttlichen« Welt
6 *Stirnzentrum* – Ajna – Hirnanhangdrüse oder Hypophyse
INDIGOBLAU
Geistige Erkenntnis, Intuition, »Das dritte Auge«
5 *Kehlkopfzentrum* – Vishuda – Schild- und Nebenschilddrüse
HELLBLAU
Ganzheitliche vitale und geistige Durchdringung, Kommunikation
4 *Herzzentrum* – Anahata – Thymusdrüse
GRÜN
Ichlose Zuwendung (Liebe) zu Mitmenschen und Welt
3 *Solarplexus* – Manipura – Sonnengeflecht, Bauchspeicheldrüse
GELB
Verbindung zur weiten Welt der Gefühle
2 *Sakralzentrum* – Svadhistana – Nebennieren
ORANGE
Steuerung der vitalen Lebensprozesse hin zum Geistigen
1 *Wurzelzentrum* – Muladhara – Keimdrüsen: Hoden, Eierstöcke
ROT
Sitz der Geschlechtskraft und Energiequelle der Persönlichkeit

Wie allgemein üblich, ordne ich die Chakren in dieser Übersicht ana-
log der Position in unserem Körper an, mit der umgekehrten Beziffe-
rung. Das wird dem *Aufbau unserer Persönlichkeit* gerecht. Mit unserer Basis, körperlich mit den Füßen, stehen wir (hoffentlich fest) auf
dem Boden dieser Welt, und mit dem Kopf öffnen wir uns (auch hier
muß ich sagen: hoffentlich) zum Kosmos, zur Großen Schöpfungskraft
hin. Nur wenn wir beides verbinden, können wir in unserem Leben in
kraft- und ruhevoller Geborgenheit getragen sein und als Persönlichkeit wahre Erfüllung finden.

Nun zurück *zu unseren Farben*. In der obigen Aufstellung sehen Sie
sie in der Reihenfolge des Regenbogens aufgeführt. In ihrer ganz engen Verbindung mit unserem endokrinen Drüsensystem finden die
Chakren auch mehr und mehr Eingang in die westliche Medizin. Wer
sich mit dieser uralten Chakrenlehre noch nicht genauer befaßt hat,
nimmt zunächst gern Anstoß daran, daß das Herzzentrum durch die
Farbe Grün gekennzeichnet sein soll. Der Grund ist einfach: In der
westlich-christlichen Welt sind wir in der Tradition der Kirche an das

stets rot dargestellte Herz Jesu und das durch Liebe gekennzeichnete rote Herz als ein vielfach gebrauchtes Symbol von klein auf gewöhnt. Aber die Frage: Ist Rot etwa die Farbe, die Ruhe, Harmonie ausdrückt, etwa einen ausgleichenden Standpunkt in der Mitte von Gegensätzen, mit denen unser Leben sozusagen gepflastert ist? Gewiß nicht! Rot ist im Gegenteil als Farbe des Blutes die Farbe der Kraft, des aktiven Tuns und dessen Übersteigerung in lauten Protest, in starke Mißstimmung bis hin zu kopflosen Wutausbrüchen mit ihren Exzessen. Wo bleibt da die Liebe? – Mit diesen Feststellungen bin ich schon bei der Bedeutung der Farben und ihrem Sinn und Wert für uns gelandet.

Wie ich eingangs dieses Kapitels sagte, kann ich dieses weite und in Einzelheiten auch umstrittene Gebiet hier nicht genauer behandeln. Es würde ein eigenes Buch füllen müssen. Deshalb empfehle ich denjenigen Leserinnen und Lesern, die sich hier gründlicher informieren wollen, das schon erwähnte Taschenbuch»Die Welt der Chakren« (39). In ihm finden Sie keine formale Abhandlung über die verschiedenen Farben, jedoch in den den einzelnen Chakren zugeordneten Übungen eine wahre Fülle von Hinweisen auf die Wirksamkeit aller dieser Farben, die die einzelnen Chakren kennzeichnen. Im übrigen bietet der Büchermarkt heute eine Vielzahl von Veröffentlichungen auf diesem Gebiet. Da gibt es freilich wie überall – um das Bild zu gebrauchen – neben dem Weizen viel Spreu, weshalb ich eine recht kritische Auswahl anraten möchte.

Hier nur noch zwei Bemerkungen. Die erste betrifft eine einfache und für viele, viele gesundheitliche Zwecke schon ausreichende *Grundregel:* Das Farbspektrum von Rot beginnend bis hin zum Blau kennzeichnet die Skala von kraftvoller Erregung: Aktivität und Überaktivität (Rot und Gelb) bis hin zu ständig zunehmender Beruhigung von Seele und Körper, das heißt von Gemütszuständen ebenso wie von körperlichen Vorgängen (Grün und Blau). Der Satz läßt sich umkehren: Das Farbspektrum von Blau bis hinüber zu Rot kennzeichnet die Skala von beruhigter und allzu beruhigter Gemütslage und Körperfunktion hin zu ständig zunehmender Anregung und Aktivierung.

Die zweite Bemerkung: Licht und Farbe, auch von Textilien, wirken bis zu 15 Millimeter tief durch die Haut hindurch in den Körper ein. *Die Eindringtiefe* hängt im wesentlichen ab von der Schwingungsstärke der Lichtenergie. Die Wirkung kann sogar bis zu den inneren Organen

hineinreichen als Folge der Nervenimpulse, die durch die Lichtphotonen ausgelöst werden. Je nach dem Punkt des Auftreffens auf
der Haut, dem besonders lichtempfindlichen Hautbereich (»Headsche
Zonen«) werden bestimmte innere Körperregionen angesprochen. Es
ist also absolut nicht gleichgültig, mit welchen Farben man »arbeitet«,
welche man auf sich wirken läßt. Das betrifft vor allem auch die Farb-
gestaltung der Kleidung und die farbliche Ausgestaltung seiner Lebens-
umgebung (59). Was tun sich die vielen besonders jungen Frauen heute an, die nur noch schwarz gekleidet herumlaufen: Was müssen sie
doch zusätzlich an innerer Kraft aufbringen, die ihnen für das normale
Leben verloren ist, wenn sie eine ganz natürliche Lebensfreude, dieses
Kernstück des weiblichen Charmes, ungetrübt bewahren wollen!

9. Töne und Klänge

Ähnlich wie im letzten Kapitel über die Farben muß ich auch bei diesem recht zurückhaltend sein. Es geht um die gesundheitliche Wirkung
von Tönen und Klängen. Auf diesem Gebiet, da man erst seit relativ
kurzer Zeit begonnen hat, systematisch Erkenntnisse zu gewinnen, ist
die Gesamtsituation noch unklarer als auf dem Gebiet der Farben.

Ich muß erneut wiederholen: Alles ist schwingende, fließende Energie.
Wir sind eingebettet in die uns einhüllenden Schwingungen. Unser
eigener Organismus ist sozusagen ein Konglomerat von Schwingungen. Mit unseren Sinnesorganen nehmen wir nur einen kleinen, eigentlich nur einen winzigen Teil der Unendlichkeit an Schwingungen
bewußt auf. Reagiert unser Auge auf einen nur winzigen Sektor von
Schwingungen, die uns das Licht in allen Farben des Regenbogens
vermittelt, so öffnet uns das durchschnittliche menschliche Ohr den
vergleichsweise großen Bereich von etwa sechzehn bis zu zwanzigtau-
send Schwingungen in der Sekunde. Das Gehirn macht sie uns als
Töne und Klänge wahrnehmbar.

Wir alle kennen ihre *Wirkung auf unser Gemüt:* Sie können uns an-
regen, aktivieren, innerlich aufreizen bis zum Verlust des kritischen
Denkens, sie können uns – wenn unerwartet – bis zur Lähmung erschrecken, sie können uns beruhigen, beschaulich, ja träge machen.
Sie können uns zu innerer Heiterkeit und zu fröhlichem Tun beleben
und uns auf der anderen Seite in sentimental-traurige, ausgesprochen
gedrückte Stimmung versetzen. Und wir wissen alle, wie die häufige
Hingabe eines Menschen an jeweils eine dieser beiden gegensätzli-

chen Grundrichtungen ihn schließlich in seiner Gesamtpersönlichkeit prägen, zu einem Teil auch umformen kann. Ein simples Beispiel: Wer es noch erlebt hat, der weiß, wie die im Dritten Reich bei jeder sich bietenden Gelegenheit eingesetzte Marschmusik trotz der gewissen Aufdringlichkeit der Darbietung zur Beeinflussung der Volksmassen in eine ganz bestimmte Richtung beachtlich beigetragen hat.

Und umgekehrt: Wer erkennt nicht sofort den gerade vorherrschenden *Gemütszustand seiner Mitmenschen an deren Stimme?* Die beschwingte, heitere, die nervöse und die hektisch sich oft fast schon überstürzende, die freudig-erregte und die ärgerlich-erregte, die ruhig-ausgeglichene, traurige, sentimentale, die in Depressionen gleichsam versinkende? Wie oft kann man heute jemand sagen hören: »Dieser Krach« oder auch »Diese Musik macht mich krank.« Sie tut es in der Tat, mindestens langfristig.

Kurz gesagt: *Töne und Klänge beeinflussen uns,* das oft in subtiler Weise, weil sie von unserem Bewußtsein oft nicht kritisch aufgenommen werden. Selbstverständlich können wir sie auf der anderen Seite je nach unseren Wünschen und Absichten auch »machen«, wenn wir uns über ihre Wirkung einigermaßen klar sind. Es liegt demnach auf der Hand, wie sehr unser inneres und äußeres Wohlbefinden, also unsere Gesundheit, in enger Beziehung steht auch zu allen möglichen Geräuschen und Tönen, Klängen und Musikarten. Immer sind die Schwingungen der Freien Energie am Werk, die auf uns eindringen und in uns ihre Wirkung tun. Weil wir sie zumindest zu einem beachtlichen Teil selbst produzieren oder in ihrem Auftreten wenigstens ein gutes Stück steuern können, sind wir unzweifelhaft in der Lage, von dieser Seite her unsere Gesundheit mehr oder weniger wirksam zu beeinflussen. Das kann zu unserem Heil geschehen oder zu unserer Belastung. Es liegt in der Hand eines jeden, es so oder so zu tun. Leider sind sich die wenigsten Leute darüber im klaren.

Deshalb möchte ich zur allgemeinen Anregung und besonders *zur Weckung einer kritischen Einstellung und Handlungsweise* auf die folgenden Punkte hinweisen:
- In jedem Geschäft, Café oder Speiselokal, vielfach sogar auf der Straße und in öffentlichen Verkehrsmitteln sind wir heute *fast unausgesetzt der musikalischen Berieselung,* wenn nicht sogar der lautstarken Belästigung ausgesetzt. Im zuletzt genannten Sinn emp-

findet es eine steigende Zahl von Menschen. Eine kürzlich durchgeführte Untersuchung junger Leute von 15 bis 25 Jahren ergab: 23 Prozent sind schon in diesem Alter eindeutig feststellbar gehörgeschädigt (Stichwort Diskothek). Die wenigsten können heute noch Auto fahren ohne zumeist lautstarke Musik. Einwandfreie langfristige Versuche in verschiedenen Ländern beweisen, daß einer Rockmusik ausgesetzte Pflanzen deutlich Schaden nehmen, während klassische Musik ihr Wachstum im gleichen Maße fördert. Sind wir Menschen tief im Innern etwa anders »konstruiert« als sie? Wohl kaum. Die Schlußfolgerungen aus all dem liegen auf der Hand. Ich brauche sie nicht aufzuzählen. Soviel steht fest: Wenn wir nur wollen, können wir uns in eigener Person anders, gesünder verhalten. Und ebenso steht fest: Wir können auch andere Menschen, die uns durch ihr Verhalten schädigen, wenigstens zu einem Teil davon abhalten. So können wir dazu beitragen, für den Organismus schädliche Schwingungen auszuschalten und für ihn heilsame zu aktivieren.

- Eine der gesündesten körperlichen Tätigkeiten, die es gibt, ist *Singen*. Es stärkt die Lunge und den Kreislauf mit allen positiven Folgen für den gesamten Organismus. Es wirkt auf unser Gemüt in harmonisierender Weise und gibt damit ein Gegengewicht zum allgegenwärtigen Streß. Gemeinschaftliches Singen ist für die meisten ein erhebendes Erlebnis, für manche freilich nicht zu realisieren. Allerdings kann jeder auch allein singen, vor sich hin singen, in der Wohnung, im Auto, manche auch bei ihrer beruflichen Arbeit, wenn sie dabei niemanden stören. Die Energieschwingungen der eigenen Stimme im eigenen Körper können in allen ihren Auswirkungen gesundheitlich nur helfen, solange sie nicht das Ergebnis einer ungesunden, nur gewollten Forcierung sind.
- Von erheblicher gesundheitlicher Bedeutung ist die meditative Technik der *ständigen rhythmischen Wiederholung* eines wohlklingenden Wortes oder Satzes. Nicht umsonst habe ich schon in dem Kapitel »Sich einschwingen in die Große Kraft« darauf hingewiesen. Beispiele finden sich in den alten Gebetsformen des Sprechgesangs in buddhistischen Klöstern oder im stundenlangen monotonen Chorgebet von christlichen Mönchen, das besonders im russisch-orthodoxen Bereich gepflegt wird. Oder in dem immer wiederkehrenden kurzen Antwortgebet von Litaneien der katholischen Kirche. Auch im Westen ist mittlerweile das aus dem indischen Raum stammende Mantra bekanntgeworden, eine rational gesehen oft sinnlo-

se Silbe oder vokalreiche Buchstabenfolge, die beim längeren unaufhörlichen Wiederholen durch ihre besondere Schwingung der seelischen wie körperlichen Gesundheit ausgesprochen förderlich ist.

- Am bekanntesten ist die Buddhisten wie Hinduisten *heilige Silbe OM,* entstanden aus AUM. Wer das Gruppenerlebnis des gemeinsamen Singens dieser Silbe erlebt, der weiß von der tiefgehenden Wirkung dieser Schwingungen auf die Ganzheit des Menschen, auf sein Gemüt wie auf seinen Körper. Der versteht auch, daß durch stundenlanges Fortsetzen dieser Art Gesang in buddhistischen Klöstern schwerkranken Mönchen in der Tat wieder zur Gesundheit verholfen wird. Es kann kaum etwas anderes sein als die uns überall umhüllende Freie Energie, die sich in dem tranceähnlichen Zustand des derartig in tiefer Sammlung übenden Menschen gleichsam einfangen und gezielt einsetzen läßt. Das Mantra oder das OM muß natürlich nicht zusammen mit einer ganzen Gruppe und ebensowenig laut gesprochen oder gesungen werden. Es genügt für seine Wirksamkeit schon das kontinuierlich fortgesetzte Denken dieser Silbe durch den einzelnen in innerer Sammlung. In ganz ähnlicher Weise kann übrigens auch das im christlichen Bereich übliche AMEN verwendet werden.

- OM, AUM oder AMEN sind *ein gutes Beispiel für die Wirksamkeit der Vokallaute,* die sehr, sehr tief gehen kann. Sie brauchen nur des öfteren die fünf Vokale a, e, i, o, u jeden einzeln ganz allein für sich in gesammelter Achtsamkeit laut vor sich hin zu singen. Prüfen Sie sich, in welchem Teil Ihres Körpers die dabei auftretenden kräftigen Schwingungen Ihrer Energie speziell fühlbar und wirksam werden: das U im Beckenboden, im Unterbauch, das O im Oberbauch, das E im Halsbereich, das I im Schädel, während das A den ganzen Rumpf und Kopf ausfüllt, es schwingt überall. Von diesem Erlebnis und von dieser Erkenntnis her öffnen sich zuvor ungeahnte Möglichkeiten der Beeinflussung und auch der bewußt gesteuerten heilerischen Einwirkung auf Seele-Geist und Körper. Da sind wir wieder bei den buddhistischen Mönchen. Es ist ein weites Feld, das sich der systematischen Forschung hier auftut, die wirklich der Mühe wert ist! Ein jeder von Ihnen ist aufgerufen, damit selbst seine bereichernden Erfahrungen zu machen. Schon nach relativ kurzer Zeit der Einübung werden Sie das Vibrieren der Ihnen zufließenden Energie in Ihrem Körper und das gewisse Erschauern Ihrer Seele angesichts dieser kraftvollen Schwingungen verspüren. Das erst recht, wenn Sie es mit einigen gleichgesinnten Menschen gemeinsam versuchen.

- Ganz ähnlich packende Erlebnisse stellen sich beim Spielen eines *Monochords* ein, eines der ältesten Saiteninstrumente der Welt, das uns von den alten Griechen überkommen ist. In der Ausführung mit mehreren Saiten sind diese einheitlich auf den exakt gleichen Ton gestimmt. Dieses Instrument entwickelt eine geradezu unglaubliche Klangfülle, die mitgetragen ist von reichen Obertönen. Sie kann den Zuhörer im Innersten anrühren und ihn in seinem Erlebnis von Urenergie in fast jenseitige Sphären entrücken. Um dieses Erlebnis sozusagen total zu machen, baute ich einen ganz einfachen Liegerahmen mit Netzbespannung in knapper Tischhöhe, so daß der Spieler das Instrument unmittelbar unterhalb der darauf liegenden Person spielen kann. Es ist in der Tat ein in der Fülle der Schwingungen und der energetischen Durchpulsung des ganzen Körpers extrem aufrührendes Erlebnis, das die im vorigen Absatz schon beschriebenen gesundheitlichen Impulse in starker Form vermittelt.

- Es bleibt mir noch der Hinweis auf eine Instrumentenart, die sehr viel leichter und mit etwas weniger Kosten zu beschaffen ist: *Klangschalen*. Auch sie sind leicht zu »spielen« und haben, wenn auch nicht ganz so ausgeprägt, die gleiche soeben beschriebene Wirkung wie ein gutes Monochord. Nach unserer Erfahrung empfiehlt sich für den Hilfsbedürftigen ein zweimaliger Einsatz pro Tag von je etwa zehn bis 15 Minuten Dauer. Er sollte einigen Abstand von der oder den Klangschalen einhalten, an einer Stelle, die sich von der Akustik her am meisten anbietet. Sehr sensible Menschen mögen die Beschwingungszeit nicht zu lange ausdehnen, um eine überstarke Reaktion zu vermeiden. Die volle Harmonisierung von Körper und Seele-Geist mit ihrer starken psychischen Wirkung ist zumeist nach 15 Minuten erreicht.

Wer einmal in der Tiefe seines Wesens (nicht nur oberflächlich im Verstand und ohne Tiefenwirkung) die Tatsache erfaßt hat, daß alles und jedes schwingende, fließende Energie ist, für den gibt es keinen Zweifel mehr daran, daß Energieschwingungen, auch die von Tönen und Klängen, heilerische Wirkung haben, ja haben müssen (natürlich genauso auch schädliche, wovor es sich zu hüten gilt). Denn sie sind nichts anderes als der Grundstoff unserer eigenen Lebenskraft und damit unseres eigenen Lebens. Krankheit, Lebensschwäche ist die gestörte Harmonie der Schwingungen in uns und um uns. Gesundheit und Lebensstärke ist deren harmonisches Zusammenklingen in den uns bewußten und den uns unbewußten Schichten unserer Persönlichkeit.

10. Warnung vor falschem Einsatz und
vor übertriebenen Erwartungen

Am Ende dieses so wichtigen Buchteils kann ich mich nicht enthalten, *eine deutliche Warnung auszusprechen.* Wer sich in der Hoffnung auf gesundheitlichen Gewinn mit der Freien Energie zu beschäftigen beginnt, ihre heilsamen Wirkungen vor Augen geführt bekommt und durch eigene oft überraschend positive Erfahrungen in eine Art Hochstimmung gerät, ist immer der Gefahr ausgesetzt, einzelne spezielle Erfolge zu verallgemeinern. Wer dann bei ausgiebigem Umgang mit der Freien Energie durch häufiges Überschwingen und dergleichen (zu Recht oder zu Unrecht) eine Steigerung seiner persönlichen Lebenskraft zu erleben glaubt, der möge sich den ebenso netten wie inhaltsschweren Vers von Wilhelm Busch vor Augen halten:

> »Wenn einer, der mit Mühe kaum
> gekrochen ist auf einen Baum,
> schon meint, daß er ein Vogel wär',
> so irrt sich der.«

Er wäre wahrhaftig nicht der erste, der einen vielleicht sogar noch folgenreichen Rückschlag erlebt oder sogar bei anderen Menschen nicht wieder gutzumachendes Unheil anrichtet, das er zu verantworten hätte. Daher ziehe man im Zweifelsfall einen aufgeschlossenen und erfahrenen Arzt oder Heilpraktiker zu Rate. An dieser Stelle möchte ich diese Mahnung ausdrücklich wiederholen. Nur mit der nötigen Vorsicht und Bescheidenheit kann man die nötige Sicherheit haben, sofern es eine solche überhaupt gibt.

Die Gefahr des übertriebenen Einsatzes der Freien Energie ist nicht gering. Dazu *das Erlebnis* des älteren Herrn mit seiner zweiten Warze, das ich Ihnen kürzlich angekündigt habe im Zusammenhang mit seiner erfolgreichen Behandlung der ersten. Dieser Herr bekam seitlich an seiner Stirn einen warzenähnlichen kleinen Hautauswuchs. In der Hoffnung, ihn zum Verschwinden zu bringen, legte er auch auf diesen – obwohl ihm geraten wurde, das pro Tag nicht länger als maximal vier Stunden zu tun – die ganze Nacht über (reichlich sieben Stunden) eine 16 mal 16 Millimeter große Alu-Scheibe von zwei Millimeter Stärke auf, die er mit Leukoplast festklebte. Das machte er konsequent über drei Wochen lang. Dann stellte er eines Morgens beim Aufwachen und dann erst recht beim Verlassen des Bettes eigenartige, von ihm zuvor noch nie erlebte Schwindelgefühle fest. Diese verstärkten sich von Tag zu Tag und gingen dann zusätzlich mit Brechreiz einher. Nun war er endgültig alarmiert und holte Rat ein.

Was war geschehen? Die seitlich an seiner Stirn, genauer: auf seiner unteren Schläfe dicht am Haaransatz befindliche Hautstelle liegt also relativ dicht am Ohr und damit an dem empfindlichen Gleichgewichtsorgan. Dieses wurde durch die starke und viel zu lange Energieeinwirkung durch das so kleine und unscheinbare Energiescheibchen ganz einfach mehr und mehr überfordert und dann geschädigt. Das nächtliche Auflegen der Scheibe wurde sofort beendet, der nächste Morgen brachte schon eine deutliche Besserung, und bereits am übernächsten Tag war alles wieder in bester Ordnung. Nun wollte es der betreffende Herr aber genau wissen und wiederholte das Ganze vier Wochen später nochmals. Diesmal dauerte es nur vier Nächte, bis das Schwindelgefühl einsetzte. Der Gleichgewichtssinn war wohl immer noch geschwächt. Jetzt war auch er überzeugt.

Ich bringe dieses Beispiel gern, um wieder einmal warnend auf *die Einhaltung des rechten Maßes* hinzuweisen. Allzu starke Energetisierung macht aus der Hilfe eine Belastung, wenn nicht eine echte Schädigung. Gehen Sie mit dieser wundersamen Kraft der Urenergie immer behutsam um!

Hüten Sie sich vor falschen Erwartungen! Verschiedene Veröffentlichungen über den gesundheitlichen Einsatz der Freien Energie (in denen zumeist der vielversprechende Begriff der Tachyonisierung in den Vordergrund gerückt wird) erwecken oft solche weit übertriebenen Heilungserwartungen. Besonders solche, bei denen die schwer überprüfbare Steigerung der Vitalkraft im Vordergrund steht. Dabei finden Sie selten einigermaßen präzise Angaben oder Ratschläge für das konkrete Vorgehen dabei. Wohl werden Produkte für drei- und vierstellige DM-Beträge angeboten, die bei weitem nicht das erfüllen, was sie versprechen. Mir sind hinreichend Fälle dieser Art bekanntgeworden, bei denen die angeblich unübertreffbare Stärke der Tachyonisierung ganz erheblich unter der Strahlungskraft eines jeden gesunden Baumes lag! Dieser trägt die Urschöpfungskraft in Reinkultur in sich, der braucht keine geheimnisvollen Tachyonisierungsverfahren.

Verstehen Sie meine Warnungen bitte nicht falsch. Wie Ihnen dieses Buch ja ganz eindeutig zeigt, wäre ich der letzte, der die gesundheitlichen Wirkungen der Freien Energie in Zweifel ziehen würde. Ich bin von ihnen zutiefst überzeugt und habe guten Grund dazu. Die nutzbar gemachte Freie Energie bietet weitgreifende therapeutische Möglichkeiten, die sich uns bei ruhigem Abwägen der heutigen Situation erst langsam hieb- und stichfest auftun. Wir stehen also erst am Anfang einer Entwicklung, die ob ihrer Erfolge mehr und mehr von sich reden machen und ihren Weg von der relativ schmalen Basis der Biophysik zur breiten Medizin – wie immer in solchen Fällen – langsam, aber sicher gehen wird. Unserer menschlichen Ungeduld geht es nie schnell genug. Aber: Es braucht alles seine Zeit. Auch hier kann es keine rasch einsetzenden Wunder geben.

Seien Sie kritisch! Machen Sie das nicht einfach nach, was Ihnen geboten wird. Auch das nicht, was dieses Buch Ihnen vorschlägt. Probieren Sie alles persönlich aus, *prüfen Sie es nach.* Nur dann können *Sie* Ihrer Sache sicher sein. Und erst dann können Sie Ihre Erkenntnisse auch beruhigt an andere Menschen weitergeben. Wir leben heute in einer Zeit des großen Umbruchs, eines tiefen Wandels. Wir müssen alle umdenken, und dagegen sträubt sich das, was uns von gestern her heute noch kennzeichnet. Das müssen wir klar erkennen, um uns angemessen verhalten zu können. Und da können wir nicht kritisch und selbstkritisch genug sein.

Wie läßt sich die Freie Energie speziell für den Schutz vor alltäglichen Gefährdungen einsetzen?

Jeder Mensch unserer Zeit mit wachen Sinnen kennt *die großen Gefährdungen, denen der moderne Zeitgenosse ausgesetzt ist.* War das Leben schon immer durch seine natürliche »Zerbrechlichkeit« gefährdet, so neuerdings durch viele Begleiterscheinungen der sogenannten modernen Entwicklung. So weiß jeder Mensch, der seine Augen offen hat für die Herstellung von Nahrungsmitteln in der Landwirtschaft, für ihre Verarbeitung in den Fabriken und für ihren Vertrieb durch viele Kanäle bis hin zum Endverbraucher, von den Gefährdungen ihres gesundheitlichen Wertes und daher von ihren Gefährdungen für den Menschen, der sie mit der Nahrungsaufnahme seinem Körper einverleibt. Das folgende Kapitel soll in der hier nur möglichen Kürze die hauptsächlichen Gefährdungsarten aufzeigen und den Leserinnen und Lesern die Hilfen geben, die ihnen die Freie Energie zum Schutz vor diesen steigenden Gefährdungen bieten kann. Dabei kann ich nicht umhin, auf einige Veröffentlichungen von mir zu verweisen, wo diese Hilfen teilweise schon recht ausführlich behandelt sind. Die Wiederholung an dieser Stelle wäre schon aus Platzgründen nicht möglich. Das gilt sinngemäß für die folgenden vier Kapitel.

Neutralisierung der Belastung von Lebensmitteln

Jedes Lebewesen, jeder lebende Organismus stellt ein vielfältiges mikroelektrisches System dar, wir können auch sagen: *ein kompliziertes Energie-Schwingungssystem,* das außerordentlich feine energetische Strukturen seelisch-geistiger Art ebenso wie höchstverdichtete der grobmateriellen körperlichen Art in sich schließt. Diese mikroelektrischen Prozesse sind ausnahmslos dem Gesetz der Polarität unterworfen, und die Energien fließen zwischen den Polen derart, daß sie sich je nachdem in fortlaufender Links- oder Rechtsdrehung befinden. Das ist schlicht gesagt der Grund, warum wir mit einer so einfachen Methode wie mit dem Pendel oder dem Schwingpendel den in diesem System gerade herrschenden Zustand ablesen können. Denn offensichtlich ist es ein Naturgesetz, daß die rechtsdrehenden Energieschwingungen einen für die Gesundheit positiven oder förderlichen Zustand oder Vorgang anzeigen und linksdrehende Energieschwingungen einen negativen oder schädlichen. Das gilt, wie ich sagte, für jede lebende Substanz, also auch für alle naturgewachsenen Lebensmittel und dann weiterverarbeitete Produkte.

Jetzt sind wir schon unmittelbar bei den *zahlreichen chemischen Mitteln,* die für die Frischerhaltung eben dieser Nahrungsmittel heute im allgemeinen nötig, wenn nicht unerläßlich sind, um die Versorgung der großen Menschenmassen unserer Zeit zu sichern. Dabei dürfen wir die radioaktive Bestrahlung nicht vergessen. Nicht wenige dieser chemischen Substanzen sind giftig (toxisch). Es sind organische oder anorganische Stoffe, die entweder in der Natur vorkommen oder künstlich hergestellt werden. Nach ihrem Eindringen in den Organismus führen sie zu ganz spezifischen Erkrankungen: zur vorübergehenden Störung einer Körperfunktion, zu einem bleibenden Gesundheitsschaden oder gar zum Tod. Ihre Wirkung ist abhängig:

1. von der einmal aufgenommenen Giftmenge bzw. ihrer sich nach und nach steigernden Konzentration im Organismus,
2. von dessen Empfindlichkeit (Giftresistenz oder -festigkeit) und
3. auch von der Art der Übertragung oder Zufuhr des Giftes.

Auch das Wasser ist oft genug nicht nur mit äußeren Schadstoffen belastet, sondern auch mit allen den besonderen Informationen, die diese schädlichen Stoffe in sich tragen. Wir dürfen es also nicht außer acht lassen.

Wie können wir all die Lebensmittel, Speisen und Getränke überprüfen, und das natürlich auf eine möglichst einfache und sichere Art? So wichtig, so entscheidend wichtig das für seine Gesundheit ist, so schwierig ist es für den einfachen Bürger. Es gibt nach meinem besten Wissen nur eine realisierbare Möglichkeit. Sie ist einfach genug, sie wird von der breiten Öffentlichkeit jedoch durch die sinnlose Verteufelung vor allem durch unkritische Medien nicht ernst genommen oder gar mit schwarzer Magie in einen Topf geworfen, oder ähnlicher Unsinn. Es ist so ähnlich, wie wenn Sie das Gebet ganz allgemein für Teufelswerk halten würden, nur weil verirrte Geister es in sogenannten schwarzen Messen einsetzen, in denen sie den Satan und seine Macht in Gebetsform anrufen.

Ich spreche vom Pendel. *Jeder Mensch ist prinzipiell pendelfühlig,* auch wenn er selbst es nicht weiß oder glaubt. Ganz grob gesprochen, und nehmen Sie das bitte nicht so primitiv-wörtlich entgegen: Je besinnlicher und mehr in sich gekehrt im durchaus positiven Sinn des Wortes er ist, um so mehr. (Die präzisen Voraussetzungen können Sie in meinen Pendelbüchern nachlesen (19).) Nach dieser leider nötigen Vorbemerkung muß ich Sie, soweit Sie nicht schon Ihre eigenen Erfahrungen damit haben, bitten: Versuchen Sie es ganz einfach! Wenn Sie es im richtigen Geist tun, wird mancher unter Ihnen über das Ergebnis staunen und vielleicht sogar einen für ihn neuen, weiterreichenden und tiefergehenden Ansatz für die Betrachtung des Lebens in seinen vielen Aspekten gewinnen.

Doch ganz konkret zurück zu der Hilfe, die sich Ihnen hier bietet: In meinem »Großen Pendelbuch« finden Sie auf den Seiten 271 bis 273 *die genaue Anweisung,* wie Sie dabei vorgehen. Sie brauchen dazu nur einen x-beliebigen Pendel einfachster Art, den Sie ganz leicht selbst machen können (Der teuerste käufliche Pendel bringt Ihnen zusätzlich nicht das geringste) und die Erklärung des richtigen Gebrauchs im einleitenden Teil des Buches. Sie werden bald feststellen, wie einfach es ist und was es Ihnen hilft. Bitte verstehen Sie, daß ich hier auf diese Einzelheiten wirklich nicht eingehen kann. Ich habe kaum einen Zweifel: Wenn Sie das Buch in Augenschein nehmen, werden Sie es rasch verstehen und meine Einstellung zu würdigen wissen. Die investierte Zeit dürfte sich für Sie auf lange Sicht gesehen reichlich lohnen. Das zur Frage der Überprüfung von Nahrungsmitteln aller Art.

Und jetzt zu dem wesentlichen Punkt: *Wie können Sie diese Lebensmittel freisetzen* von den chemischen Konservierungsstoffen oder von überhöhter radioaktiver Bestrahlung? Wenn Sie dieses Buch bisher aufmerksam gelesen und vielleicht das eine oder andere aus seinem Inhalt schon praktisch erprobt haben, werden Sie keinerlei Schwierigkeit haben, die folgenden Empfehlungen nachzuvollziehen. Sie sind einfach genug:
• Stellen oder legen Sie die Nahrungsmittel am besten gleich nach dem Einkauf auf eine ausreichend große Energieplatte oder auf mehrere etwas kleinere, die Sie nebeneinanderlegen. Die markierte Plusseite ist oben und wirkt also direkt auf das darauf liegende Gut ein. (Liegt die Minusseite nach oben, so bedeutet das den – erträglichen – Verlust von rund zehn Prozent der Neutralisierungskraft, der jedoch nicht sein muß.) Auf welche Art und Weise die Energieplatten energetisiert wurden (Orte der Kraft, Spirale, Baum, andere Energieplatten), ist gleichgültig. Es ist immer die eingefangene Urschöpfungskraft, die Ihnen hilft, die Belastung zu neutralisieren und das Nahrungsgut jetzt mit eben dieser Urenergie aufzuladen.

• *Die Zeitdauer:* Das äußerste Minimum, das im allgemeinen aus-reicht, ist eine Stunde, entschieden besser sind eineinhalb Stunden. Um jedoch auch mit den relativ seltenen besonders hohen Belastun-gen fertig zu werden, empfehlen sich zweieinhalb Stunden. Wer sich indessen gegen ganz extreme Fälle (darüber in Kürze) schützen will, nehme grundsätzlich drei Stunden. Das ist normalerweise jedoch un-nötig, kann aber wie jede längere Aufladung auf keinen Fall schaden. (Tiefgefrorenes Gut kommt natürlich sofort in den zuständigen Tief-kühlbereich, es wird – soweit erwünscht – während und nach dem Auftauen auf die Energieplatte gelegt.) In der Praxis ist das ganz un-kompliziert: Man läßt die nicht kühlungsbedürftigen Sachen ganz ein-fach einige Stunden oder auch über Nacht da liegen und räumt dann morgens alles weg.

• Nach dieser Prozedur können Sie die Ware getrost bis zu ihrem spä-teren Verbrauch liegenlassen. Sie ist – von ganz seltenen Ausnahmen abgesehen – frei von Belastung und zugleich vitalisiert. Kontrollen durch Schwingpendel (Energiesensor) oder Pendel bestätigen es jeder-zeit.

• *Andere Möglichkeiten:* Weil es das in der Praxis meistgebrauchte Verfahren ist, beschrieb ich jetzt diese Methode des Ablegens auf ei-ner oder mehreren Energieplatten. Das muß aber nicht sein. Wenn Sie einen Ort der Kraft zur Verfügung haben, legen Sie Ihre Nahrungsmit-tel direkt darauf. Sie können das Gut auch direkt an einen gesunden, kräftigen Baumstamm legen oder kleinere Stücke in eine breite Astga-bel. Eine andere Möglichkeit ist – wie früher schon erwähnt – das Auf-legen auf einen mit Vita-Wasser gefüllten Behälter, den Sie oben mit einem Gitter abdecken.

• Die *Neutralisierung von Giftstoffen* können Sie auch durch die zwei Zeichen oder Symbole erreichen, die Sie in den Kapiteln über Zeichen und Formen kennengelernt haben, nämlich das organische Germanium und das 21-Zackenrad. Wie dort schon beschrieben, le-gen Sie das Gut in die Mitte. Wir sind uns nach längerer Beobachtung und Prüfung recht sicher, daß die heutzutage »normalen« Belastungen – kaum extreme – damit gelöscht sind. Wenn Sie jedoch zugleich mit dieser Neutralisierung die optimale Vitalisierung, also die höchstmög-liche Aufladung mit der Kraft der Urenergie erreichen wollen, ist das zuvor beschriebene Verfahren ratsamer.

Ein besonderes Kapitel ist die Radioaktivität, deretwegen wir alle seit der Katastrophe von Tschernobyl nicht ohne Grund recht wachsam und besorgt sind. Eine beachtliche Schwierigkeit liegt hier schon darin, daß für die Praxis brauchbare Meßwerte wegen der vielfach komplizierten und auch für Fachleute nur schwer durchschaubaren Voraussetzungen kaum zu ermitteln sind. In dem »Großen Pendelbuch« habe ich daher auf den Seiten 175 bis 177 einen ebenso einfachen wie sachlich klaren Maßstab beschrieben, der uns im konkreten Einzelfall das Maß der Gefährdung so genau erkennen läßt, wie das eben nur möglich ist. Dieser Maßstab ist das Vielfache des naturgegebenen Maßes an Radioaktivität, das unser Körper für seine Gesundheit braucht. Ab dem Zehnfachen dieser Menge (laut den sehr kritischen Fachleuten) bzw. ab der dreißigfachen Menge (laut den großzügigen Fachleuten) beginnt die ernsthafte Gefährdung unseres Organismus. Ich werde Ihnen dazu gleich ein typisches Beispiel aus dem Alltag präsentieren können.

Zuvor noch die Frage: *Können wir uns von den schlimmen Folgen eines radioaktiven Befalls frei machen?* Sofern die Verseuchung nicht gar zu stark ist, können wir das mit Hilfe der Freien Energie sehr wohl versuchen. Das Ihnen längst bekannte Vita-Wasser ist das erforderliche Hilfsmittel dafür. Ich wiederhole: Wie Sie es aufbereitet haben, ist gleichgültig. Wir waschen den Körper von außen gründlich mit diesem energiegeladenen Wasser ab und reinigen ihn im Innern, indem wir eine gehörige Menge davon trinken. Das passiert den gesamten Verdauungstrakt mit allen seinen Organen und nimmt die hier allenfalls abgelagerte Radioaktivität mit sich fort. Geschieht das schon kurz nach einer Verseuchung, die nicht allzu stark ist, genügt das wohl. Ansonsten müssen wir es mehrfach wiederholen. Selbstverständlich sind wir bei dieser Reinigung mit unseren Gedanken voll und ganz dabei, indem wir uns das Abwaschen und das Herauswaschen des Giftes aus dem Körper ganz plastisch vorstellen. Und ebenso selbstverständlich werden wir mindestens bei stärkerer Bedrohung den Arzt aufsuchen.

Unsere Gesundheit ist heute tatsächlich ständig gefährdet durch die vielen Konservierungsmittel für unsere Nahrung und die den gleichen Zwecken dienende radioaktive Bestrahlung, besonders auch von Obst und Gemüse. Sie können diesbezüglich gar nicht wachsam und kritisch genug sein, weshalb ich Ihnen eine kleine Reihe von *typischen prak-*

tischen Erlebnissen berichte. Von Panikmache kann dabei keine Rede sein, sondern schlicht von nüchterner Realität. Zu Beginn, wie angekündigt, einige Beispiele von Radioaktivität:

• Eine Hausfrau kaufte seit langem wegen ihres hohen Vitamin-C-Gehalts *Kiwis*. Eines Tages wurde ihr nach dem Genuß übel. Dazu kamen schlimme Kopf- und Bauchschmerzen sowie ausgeprägte Schwindel- und Schwächegefühle, die einen Tag lang anhielten. Der Ehemann dagegen hatte keinerlei Beschwerden. Die Pendel-befragung ergab als Ursache der Symptome die Kiwis und deren sechzehnfache Menge des gesunden Maßes an Radioaktivität. Für die hochsensible Frau war das schon entschieden zuviel, während der robustere Mann dies ohne jede Nachwirkung verkraftete. Es stellte sich heraus, daß diese Kiwis neuseeländischen Ursprungs waren, vor denen gelegentlich sogar in der Presse gewarnt wurde wegen ihrer hohen radioaktiven Bestrahlungsdosis (Haltbarmachung!), während die aus Israel importierten bis heute immer einwandfrei waren.

• Spanische *Orangen* aus der Gegend von Sevilla: Der mehrtägige Genuß bewirkte jedesmal nachfolgende Übelkeit, zum Glück noch einigermaßen erträglicher Art. Die Nachforschung mit dem Energiesensor (Schwingpendel) ergab starke Linksdrehung, also starke Unverträglichkeit auf Grund entsprechender Belastung. Schon nach 30 Minuten Liegen unter der Energiespirale war die Linksdrehung ganz schwach geworden, also auf das Mindestmaß an Belastung gesunken, das robusten Naturen oft gar nicht mehr erkennbar wird, wohl aber noch recht sensiblen Menschen. Nach vier Stunden bewirkten die unter der Spirale verbliebenen Orangen ganz starke Rechtsdrehung, also höchste Verträglichkeit. Sie schmeckten ausgezeichnet und wurden bestens vertragen. Das Beispiel zeigt klar: Die Schadstoffe werden nicht nur neutralisiert, also unschädlich gemacht, sondern die ganzen Früchte werden durch die Energetisierung in einen durchaus wertvollen Qualitätszustand aufgewertet. Und: Zwei Tage später hatte sich daran nichts geändert! *Es liegt demnach eine bleibende Aufwertung vor.* Diese Feststellung treffe ich hier, weil ich über die Jahre solche Erlebnisse mehrfach verbuchen konnte. (Bemerkung: Seit einiger Zeit weist das aus Spanien kommende Obst und Gemüse für uns kaum noch erkennbare Belastung auf.)

• Der Genuß einer in verschweißter Folie verkauften *Hähnchen-pastete* führt zu den gleichen Erscheinungen von Übelkeit usw., wie soeben bei dem Kiwierlebnis geschildert, nur nicht so ausgeprägt. Das Ergebnis der amtlichen Untersuchung im Labor der zuständigen Behörde für die Lebensmittelüberprüfung lautet: Einwandfreier Zustand. Das ist nur möglich, weil die amtlichen Grenzwerte in unserem Land zum Teil viel zu hoch angesetzt sind, was z. B. von den Verbraucherschutzorganisationen oft scharf kritisiert wird. Demnächst werde ich darauf noch zurückkommen müssen.

• Eine vier Jahre alte Flasche teurer *Rotwein* wird von drei Personen konsumiert. Zwei von ihnen zeigen einige Stunden später deutliche Symptome von Übelkeit, Grummeln im Unterleib und Brechreiz. Die Überprüfung ergibt 20 Prozent Schädigung (Bezug: 100 Prozent steht für volle Ungenießbarkeit wegen ausgeprägter Vergiftungsgefahr). Eine zweite Flasche aus demselben Bestand mit exakt demselben Werdegang wird zwei Stunden auf eine Energieplatte gelegt. Die Überprüfung zeigt jetzt 115 Prozent Energetisierung (Bezug: 100 Prozent steht für den Normalzustand bei guter fachmännischer Behandlung und Lagerung): Der Wein wird konsumiert, guter Geschmack, keinerlei negative Nachwirkung.

• Eine Büchse *Thunfisch* zeigt vor der Prüfung einen Normalzustand an Verträglichkeit. Nach drei Stunden Aufliegen auf der Fotografie von Steinquadern (Fundament einer alten Klosterruine) zeigt das Instrument höchste Energie- oder Vitalitätssättigung an: das Ergebnis des Überschwingens der in solchen Steinen schlummernden Urkraft. Mehrere bei Fischkonsum sonst recht unterschiedlich eingestellte Personen entwickeln einen besonderen Appetit auf diesen Thunfisch und loben einhellig seinen ausnehmend guten Geschmack.

• Die Überprüfung von echtem *Kaffee* ergibt eine Reduzierung seiner normalen gesundheitlichen Belastung (= 100 Prozent) auf 15 Prozent, nachdem er drei Stunden lang auf einer Energieplatte lag. Das gleiche Vorgehen bei *koffeinfreiem Kaffee* bewirkt den Rückgang seiner Schädlichkeit auf fünf bis zehn Prozent und bei handelsüblichen verbrauchsfertig aufbereiteten *Cappuccino-Beuteln* auf ebenfalls knapp zehn Prozent.

Neutralisierung der geopathischen Belastung

Auf die geobiologische oder geopathische Belastung als solche brauche ich hier sicher nicht genauer einzugehen. Es geht um die gesundheitlichen Gefährdungen, die im wesentlichen durch die Strahlungen und Schwingungen von geologischen Besonderheiten in der Erde bedingt sind. Bis zu einer gewissen nicht allzu ausgeprägten Stärke hin kann sie jeder gesunde Mensch wohl ohne weiteres verkraften. Nun machen außer der natürlichen Beschaffenheit dieser Schwingungen besonders die körperlichen und seelischen Voraussetzungen des einzelnen ihre permanente Gesundheitsbedrohung aus. Diese erdgebundene Bedrohung kann in der Tat zu schweren Störungen des Organismus führen. An ihrer tatsächlichen Existenz und Wirksamkeit kann heute kein aufgeschlossener Mensch mehr zweifeln. In meinen Pendelbüchern, im besonderen im »Großen Pendelbuch« (S. 235 bis 268) habe ich diese geopathische Belastung im einzelnen dargestellt, in gekürzter Form auch in meinem Buch »Der Schwingpendel« (S. 140 bis 161) und vor allem die präzise Ermittlung der verschiedenen geopathischen Störfelder durch die drei radiästhetischen Instrumente Rute, Pendel und Schwingpendel (Energiesensor). Im besonderen möchte ich auf das ganz wesentlich vereinfachte Verfahren zu ihrer Ermittlung im Sinne der Verträglichkeitsprüfung in dem zuletzt genannten Buch (S. 156 bis 161) hinweisen, das ich mir in den letzten Jahren erarbeitete. Es stellt für die tägliche Praxis einen großen Schritt vorwärts dar.

Natürlich habe ich in diesen Büchern auch *das so wichtige Entstörungsproblem* behandelt, anders ausgedrückt: die Neutralisierung dieser Gefährdung. Dabei mußte ich mich auf die einzige Methode beschränken, die ich mit gutem Gewissen und ohne Bedenken empfehlen konnte und noch heute uneingeschränkt empfehlen kann: das Verfahren mit vitalisiertem Wasser (siehe die genannten Bücher S. 264 bis 269 bzw. S. 166 bis 170). Es hat sich bis heute, wie ich getrost sagen kann, vieltausendfach bewährt. Sie können das Vorgehen dabei an den eben genannten Stellen nachlesen. Eine Wiederholung in diesem Buch wäre nicht sinnvoll.

Inzwischen bin ich mir nach vielen Jahren der Bemühung, des Experimentierens und der Gewinnung von Erfahrung einiger weiterer Methoden so weit sicher geworden, daß ich sie im folgenden erstmals veröffentliche. Ich werde mich nicht scheuen, gewisse Zweifel vor allem über die fortgesetzte Dauer ihrer Wirksamkeit auch offen anzusprechen. Diese Methoden habe alle den Vorteil, daß sie nach denkbar einfacher »Installierung« mindestens monatelang einwandfreie Ergebnisse bringen. Sie sind also nicht mehr mit den alle paar Tage wiederkehrenden Bemühungen verbunden, die bei der Vita-Wasser-Methode unerläßlich sind. Hier der Überblick, in den ich auch diese neueren Formen (erstmals 1987 von mir publiziert) *der sogenannten Entstörungsmethoden* mit aufnehme, die ich heute alle getrost anbieten kann:

1. Vita-Wasser

Soeben habe ich die Stellen in den noch immer hochaktuellen Veröffentlichungen aufgeführt, wo alles Notwendige und Wissenswerte für die Anwendung dieser Methode präzise beschrieben ist. Hier nur drei nicht unwichtige Nachträge:
Wie lange bleibt das Vita-Wasser wirksam in seiner Funktion der Unschädlichmachung von Geopathischer Belastung, gleichgültig um welche Art (Globales Gitternetz, Wasser, Verwerfung usw.) es sich handelt? Wenn 100 Prozent die maximale Störungskraft darstellen, die beim durchschnittlichen Menschen mit echter Gesundheitsschädigung verbunden ist, dann empfiehlt sich der Austausch des verbrauchten durch frisches Vita-Wasser wie hier angegeben:
bei 90–100 Prozent: täglich
bei 70–90 Prozent: jeden zweiten Tag
bei 50–70 Prozent: jeden dritten Tag
bei 10–50 Prozent: jeden vierten Tag
Die ganz geringe Gefährdung bis 10 Prozent erfordert generell keinerlei Schutzmaßnahme, auch sehr sensible Menschen verkraften sie ohne Problem.

Im übrigen sollten Sie wissen, daß dieses verbrauchte Wasser mit den gefährlichen Störstrahlungen aufgeladen ist, weshalb Sie es nur in die Toilette schütten sollten. Gießen Sie damit Blumen oder Pflanzen, werden Sie rasch vorgeführt bekommen, was Sie ihnen antun: Sie bringen sie buchstäblich langsam, aber sicher um.

Einem kritischen, sehr wachen Teilnehmer eines meiner Pendelseminare verdanke ich folgenden Hinweis, der seine große Berechtigung hat. Er wollte seiner sensiblen Frau einen ganz besonders ungestörten Schlaf verschaffen und stellte ihr daher *statt der von mir empfohlenen Menge von drei Litern gleich fünf Liter Vita-Wasser* unter das Bett. Ergebnis: Nach wenigen Nächten fand sie in ihrem Bett keine Ruhe mehr und wurde ständig von Störgedanken aller Art umgetrieben. Der Grund: Die von den fünf Litern ausgestrahlte Energie war für sie einfach zu viel. Die generelle Lebensregel: »Allzuviel ist ungesund« hat eben auch hier ihre Bedeutung. Er berichtete einige Zeit später, daß er – um sicher zu sein – mehrfach von fünf zu drei Litern und umgekehrt wechselte, so daß er sich dieses Ergebnisses absolut sicher sei. Dieses »Zuviel« an ausgestrahlter Energie, das ja ein »Zuviel« neutralisieren soll, das es gar nicht gibt, wird uns demnächst bei anderen Methoden wiederbegegnen. Auch hier gilt es immer, das gesunde Maß zu finden. Nach der langen Zeit der Bewährung dieser Methode können Sie sich getrost an die etwa drei Liter halten, wenn Sie die soeben aufgeführten Wechselzeiten beachten.

Bei der Verwendung von Vita-Wasser werden *nur die für den Körper negativen Schwingungen von dem Wasser absorbiert,* nicht jedoch die für unseren Organismus auch notwendigen positiven. Diese Methode ist also *eine echte Dauerlösung,* allerdings etwas arbeitsaufwendig. Wer sich daran gewöhnt hat und an seinen gesunden Schlaf denkt, für den ist der Aufwand minimal.

2. Sechsstrahliger Stern

Sie haben ihn in den zwei Kapiteln über Zeichen und Formen kennen gelernt. Dort wies ich schon darauf hin, daß dieses Zeichen offensichtlich die Eigenschaft hat, einen in sich geschlossen dahinfließenden Energiestrom bei seiner Passage durch dieses Zeichen gleichsam aufzuspalten, zu zerstückeln und ihn durch diese Aufsplitterung seiner Energie und Wirksamkeit zu berauben. Gerade diese Eigenschaft macht dieses Zeichen für die Neutralisierung der Geopathischen Belastung so wertvoll.

Um das in der Praxis funktionsfähig zu machen, brauchen wir sozusagen *ein Feld von Sternen.* Soll ein ganzes Bett damit abgesichert werden, benötigen wir ein ganzes Bettuch dafür, sonst vielleicht ein halbes oder nur einen Streifen davon. Mancher hat sich auch schon mit einem entsprechend festen Spezialpapier geholfen. Die Sterne sind nach meiner und anderer Leute Erfahrung am besten in den drei Strichen je sechs Zentimeter lang, ungefähr zwei bis drei Millimeter breit und haben nach allen Richtungen einen Abstand von 21 Zentimetern von Sternmitte zu Sternmitte gemessen. Natürlich können Sie einen gehörigen Rand von Sternen freilassen. Die Herstellung dieses Sternfeldes ist dann relativ einfach, wenn Sie sich durch Ausschneiden des Sterns aus einem dünnen, einigermaßen steifen und kräftigen Papier einmal eine Schablone machen, dann auf dem straff ausgelegten Tuch die Mittelpunkte der Sterne mit einem Punkt markieren und diese schließlich mittels der Schablone mit waschfester Farbe fix aufmalen. – Dieses Sterntuch sollte zwecks restloser Reinigung von möglichen negativen Rückständen jeden Monat einmal einen Tag lang möglichst in Sonne und Wind gehängt werden.

Jetzt kommt aber *das Problem:* Dieser Stern macht nicht nur die für uns negativen Strahlungen und Schwingungen unwirksam, sondern auch einen guten Teil der für uns positiven, die wir für unsere Gesundheit langfristig brauchen. Diesen relativ starken Verlust können wir ohne Schaden nur einige Monate lang ertragen. Andere Untersuchungen lassen erkennen, daß zwar nur ein kleiner Teil der aus dem Kosmos kommenden ultravioletten und infraroten Strahlen für den Körper verlorengeht, dieser jedoch auf lange Sicht unsere Gesundheit eben doch belastet.

Eine Reihe von Erfahrungen ergab an erträglicher Anwendungsdauer vier bis sechs Monate, im allgemeinen fünf Monate. Wie kann man sich *bei dieser Lage in der Praxis helfen?* Es gibt folgende Möglichkeiten:

- Um sicherzugehen, kann man nur drei Monate lang mit dem Sterntuch unter dem Bett, unter der Matratze oder unter dem Bettuch arbeiten und dann vier Wochen lang wieder die vergleichsweise etwas aufwendige Vita-Wasser-Methode einschalten, um dann erneut von vorn zu beginnen. Dann treten keine Nachteile auf, weil der einigermaßen gesunde Körper dem nur zeitweisen Teilentzug der für ihn positiven Strahlungsenergie ohne weiteres gewachsen ist.
- Wenn der Körper wenigstens zur Hälfte nicht auf dem Sterntuch bzw. Sternpapier liegt, dann ist keinerlei Besorgnis für die Gesundheit angezeigt. In der Praxis wird man sowieso nur den bedrohenden Reizstreifen abdecken, so daß weit mehr als die Hälfte des Körpers frei bleibt. Bei Sicherung gegen Kreuzungen von Spannungslinien oder Wasseradern oder Verwerfungen untereinander sieht es natürlich weniger gut aus.

Menschen, die beruflich viel unterwegs sind, haben sich mit dieser Methode schon gut helfen können. Ideal ist sie, da etwas umständlich, natürlich auch nicht. Wenden wir uns daher anderen Möglichkeiten zu.

3. Energiescheiben bzw. -stäbe

Das Arbeiten mit Energiescheiben oder -platten ist Ihnen ja mittlerweile wohlvertraut und damit genauso das mit Energiestäben, das exakt den gleichen Gesetzlichkeiten unterliegt. Beim Material handelt es sich dabei aus ganz praktischen Gründen in aller Regel um Aluminium, das wir handelsüblich auch in Form von Stäben mit ganz verschiedenen Profilen in jedem Baumarkt kaufen können. Am besten schildere ich Ihnen meine Erfahrungen mit dieser Methode in ihrem zeitlichen Ablauf: Es begann vor Jahren damit, daß mir der Gedanke kam, mit Hilfe der mir wohlvertrauten energiegesättigten Scheiben oder Stäbe unser geopathisch im Kopf- und Schulterbereich recht belastetes Doppelbett zu entstören. Hier legte ich ganz zu Anfang unter jedes Bett einen auf 80 Zentimeter Länge zurückgeschnittenen hohlen Aluminiumstab quadratischen Profils von 15 Millimeter Stärke, den ich wie üblich an einer prächtigen Lärche energetisiert hatte. Die Wirkung war verblüffend positiv, meine hochsensible Frau hatte von da an sofort ebenso wie ich einen völlig ungestörten Schlaf. Aber nur drei Monate lang, dann begann die alte Schwierigkeit.

Nach einigen Bemühungen, den Grund dafür zu finden, klärte mich mein Pendel auf. *Die positive Energie war zu stark.* Sie wurde ihrerseits zur Belastung. Der Energiestab war entschieden zu lang. Kürzung auf nur 25 Zentimeter Länge. Eine Reihe von Versuchen und wiederholten Kontrollen zeigte einwandfrei, daß die energetische Ausstrahlung, die die Störstrahlung ausschaltet, vom Stab aus in alle vier Richtungen (auch von den beiden Enden aus) 25 Zentimeter weit reicht. Um sicher zu sein, die ganze Breite des Bettes von 90 Zentimetern perfekt abzudecken, legte ich nun zwei Stäbe von 25 Zentimeter Länge im Abstand von 45 Zentimeter parallel in der Längsrichtung des Bettes nebeneinander. Ich deckte damit also einen Streifen von 75 mal 90 Zentimeter perfekt ab, natürlich bei jedem Bett. Ergebnis: Auch dieses Maß an Energie war noch zu hoch.

Die dann voll und ganz *über die Zeit hinweg befriedigende Lösung* war und ist nun: Ein einziger auf 22 Zentimeter zurückgeschnittener

Energiestab liegt längs des Verlaufs der Störungszone, also quer zum Bett, genau in dessen Mitte, demnach in der Mitte der Störungszone und in der Mitte des Bettes. Dieser Energiestab deckt folglich die ganze Breite (50 Zentimeter) der Störungszone auf 70 bis 75 Zentimeter Länge ab. Die beiden Bettränder von je rund acht bis zehn Zentimeter, die frei bleiben, kann man vernünftigerweise vergessen. Damit hatte ich das richtige Maß an neutralisierender Energie gefunden.

Was heißt jetzt eigentlich »neutralisierende Energie«? Die Antwort ist einfach: Sie legen mit dem so plazierten positiven Energiefeld gleichsam einen positiv schwingenden Puffer, wenn Sie so wollen: ein Energiekissen zwischen sich und die gefährlichen Störungsstrahlungen. Das besonders Wichtige dabei ist, daß nicht nur die Störungsstrahlungen jetzt restlos weg sind, sondern daß auf der anderen Seite die positiven, für den Körper nötigen Schwingungen nach wie vor mindestens in voll ausreichender Menge, wenn nicht sogar völlig unbehindert dieses Energiekissen passieren. Der Grund dürfte eine weitgehende Ähnlichkeit im Schwingungscharakter (»Qualität«) sein, der das möglich macht. Jedenfalls zeigt das die Tatsache der langfristig erfolgreichen Neutralisierung der Belastung bei mittlerweile vielen Menschen auf.

Einige Nachbemerkungen am Rande:
- Selbstverständlich ist die Verwendung einer flachen Aluminiumleiste genauso gut und einfacher. Es muß kein Alu, es kann genausogut jedes der anderen schon beschriebenen Materialien sein.
- Ebenso selbstverständlich werden sämtliche Arten der Geopathischen Belastung bei diesem Verfahren ausgeschaltet.
- Es wird gelegentlich gefragt: Ist eine Wiederaufladung des Energieträgers nötig? Antwort: Nein, diese Energie verbraucht sich nicht. Wen es aber beruhigt, der kann ihn ja nach beliebig langer Zeit nachts wieder einmal an einem Baum oder auf andere Weise »nach«-enegetisieren. Ein Zuviel kann ohnehin nicht aufgenommen werden, schaden kann es jedoch auf keinen Fall.
- Man komme bitte nicht auf den Gedanken, eine permanente wünschenswerte Energiestärkung des Körpers dadurch zu bewirken, daß man einen Energieträger die ganze Nacht über auf sich einwirken läßt, indem man ihn ganz einfach unter das Bett oder gar unter das Kopfkissen legt. Das würde gewiß »ins Auge gehen«! Man wür-

de damit nur eine mehr oder minder schwere Schädigung des Organismus provozieren.

- Zuweilen wird behauptet, man könne einen Schlaf- oder sonstig belasteten Platz dadurch sauber machen, also neutralisieren, daß man nur die beiden Stellen des Ein- und Austritts der Spannungslinie/Störzone/Wasserader zu entstören braucht, z. B. durch eine Energiescheibe. Meine Nachforschungen und mehrfachen Überprüfungen können das in keinem Fall bestätigen. Mir scheint, hier gilt der bekannte Satz: »Was man wünscht, das glaubt man gern«.

- In einem solchen mir mitgeteilten Fall wurde (an den Anfang einer solchen Belastungslinie) unmittelbar oberhalb des Kopfes, noch im Scheitelbereich, eine angeblich ganz besonders stark »tachyonisierte« Scheibe gelegt. Das Ergebnis war nach einiger Zeit eine deutliche Verschlechterung der Augen. Das ist durchaus nicht verwunderlich: die ständige Belastung des nicht weit vom Scheitel entfernten Sehzentrums hat das bewirkt. Die betroffene Dame kann ihrer robusten Gesundheit nur danken, denn diese ständige Belastung des Gehirns hätte ganz böse Folgen haben können und bei längerer Fortsetzung eigentlich haben müssen.

- Seien Sie achtsam bei der Lagerung von Kleidungsstücken. Ein praktischer Fall: Eine sehr sensible Frau hatte jahraus, jahrein bestimmte Nachthemden (reine Naturprodukte) an einer stark gestörten Stelle liegen. Immer wenn sie diese trug, fühlte sie sich in ihrem Bett »wie aufgekratzt«. Eines Tages wurde dieser Aufbewahrungsplatz als schwerbelastet (Verwerfung) erkannt, diese Hemden nicht mehr getragen, und der Spuk war vorüber. So einfach liegen die Dinge zuweilen.

- Nebenbei bemerkt: Vieles spricht für die Erfahrung von Rutengängern, daß Wasseradern eher in Richtung Stumpfheit, Phlegma, Depression wirken, während starke Verwerfungen ähnlich wie Vulkangestein ständig leichte Unruhe mit unruhigem Schlaf und häufigem Aufwachen mit sich bringen, sozusagen das Gefühl, »wie gegen den Strich gebürstet« zu sein.

4. (Mikroskop-) Fotos von Steinen und Bäumen
Daß jede Fotografie die volle Schwingung des dargestellten Originals in sich trägt, das brauche ich nach den früheren Ausführungen dazu gewiß nicht mehr zu wiederholen. Damit ergibt sich für uns eine weitere Möglichkeit der Unschädlichmachung von geopathischer Belastung

aller Spielarten, die bei all ihrer Wirksamkeit *in der Einfachheit der Anwendung kaum noch zu übertreffen ist.* Diese Fotos halten alle schädlichen Schwingungen ab, nicht aber die für uns guten, heilsamen. Sollten sie überhaupt einen Verlust bewirken, so kann dieser nur ganz schwach sein. Diesbezüglich brauchen wir also hier keine Bedenken zu haben. Hinzu kommt, daß Schwarzweißkopien die gleiche Schwingungsintensität, die gleichen Energieeinheiten in sich haben wie Farbkopien oder das Farb-Originalfoto selbst.

Die Neutralisierung der geopathischen Belastung liegt auch hier in dem *eigenen positiven Schwingungsfeld der Fotografie,* das ich eben erst bei der Behandlung der Energiescheiben als *schützendes Energiekissen* bezeichnete. Die Ausstrahlungskraft dieser Fotos ist für unsere überkommenen Vorstellungen wiederum kaum glaubhaft. Ich kam bei allen sorgfältigen Messungen niemals unter 90 Zentimeter, verschiedentlich aber noch beachtlich über einen Meter. Nun bin ich vorsichtig und operiere sicherheitshalber nur mit 70 Zentimeter Schwingungsweite, was dann immerhin einen Schutzdurchmesser von einem Meter vierzig ergibt. Diese Zurückhaltung ist insofern auch wünschenswert, als die Intensität im äußeren Bereich der Ausstrahlung natürlich immer schwächer und dadurch auch wirkungsschwächer wird.

Ein lehrreicher praktischer Fall: Ein fürsorglicher Ehemann bekommt von mir eine Schwarzweißkopie in DIN A 4 von einer Farbaufnahme mit Teleobjektiv, auf der unsere kerngesunde »Haus-Lärche« abgebildet ist. Auf meinen Rat hin teilt er dieses Blatt in der Längsrichtung in zwei Hälften. Die eine Hälfte, jetzt also rund 30 mal zehn Zentimeter groß, legt er unter das Bett seiner Frau, das im oberen Oberkörper- und Kopfbereich schwer belastet ist. Von der ersten Nacht an schläft die Frau im Gegensatz zu den vorigen, wo sie noch keinen Schutz hatte, tief und gut. Dieses Glück hält aber nur zehn Tage an. Dann beginnt sie von Nacht zu Nacht mehr und mehr mit innerer Unruhe zu kämpfen. Grund: Die von diesem halben Blatt ausgestrahlte Energie war entschieden zu stark, sie konnte dem schon nach kurzer Zeit nicht mehr standhalten. Nach genauer Prüfung der Örtlichkeit und des ganzen Sachverhalts, auch der hohen Empfindsamkeit der Dame reduzierte ich die Größe dieses Baumfotos auf etwa zehn mal fünf Zentimeter. Inzwischen sind eineinhalb Jahre vergangen. An Größe, Positionierung und dergleichen des kleinen Blattes wurde nichts verändert. Der Schlaf ist bis heute einwandfrei. Offensichtlich ist die Neutralisierung perfekt.

Fazit: Wir sollten *die Gefahr von zu viel Energie* im allgemeinen entschieden ernster nehmen als die von zu wenig. Wir können es offensichtlich noch nicht fassen, daß in einem kleinen Stück Papier mit einer uns zunächst nichtssagenden Fotografie darauf (Teil eines Baumstamms) diese Kraft, diese Wirkungsmöglichkeit stecken soll. Das ist einfach zuviel für unseren mit der Physik von gestern und der Weltbetrachtung von vorgestern gefütterten Verstand!

Hier noch *einige bedeutungsvolle Einzelheiten:*
* Es ist gleichgültig, ob diese Fotos auf dem Boden, unter der Matratze oder zwischen mehreren Matratzen bzw. Auflagen liegen. Sie können auch hochkant am Bettunterbau oder an der benachbarten Wand befestigt sein.
* Es ist gleichgültig, ob die Fotos in der Längs- oder der Querrichtung des Bettes angebracht bzw. hingelegt werden.
* Es ist für ihre Wirkung im allgemeinen auch gleichgültig, ob die Bildseite nach oben oder nach unten gerichtet ist. Einiges mag mehr für die Bildseite oben sprechen, aber das scheint mir nicht sehr begründet.

Zum Abschluß noch ein wiederum *lehrreiches Erlebnis:* Beide Betten eines üblichen Doppelbettes erscheinen von Kopf bis Fuß völlig störungsfrei, nachdem eine etwa in der Mitte querlaufende Doppelzone des Globalen Gitternetzes (nach Dr. Hartmann) durch zwei Baumfotos neutralisiert wurde. Bei einer genauen nochmaligen Überprüfung wird fast in der ganzen Bettlänge exakt in der Mitte eine schmale Spannungszone festgestellt, die in der Längsrichtung der beiden Liegen verläuft und etwa fünf bis fünfzehn Zentimeter nach jeder Seite hin reicht. Zum Rand des Bettes hin ist weder am Kopf- noch am Fußende eine Störung festzustellen. Die Skizze gibt die Antwort: Die Energieausstrahlungen der beiden Baumfotos überdecken sich. So entsteht ein örtlich etwas zu starkes Energiefeld, das seinerseits wieder zur Belastung werden könnte. Weil jeder der beiden älteren Ehepartner jedoch normalerweise in seinem Bett liegt, gibt es trotzdem kein Schlafproblem. Die nur mäßige Belastung genau zwischen den beiden Schlafenden wird ohne weiteres verkraftet. Wahrscheinlich ist sie gar nicht so stark, wie wir zunächst annehmen möchten, weil die Ausstrahlung der Doppelzone sie noch zu einem Teil unwirksam macht. – Nehmen Sie bitte diesen Fall als ein Beispiel für ähnlich gelagerte Situationen, die einen zunächst verblüffen können und die sich doch erklären lassen.

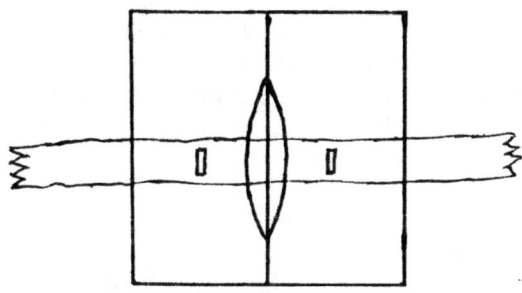

Schutz vor Elektrosmog

Auf diese immer bedeutungsvoller werdende Bedrohung unseres Lebens kann ich in diesem Buch nur hinweisen. *Die Wurzel dieses Problems ist die ultrafeine elektromagnetische Steuerung aller biologischen Systeme, die vom Elektrosmog durch die künstlich erzeugte Strahlung überlagert wird.* Wieder begegnet uns das Wort von »den allerfeinsten Schwingungen«! So sind zum Beispiel die Mikrowellen deshalb auf so heimtückische Weise gefährlich, weil sie in schwächster Intensität die größten Auswirkungen auf den Organismus von Mensch, Tier und Pflanze haben. Stärkere Strahlungsdosierungen verkraftet der Körper, weil er sie erkennt und abblocken kann. Anders bei diesen so schwachen Dosierungen, die unmittelbar in die körpereigene Zellkommunikation eingreifen und sie nachhaltig stören (60). So werden nachweislich schon bei eher geringer Stärke, die weit unterhalb unserer offiziellen Grenzwerte liegen, ganz gravierende Störungen unseres Organismus ausgelöst (61).

Können uns energetisierte Artikel gegen diese Gefährdung schützen? Ich kann persönlich hier nur zu großer Vorsicht raten. Es ist mir unerfindlich, wie in Prospekte und sonstige einschlägige Veröffentlichungen Behauptungen gesetzt werden können, daß zum Beispiel eine einzige über den Sicherungen am Sicherungskasten angebrachte

»tachyonisierte« Scheibe das gesamte Haus mit sämtlichen angeschlossenen Elektrogeräten (also auch Fernseher und Computer) mit allen Leitungen und Steckdosen »entstören« soll. Das ist nur ein Beispiel.

Ähnlich wie zur Entstörung von geopathischer Belastung seit vielen Jahren oft geradezu abenteuerliche Entstör-Vorschläge und -Behauptungen aufgestellt werden, ist es jetzt mit solchen Vorschlägen für die Unschädlichmachung von Fernsehern, Computern und der Unzahl von Elektrogeräten, die ja bald alle mit extrem feinen elektromagnetischen Wellen arbeiten. Ich sehe mich jedenfalls nicht in der Lage, für diese Probleme unmittelbar wirkende Hilfe aus dem Arbeitsgebiet dieses Buches anbieten zu können.

Wohl ist eine gewisse mittelbare Hilfe möglich. Wenn Sie sich zu bestimmter Zeit gerade durch Elektrosmog irgendwelcher Art belastet fühlen, durch allgemeines Benommensein, Unlust, Kopfschmerzen, Gereiztheit und dergleichen, wenden Sie zunächst die altbewährten allgemeinen Hilfen an:

- Einige Minuten flotte Bewegung mit intensivem Durchatmen (Kreislauf, Sauerstoff, Lebenskraft!),
- kräftiges Abstreichen der Arme und Beine immer nach außen hin, weg von Kopf und Rumpf, bei der intensiven Vorstellung, daß Sie alles abstreifen, wegwischen und von sich schleudern, was sich da an unerwünschten, schädlichen Partikeln an und in Ihnen gesammelt hat und an Ihnen »klebt«,

und arbeiten Sie dann mit einem Energieträger, wie es Ihnen in der Situation, in der Sie gerade sind, eben möglich ist. Zum Beispiel:

- Nehmen Sie einen oder vielleicht zwei in Ihrer Tasche befindliche energetisierte Bergkristall-Schmeichler oder Glaslinsen in die Hand bzw. in beide Hände, und lassen Sie die von ihnen ausgehende Energie ganz bewußt gesteuert in Ihren geschwächten Körper, etwa gezielt zum Solarplexus hinfließen. Von da aus kann sich Ihr ganzer Organismus vom Unterbewußten her kräftigen, besonders wenn Sie dabei die Kraft der Vor-stellung, der Ein-bildung für sich arbeiten lassen.
- Führen Sie eine scheckkartengroße Energiescheibe mit sich, die Sie unter der Kleidung auf den Solarplexus auflegen (zum Beispiel im höhergezogenen Hosenbund festgeklemmt), und dann wie eben beschrieben verfahren.
- Haben Sie ein energetisiertes Taschentuch bereit, das wie zufällig vor Ihnen liegt (oder Sie halten es in der Hand), so daß Sie Ihr

Handchakra (Handfläche) darauf legen und von daher Energie beziehen können. Niemand wird sich daran stören.

- Stellen Sie Ihre beiden Füße auf eine energetisierte Fußmatte unter Ihrem Schreibtisch und lassen Sie über das nervenreiche Gewebe im Fußgewölbe (Fußchakra) Ihren Organismus von seinem Fundament her heilende Kraft aufnehmen. Mit einiger Übung können Sie auf solche Weise eine fühlbare Verbesserung und Stärkung erleben. Ich spreche aus eigener und der Erfahrung vieler anderer Menschen.

Zudem können Sie morgens vor der Arbeit und später an ihrem Ende mit verschiedenartigen, zum Beispiel eutonischen Übungen viel für Ihr inneres Gleichgewicht, für Ihren Anschluß an die Große Geistige Kraft tun, die über uns allen steht, der wir alle unsere Lebenskraft verdanken (62). Die Große Kraft, die Urenergie, die Urschöpfungskraft: sie ist da und wartet nur darauf, uns aus ihrer unendlichen Fülle etwas zukommen zu lassen, wenn wir sie nur in der richtigen Einstellung darum bitten. *Es gibt so viele Möglichkeiten,* die jedem offenstehen. Warum nutzen wir sie nicht mehr? Es liegt doch nur an uns selbst.

Jetzt bleibt mir nur noch, Sie auf zwei Stellen aufmerksam zu machen, wo Sie in den beiden schon mehrfach erwähnten Büchern genauere Angaben ganz praktischer Art *für die Bewältigung des Elektrosmog* finden:
- »Das Große Pendelbuch« (S. 178–182) bietet präzise einschlägige Angaben über nahezu alle heute vielgebrauchten Elektrogeräte mit den Schutzmöglichkeiten.
- »Der Schwingpendel« (S. 162–165) zeigt eine Reihe von typischen Erlebnissen, die uns die nahezu heimtückischen Zusammenhänge dieser oft rätselhaft erscheinenden Gefährdungen aufzeigen.

Schutz vor negativen Fremdenergien

Es gibt sie in der Tat: die von negativen, von üblen Schwingungen erfüllten Gegenstände, die, in welche Hände sie auch kommen, Unheil mit sich bringen. Oder die von negativen, üblen Schwingungen erfüllten Menschen, von denen man zuweilen sagt, sie würden das Böse in sich tragen. Viele wollen es nicht glauben, heute mehr als in früherer Zeit, weil wir heute doch weithin so stolz darauf sind, alles mit unserem Verstand erfassen, beherrschen und steuern zu können.

Es gibt *eine ganze Reihe von Berichten* darüber, auch solche, die auf durchaus kritischen Untersuchungen beruhen, wie zum Beispiel bestimmte Diamanten, Juwelen, sonstige Kostbarkeiten allen wechselnden Besitzern Unglück, Not und Tod brachten. Man sagt gern, ein Fluch schwebe über ihnen, den man nicht loswerden könne. Ähnlich wie Menschen, die wirklich Böses getan haben, beladen sein können mit der Verfluchung durch ihre Opfer. Sie werden sie nicht los. In der Geschichte, so auch im Alten Testament, in Berichten und Erzählungen aus allen Ländern finden sich Beispiele von der unerbittlichen Wirksamkeit solcher Bannflüche. Wenn Sie wirklich wissen, zutiefst wissen, daß alles schwingende, fließende Energie ist, dann wird Sie das nicht mehr verwundern. Denn starke, nachhaltige, aus der Tiefe der menschlichen Seele aufquellende leidenschaftliche Gefühle können oft ungeahnte Kräfte entfalten, die sich nicht einfach wegwischen lassen. Das gilt im Bösen wie im Guten. Warum sollten sie nicht auch in bestimmte Gegenstände, die den Menschen am Herzen liegen, eindringen und sie »besetzt« halten? Zum Beispiel in heißbegehrten einmaligen Schmuckstücken oder einem alten Möbelstück, in dem sich die intensiven Schwingungen dessen festsetzten, was es in längeren Zeitperioden über sich ergehen lassen und »erleben« mußte?

Wir sprechen von *der schwarzen Magie,* wenn Menschen – zumeist getrieben von tiefem Haß, oft verbunden mit bösem Neid – anderen Übles antun wollen, ihnen Krankheit, Unglück, qualvollen Tod wünschen und das Ihre tun, das auch zu erreichen. Eine besondere Spielart ist der Voodoo-Kult, der insbesondere von Nachfahren afrikanischer Sklaven auf Haiti gepflegt wird. In dem Kapitel »Das Gebet als Heilungshilfe« kam ich schon auf ihn zu sprechen. Er kann in der Tat so etwas wie Wunder bewirken, sowohl im Guten wie im Zerstörerischen, bis hin zum Auslöschen des Lebens. Auf seine Technik kann und will ich hier nicht eingehen. Nur eine Bemerkung dazu: Die Tatsache, daß jede Wiedergabe die Schwingungen des Originals in sich trägt (siehe das Kapitel über die Fotografie), ist eine seiner Voraussetzungen.

Ein anderes Kapitel in dieser Richtung ist *der Satanskult,* der heute bei jungen Leuten um sich greift, die sich von ihm etwas ganz Besonderes und Ungewöhnliches erwarten. Viele tappen da hinein, sie wissen und sie ahnen nicht, wie sehr das Hochschaukeln dieser so negativen Schwingungen ihr eigenes Leben durchsetzt und wie teuer sie ihr ganzes Leben dafür werden bezahlen müssen. Das folgt gnadenlos, sofern sie nicht recht bald den Mut und die Kraft finden, sich von all diesem Negativen zu lösen. Denn das Gesetz, daß das Negative, das Böse, auf seinen Verursacher zurückfällt, ist unerbittlich.

Wie können wir uns frei machen von solchen üblen Schwingungen, wenn sie an uns haften sollten? Wenn wir zum Beispiel das Gefühl bekommen sollten, wir würden hin und wieder gar nicht aus uns selbst heraus denken und handeln, sondern eine Art anderer Persönlichkeit würde uns das eingeben, was wir tun? Sollte es sich tatsächlich darum handeln, sollten es irgendwelche fremden Energien sein, die da in uns wirken, vielleicht auch nur aus unserem eigenen Unbewußten heraufdrängende, von uns seither erfolgreich verdrängte Ängste oder sonstige Antriebe mit ihren Projektionen auf unser bewußtes Denken, die uns zum Narren halten? Wie immer die Gründe dafür im einzelnen beschaffen seien, hilflos ausgeliefert sind wir diesen üblen Schwingungen nicht, solange wir uns nicht selbst zu ihren Sklaven machen, sondern einen gesunden Abstand halten können, der unser Denken nicht vernebelt.

Die Freie Energie, die Große Kraft, die in allem lebt und wirkt, steht auch hier immer für uns bereit. Wer das wirklich in seiner allumfassenden Bedeutung erkannt hat, der ist im Grunde genommen schon gefeit gegen diese Angriffe. Er kann sich auf vielerlei Weise helfen. Dafür einige Beispiele:

1. Zunächst der Schutzmantel zur Abwehr dieser auf uns eindringenden bösen Schwingungen: Erinnern Sie sich, daß er ihnen schon einmal begegnet ist, als ich in eben diesem Zusammenhang die Bedeutung des Gebetes hervorhob und darauf hinwies, daß man es lernen kann, einen solchen geistigen Schutzmantel um sich aufzubauen? Er kann hervorragend helfen, sich gegen jede Art von negativen Einflüssen abzuschirmen, ja immun zu machen. Sie lassen von Ihrem Kopf herab ein strahlendes Licht Ihren ganzen Körper umhüllen wie einen schützenden Auramantel. Sie können ihn sich vorstellen wie einen schneeweißen, schillernden Lichtdom, der sie ringsum einhüllt und alle auf Sie gerichteten negativen Energien zurückweist (48). Nach kurzer Zeit der Einübung werden Sie in wenigen Sekunden in Ihrem schützenden schneeweiß gleißenden Lichtdom Schutz, Hilfe und Geborgenheit finden, wann immer Sie fühlen, daß das Böse wieder einmal auf Sie eindringen will. Jetzt sind Sie dagegen gefeit. (Der Sie nicht mehr gefährdende Mißbrauch der Freien Energie, der schöpferischen Kraft jedoch schlägt zurück auf seinen Urheber.)

2. *Schließen Sie sich an die allgegenwärtige Große Kraft an.* Damit haben wir uns in einem eigenen Kapitel in seinen verschiedenen Blickpunkten aus gutem Grund schon ausführlich befaßt. Lesen Sie es dort gelegentlich noch einmal nach. Wenn Sie diese tiefe Grundlage unseres Seins, unserer tiefen Geborgenheit in dieser Welt in sich tragen, kann Ihnen nichts Böses mehr etwas anhaben. Denn Sie wissen: Es hat alles seinen tiefen Sinn, auch wenn ich es jetzt nicht begreife. Es ist nie falsch, sich mit einem kurzen, sozusagen stoßgebetsartigen Satz, einer Art Formel (die aber niemals zur bloß äußeren Form verkommen darf) in Augenblickslänge wieder in diese einzig richtige innere Einstellung, innere Sammlung zu bringen. Einige Beispiele: das kurze fernöstliche OM, das uns schon zweimal begegnete, oder ein Kernsatz wie der, den Sie in dem Kapitel »Lenkung der heilsamen Energieströme« kennenlernten (»Die Große Kraft strömt in mich ein ...«) oder irgendein Sie in der Tiefe ansprechendes Wort, welches Sie auf der Stelle wegführt von dem negativen Denken des Augenblicks hin zu dem, was Sie aufbaut und Ihnen Schutz und Stärke gibt.

3. Viele Menschen erleben den Anschluß an die Große Kraft in der *inneren Hingabe an das überwältigende, unermeßlich hell und stark strahlende Licht* der Sonne, der Urschöpfungskraft oder »Gottes«. Ohne Licht nur Dunkelheit, ohne Licht kein Leben. Dieses Licht hüllt uns nicht nur von außen ein, es brennt und leuchtet genauso in unserem Inneren. In jeder Zelle, diesem kleinsten Baustein unseres Körpers, der in einer wahrhaft astronomischen Milliardenzahl unseren Organismus aufbaut und am Leben erhält, brennt und leuchtet buchstäblich das Licht der Photonen, dieser tiefsten in uns wirkenden Steuerungskraft aller Körperfunktionen. Sich im Augenblick der Bedrängnis, der Ratlosigkeit, der Not in das Große Licht zu stellen ist für alle Menschen, deren geistige Kraft sich hier verankert hat, nicht nur der totale Schutz und so etwas wie die totale Befreiung aus der Bedrängnis. Das vermittelt uns schon der Schutzmantel, über den ich vorhin genauer sprach. Jetzt fließt darüber hinaus die große, die gewaltige Energie des schöpferischen Lichtes in uns ein und weckt und stärkt uns alle Kraft, die wir jetzt so dringend brauchen, um in der Arbeit an unserer Persönlichkeit weiterzukommen. Wir können ja gar nicht genug aktive Kraft dabei zur Verfügung haben.

4. Wem böse Mächte und Kräfte körperliches Unheil antun wollen wie Krankheit, einen Unfall, gebrochene Gliedmaßen und dergleichen, der erwecke in sich *seine ihm eingeborene Körper- oder Organintelligenz.* Sie läßt den Organismus ohne jedes bewußte Zutun bei jeder Störung wieder in seine vorprogrammierte Ordnung der Gesundheit finden. Der große japanische Heiler Taniguchi aktiviert bei den hilfesuchenden Kranken als wichtigstes Werkzeug der jedem Menschen in die Wiege gelegten Heilungskraft das, was er treffend den uns innewohnenden *Zellenverstand* nennt (63). Je mehr wir diesen stärken und uns seiner bewußt sind, um so weniger laufen wir Gefahr, das Opfer von körperlichen Gebrechen zu werden auch dann, wenn sie uns in böser Absicht und mit viel negativer Energie zugedacht und zugeschickt werden.

5. *Das symbolische Verbrennen von negativen Energien:* Dieses Verfahren bringt nur dann Erfolg, wenn Sie den absolut festen Willen haben, die Sie belastende Sache dauerhaft zu bereinigen. Zum anderen müssen Sie sich damit schon seit geraumer Zeit immer wieder beschäftigt haben, das Problem muß also bei Ihnen längst »in Arbeit« sein. Schreiben Sie die über Ihnen schwebende Gefahr, zum Beispiel Ihre Angst vor einem Menschen oder eine Sie belastende üble Erinnerung, auf einen Zettel und stellen Sie sich lebendig vor, diese Sie immer wieder quälende Sorge oder Angst sei jetzt auf diesem Stück Papier mit ihrer ganzen ihr innewohnenden Kraft festgehalten, endgültig fixiert. Erinnern Sie sich an unsere Betrachtung über die Kraft der Symbole? Das, was sie ausdrücken, was sie inhaltlich ausstrahlen, wirkt tief in die unterbewußten und uns tragenden Schichten hinein und aktiviert auf der Stelle alle die Gefühle, die sich damit verbinden: in diesem Fall, die uns belasten. Jetzt haben wir sie eingefangen in der Formulierung auf dem Papier, jetzt beherrschen wir sie gewissermaßen. Dann zünden Sie ein Streichholz, besser eine Kerze an, halten das Papier darüber und beobachten mit aller Ihrer Aufmerksamkeit, wie das Papier langsam restlos verbrennt. So verbrennt, so verschwindet in Ihnen auch das, was Sie da eingefangen haben. Wenn Sie das Ganze in diesem Geist bei voller Konzentration Ihrer Gedanken darauf machen, wird es nicht ohne Erfolg bleiben.

Sollte sich später das Übel in Ihnen erneut bemerkbar machen, dann erinnern Sie sich, daß Sie dieses Problem ja bereits verbrannt haben, und verlassen Sie auf der Stelle diese negative Schiene. Bei einem Sie schwer belastenden Problem ist es sicher gut, die Verbrennungszeremonie zu gegebener Zeit zu wiederholen, um auch die letzten Reste der Belastung abzuarbeiten.

6. *Das Pentagramm:* Wiederum sind wir bei der starken Wirkungskraft des Symbols, das sich ein Mensch ganz verinnerlicht hat. Seit der frühen Menschheitsgeschichte läßt sich das Pentagramm als ein magisches Schutzzeichen zur Abwehr des Bösen, des Übermächtigen, im späteren christlichen Leben des Satans und seiner Gefolgsleute nachweisen. Im germanischen Bereich bürgerte sich dafür der Begriff Drudenfuß ein. Das Zeichen wird an Türen oder Wände gemalt und mancherorts jährlich an einem bestimmten Tag unter Beachtung eines gewissen Ritus erneuert.

Man sagt ihm schon in seiner Eigenschaft als energieausstrahlendes Zeichen oder Symbol beachtliche Wirksamkeit nach. Sie wird immer größer, je mehr Sie diese Wirkung verinnerlichen, je mehr Sie also daran glauben, davon überzeugt sind. Das Ganze ist ja ein psychologischer Prozeß, der sich innerhalb Ihrer Persönlichkeit vollzieht und der eben *Ihre* Persönlichkeit subjektiv von Belastung und Angst befreit und damit objektiv stärker macht gegen diese Bedrohung. – Das Pentagramm sollte in einer flüssig durchgezogenen Bewegung in der Reihenfolge der Striche gezeichnet werden, die Sie aus der nebenstehenden Skizze ersehen. Die Bewegung beginnt an der Spitze mit dem Abwärtsstrich nach links unten.

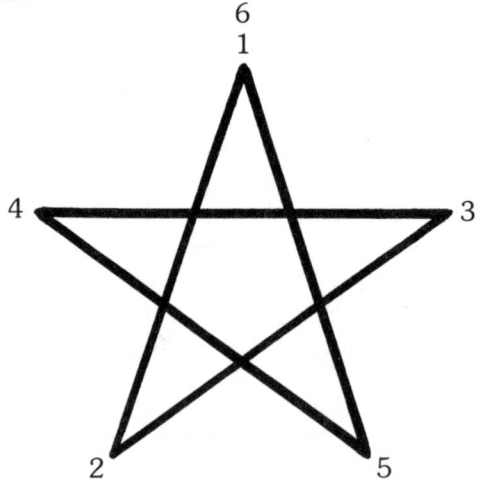

7. Andere Möglichkeiten: Am Beginn dieses wichtigen Kapitels sprach ich von Gegenständen wie wertvollen Edelsteinen, Schmuck, kostbaren alten Möbeln und dergleichen, die von negativen, von üblen Schwingungen und davon ausstrahlenden Kräften erfüllt sind. Wie können Sie diese negativen Kräfte loswerden? Viele Frauen schwören auf *das Ausräuchern mit Weihrauch* oder einem ähnlichen, sozusagen rituell geheiligten Duft, der bei voller innerer Sammlung auf die jetzt erfolgende Reinigung eine Zeitlang aufrechterhalten wird. Es ist derselbe Prozeß wie die Reinigung eines Raums, in dem sich ein Mensch von übler Ausstrahlung aufgehalten und seine Schwingung zurückgelassen hat. Eine andere Möglichkeit: Sie können das Negative aus den erwähnten Gegenständen *durch volle Konzentration darauf* »hinausschwingen« in die Luft, in möglichst fließendes Wasser, in die große und gütige Mutter Erde, die alles »schluckt«, und Sie können das durch entsprechende Bewegungen der Hände unterstützen.

Sie können auf die betroffenen Stücke auch *den sechsstrahligen Stern* an einer oder mehreren sich anbietenden Stellen mit abwaschbarer Tinte oder Farbe aufmalen und eine geraume Zeit wirken lassen. Das Ganze unterstützen Sie durch mehrfache geistige Sammlung darauf etwa mit der Vorstellung, wie sich die üblen Schwingungen bei der Passage durch den Stern zergliedern, zerlösen und schließlich vollends auflösen. Das Ganze können Sie übrigens auch bei geerbten, geschenkten oder ersteigerten wertvollen alten Kleidungsstücken und dergleichen machen. Die Negatives zersetzende Kraft des sechsstrahligen Sterns wird Ihnen immer helfen.

Gehen Sie am besten mit voller innerer Überzeugung an all diese Schutzmaßnahmen gegen negative fremde Energien heran und sammeln Sie Ihre eigenen Erfahrungen. Sie werden bald spüren, wie Ihr ganzes Leben ein Stück harmonischer und ruhiger wird. Nicht zuletzt deshalb, weil Sie damit zugleich den positiven, den guten, den aufbauenden Kräften des Lebens mehr Raum geben und daran wachsen.

Was ist im individuellen Fall das Wichtigste?

An diese letzten Sätze des vorigen Kapitels möchte ich unmittelbar anschließen. Sie haben sich mit der Lektüre dieses Buches auf ein Gebiet begeben, das den meisten von Ihnen Neuland sein dürfte. Es ist Ihnen sicher aufgefallen, daß ich bei nahezu allen Betrachtungen immer wieder zurückkehrte zu *der Stellung unseres Menschseins in dieser Welt,* zu dem geistigen, um nicht zu sagen: dem geistig-spirituellen Hintergrund und Untergrund unseres Seins. Das geschah mit voller Absicht. Denn solange wir nur an der Oberfläche unserer materiellen Existenz kleben, bleiben uns die wahren Quellen von Gesundheit und Gesundung verschlossen. Und nicht nur das: Wir leben unser ganzes Leben von einem Tag zum anderen so dahin, wie das Leben uns treibt. Wir haben eigentlich keinen Boden unter den Füßen. Wir sind abhängig von den kleinen Dingen des Alltags, die uns gefangennehmen, ohne daß wir es zumeist überhaupt merken, weil uns der Blick für das Wesentliche in unserem Leben fehlt. Eben deshalb tragen die meisten Menschen unserer Zeit, wenn es um ihre Gesundheit geht, diese Scheuklappen an ihren Augen: *Ihr Blick ist verengt auf eine Krankheitserscheinung,* die sie betroffen macht und jetzt nur darüber nachdenken läßt, diese Krankheitserscheinung, dieses Krankheitssymptom wieder loszuwerden. Und so werden es die wenigsten los. Höchstens kurzfristig, und dann kehrt es an anderer Stelle in veränderter Form wieder.

Der Grund: Sie stellen sich *die einzig wesentliche Frage* erst gar nicht:
- *Warum habe ich diese gesundheitlichen Probleme?* Warum wird mein Organismus, meine Lebenskraft mit irgend etwas in meinem Leben, in meiner Lebensführung nicht fertig, so daß er mich durch diese Erkrankung so deutlich warnen muß?
- *Was stimmt nicht in meinem Leben?* Ich bin nicht mehr im Gleichgewicht mit mir selbst, ich habe meine Mitte verloren. Ich bin aus der großen Lebensordnung herausgefallen. Was habe ich falsch gemacht?
- Betrachten Sie das Ganze vom energetischen Kernpunkt unserer Existenz aus: *Warum kann meine Lebensenergie nicht mehr frei fließen,* wieso staut sie sich?
Wo ist der Punkt ihrer Blockade?
Das ist die einzig entscheidende Frage. Nur wer sich diese Frage – selbstkritisch – stellt, hat eine wirkliche Heilungschance. Nur er ist auf dem einzig richtigen Weg zum Heilwerden von der Bedrohung,

die ihm so unmißverständlich zuteil wird. Alle ganzheitlichen Heilmethoden gehen von diesem Ansatz aus. Es ist also die unabdingbare Voraussetzung für die Heilung, die nicht nur kurzfristig an der Oberfläche klebenbleibt.

Daraus ergibt sich in jedem Fall einer echten Erkrankung (die nicht nur eine vorübergehende Verstimmung ist) *der erste Schritt:* eben dieser entscheidenden Frage gründlich nachzugehen, eine Antwort zu suchen und die richtige zu finden. Auch wenn sie weh tut. Im Vergleich dazu ist zunächst alles andere zweitrangig. Eine große Hilfe bei dieser Suche kann ohne Zweifel das spezielle Kapitel über die Lösung von inneren Energieblockaden im dritten Hauptteil dieses Buches geben. Scheuen Sie sich nicht, darin einen Punkt nach dem anderen in aller Ruhe und doch in aller Wachheit auf Ihr Problem hin kritisch zu durchdenken.

Erst jetzt kann sich *das weitere richtige Vorgehen* klar abzeichnen:
1. Das Fernziel der endgültigen Heilung, der vollen Wiederherstellung der Gesundheit, der Gesundheit im tiefen Sinn des Wortes. Dieses Ziel werden Sie nur erreichen können, wenn Sie den Mut und die Kraft haben, sich tatsächlich aus der Klammer der Energieblockade herauszuarbeiten. Dabei muß man die eine oder andere für einen selbst bittere Erkenntnis wirklich annehmen können. Das ist nicht leicht. Hilfen dazu gibt es durchaus, darüber sogleich im Anschluß. Aber nur Sie selbst sind es, der diesen steinigen Weg zu gehen hat.
2. Das Nahziel der ersten Schritte auf dem Weg dahin, die es bedachtsam zu planen und zu gehen gilt.
3. Die Auswahl der dafür bestgeeigneten geistigen Mittel und stofflichen Energieträger: Welche Mittel, an welcher Stelle, wie lange der jeweilige Einsatz, in welcher Form und wie lange fortsetzen bzw. wie oft wiederholen? Der kritische Blick in das gut aufgegliederte Inhaltsverzeichnis dieses Buches kann oft eine rasche und treffende Antwort, mindestens einen wertvollen Hinweis geben, ganz besonders dem, der sich erst noch einarbeitet in die große Auswahl der Möglichkeiten. Aber: Vergessen wir dabei nicht schon wieder die geistige Seite: die Arbeit im Innern an uns selbst! Das Buch gibt reichlich Hinweise dafür.

Zu unserem Glück stehen wir bei der Suche nach Klarheit nicht allein. Jedem von uns stehen die Hilfen zur Verfügung, die wir nur zu sehen und zu nutzen brauchen, um in einer grundsätzlichen Frage ebenso wie bei mehr »technischen« Einzelheiten der Durchführung von Heilungsmaßnahmen die erforderliche Auskunft zu bekommen:

- An erster Stelle ist es die Radiästhesie in allen ihren Spielarten. In der Einleitung des grundlegenden Kapitels »Wie läßt sich die Freie Energie erfassen?« habe ich das Wichtigste beim praktischen Arbeiten mit ihr dargelegt. Das Geheimnis ihrer Funktion liegt im Menschen, genauer in dessen innerer Einstellung zur fundamentalen Ganzheit von allem Existierenden, zur letzten Einheit des Seins. Sich als ein Glied – wenn auch ein noch so winziges – der gewaltigen Schöpfung zu fühlen und zu wissen, das öffnet uns den Zugang zu den unendlich vielfältigen Schwingungen und Erscheinungsformen der Urschöpfungskraft, der Freien Energie. Das ist der Schlüssel, der uns die Tür öffnet in die Welt des Verborgenen. Mit anderen Worten: Es ist nichts anderes als unsere eigene innere Entwicklung – weg vom alles beherrschenden ICH, hin zur befreienden Erkenntnis: ALLES IST EINS. Hier liegt nach meiner tiefen Überzeugung das Geheimnis der Pendelkraft.
- Doch braucht niemand von der Radiästhesie abhängig zu sein. Jeder einigermaßen in sich ruhende Mensch kann auf geistigem Weg Klarheit in all diesen Fragen finden, die in ihm umgehen. Er braucht die Große Geistige Kraft nur inständig um Hilfe, um Klarheit zu bitten und geduldig auf sie zu warten. Dann wird sie ihm plötzlich zuteil. Wie Sie das im einzelnen noch unterstützen können, darauf habe ich einige Male hingewiesen.
- Vielleicht kann Ihnen ein echt verständnisvoller Mensch dabei helfen, vor allem ein guter Psychotherapeut, der aus der speziellen Erfahrung seiner täglichen Arbeit sicher beste Voraussetzungen dafür bietet.
- Im übrigen gibt es für diese Arbeit aufgeschlossene Ärzte und Heilpraktiker, bei denen wir uns Rat holen können, so wir das für richtig halten. Gewiß nicht ohne Grund wies ich schon einige Male darauf hin, daß die eigene Arbeit mit der Freien Energie im Fall des Falles kein Ersatz für deren Kompetenz und Erfahrung auf dem medizinischen Gebiet sein kann.
- Schließlich gibt es auf diesem Arbeitsfeld erfahrene »Leidensgenossen«, die uns gern von ihren guten ebenso wie von ihren schlechten Erfahrungen berichten. In den letzten Jahren habe ich verschiedentlich beobachten können, welch gute Auswirkungen das in einer Reihe von Fällen hatte. Dabei gab es so manche Ernüchterung hin-

sichtlich der überzogenen Versprechungen und Heilserwartungen, denen die Ratsuchenden zunächst zum Opfer gefallen waren.

Auf die Gefährdungen durch falsches Vorgehen habe ich an Ort und Stelle jeweils so deutlich hingewiesen, daß ich das hier nicht zu wiederholen brauche. Damit habe ich die Darlegungen zum praktischen Einsatz der verschiedenen Energieträger abgeschlossen.

Zum Ende dieser Betrachtungen richte ich die Bitte – nein, die *Aufforderung an Sie:* Machen Sie auf diesem so unerhört interessanten, weitgreifenden und hoffnungsträchtigen Gebiet, das sich unabweisbar in die energetische Medizin der Zukunft hineinentwickelt, nicht einfach das blind nach, was Sie hier bei mir oder sonstwo an Hinweisen und Ratschlägen vorfinden. *Prüfen Sie zuerst alles kritisch nach* und probieren Sie achtsam alles selbst aus. Der Erfolg ist Ihnen sicher, wenn Sie darüber die Selbstkritik nicht vergessen. Bilden Sie sich Ihr eigenes Urteil. Erst dann können Sie und werden Sie sich mit ganzer innerer Überzeugung für diese Arbeit einsetzen. Sie werden bald feststellen, wie Ihr Leben so viel reicher und erfüllter wird durch die wachsenden Erkenntnisse, die sich Ihnen auftun, und durch die steigende Fähigkeit, durch die Oberfläche so mancher Dinge dieser Welt hindurchzuschauen auf ihren verborgenen Grund. Das wird Ihr Lohn sein für das Arbeiten in Geduld und Beständigkeit, wovon ich aus gutem Grund mehrfach zu Ihnen sprach.

Schlußwort

Eine gewaltige, primär geistige Umwälzung kommt zu Beginn dieses neuen Jahrtausends auf die Menschheit zu, sie wird unser Denken und Tun in ein neues Zeitalter des Geistes hinüberführen: Wir erleben den Übergang des materialistisch geprägten Zeitalters der engen Naturwissenschaft in das geistig-spirituelle. Natur- und Geisteswissenschaft beginnen wieder in eins zusammenzufließen, so wie sie zu Zeiten der großen Denker des Altertums eins waren. Denn sie kommen aus ein und derselben Quelle:

- Naturwissenschaftlich ausgedrückt ist es die kosmische oder Urenergie, die Urschöpfungskraft, die alle vermeintlich tote Materie und die lebende Substanz schafft und erhält.
- Intellektuell gesehen ist es der ordnende Geist, der nach seiner unbestechlichen Gesetzlichkeit alles in unserer kleinen Welt wie im gewaltigen Universum steuert.
- Psychologisch empfunden ist es das höchste Bewußtsein, das alles Existierende umfaßt unendlich weit jenseits der Möglichkeiten unseres kleinen Verstandes.
- Religiös formuliert ist es »Gott«, aber nicht der nach dem Menschenbild geprägte kleine Gott der Konfessionen, sondern die unendlich hoch über dem Menschenbild stehende Allgewalt Gottes, »ohne die nichts geschaffen ist, was geschaffen ist«, wie es im Anfang des Johannesevangeliums heißt und die der Mystiker Meister Eckehart »Die Gottheit jenseits Gottes« nennt.

So rückt die »Gottesfrage« unaufhaltsam in alle Bereiche der Wissenschaft und Kultur, zuallererst in die Physik und in die Medizin, wie das auch in diesem Buch so vielfältig aufscheint. Dann bekommt der heutige Mensch, dem der Sinn seines Lebens verlorengegangen ist, wieder tragenden Boden unter seine Füße. Er findet statt des kümmerlichen Haltes in seinem kleinen Verstand die unbewußt ersehnte wahre Geborgenheit und die wahre Gesundung in seiner emotionalen Tiefe: In der Großen, alles und jedes umfassenden Kraft, die über allem steht, die uns alle trägt, von der jeder von uns ein winziges Tröpfchen aus ihrem unendlichen Ozean darstellt. Ist es dabei noch wichtig, welchen Namen wir dieser unsagbaren Kraft geben?

Es ist die Urschöpfungskraft, von der ich so oft sprach, es ist die Freie Energie: Sie ist in uns, sie ist allgegenwärtig um uns. Sie ist gewissermaßen das Eigentum eines jeden von uns, denn jeder Mensch trägt sie in sich und ist ein Teil von ihr. So bietet sie sich einem jeden von uns an. Sie wartet nur darauf, daß wir uns ihr öffnen. Daß wir, wenn es nottut, ihre Hilfe annehmen.

Anhang:
Anweisung zur Selbstherstellung der Energiespirale

Höhe der Spirale: 65 cm (senkrecht gemessen)
- Durchmesser der obersten Drahtspiralwindung: 65 cm
- Durchmesser der untersten Drahtspiralwindung: etwa 5 cm
- Zahl der Windungen von der obersten bis untersten: 8
- Drehrichtung der Spirale von oben gesehen: rechts, also im Uhrzeigersinn

Länge der 8 Haltestäbe: 76 cm (je 2 cm oben und unten über die äußersten Einschnitte überstehend, die Einschnitte dienen als Halterung für den Draht).
- Abstand von einer Windung zur anderen: 72 cm (Einschnittlänge an den Haltestäben für 8 Einschnitte) geteilt durch 8 ergibt 9,0 cm gleichbleibender Abstand der Drähte voneinander.

Draht der Spirale: Handelsüblicher Draht mit oder ohne grüne Plastikbeschichtung von etwa 1–2 mm Stärke (nicht schwächer), am einfachsten 1,8 mm (z. B. der verzinkte Spanndraht der Firma Garda Gartenartikel) bei Verwendung einer handelsüblichen Fuchsschwanzsäge von 2 mm Schnittbreite. Genaueres siehe unten!
- Länge des Drahtes: 10–11 mm. Die gesamte Länge der Spirale muß aus einem ununterbrochen fortlaufenden Draht bestehen, keinerlei Stückelung mit wackliger Verbindung!
- Statt dieses Drahtes kann die Spirale auch aus einem Aluminiumblech von 2,5 mm Stärke (nicht schwächer) geschnitten werden, also als ein einziger fortlaufender Blechstreifen von 6,5 mm Breite (auf keinen Fall breiter!). Das ist allerdings nur mit einem computergesteuerten Spezialwerkzeug möglich, also kaum im Selbstbau.

Alle Teile der Spirale außer der Drahtwicklung dürfen nur aus Holz (oder Plastik) sein, keinerlei Metall (Draht) dabei verwenden.
- Zur Verbindung der 2 kreuzförmig zusammengefügten waagerechten Tragleisten der fertigen Spirale mit den eigentlichen Haltestäben nur Zwirn oder dünne Schnur verwenden, auf keinen Fall Bindedraht. Sicherung der Verknotung mit einem Tropfen guten Leims, z. B. Uhu, falls erforderlich.

Zur Stabilisierung der oben befindlichen weiten Spiralöffnung können Sie einen Plastikreifen von 60 cm Durchmesser (erhältlich in Hobby- und Spielzeuggeschäften) einsetzen. Jedoch genügen bei sorgfältigem Zurechtbiegen des Drahtes in allen 8 Windungen 2 durchgehende, kreuzartig angeordnete Tragleisten, untereinandergesetzt und in der Mitte zusammengeknotet.

Zu den beiden Zeichnungen: Der Klarheit halber werden bei der einen nur 2 der 8 Haltestäbe und bei der anderen nur die oberste Rundung oder Drahtwindung gezeigt. Wie eben gesagt, genügen bei sorgfältiger Arbeit statt der gezeigten 4 durchgehenden Tragleisten auch schon 2.

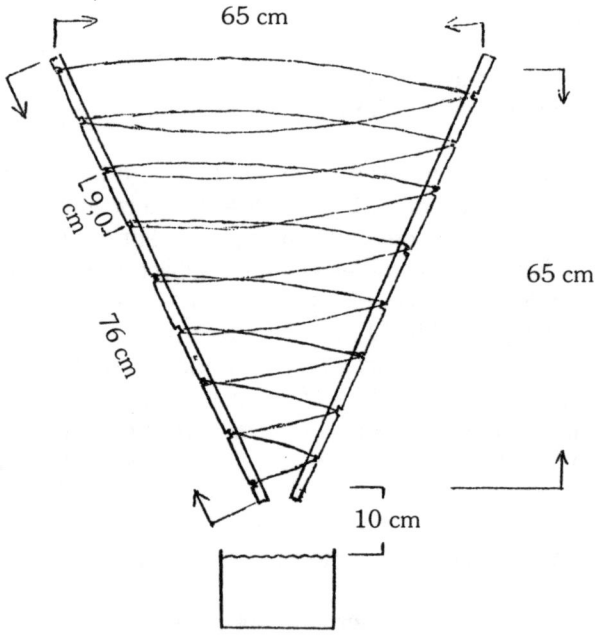

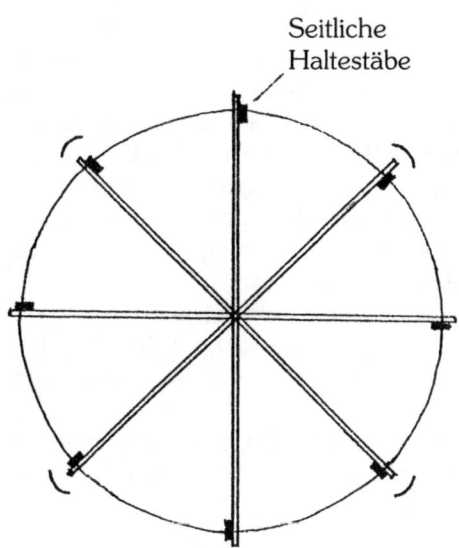

Seitliche
Haltestäbe

Die Herstellung der Spirale ist ein gewisses Geduldsspiel und erfordert einige Fingerfertigkeit:
- Der noch gut biegsame Draht braucht eine gute Halterung, um eine gleichmäßige Steigerung des Winkels der 8 Windungen zu erreichen. Von oben nach unten wird der Durchmesser von Windung zu Windung enger und damit der Neigungswinkel immer etwas steiler.
- Um die erforderliche Stabilität der Spirale zu erreichen, brauchen Sie mindestens 6, besser 8 Haltestäbe oder -leisten aus Holz von 76 cm Länge und von etwa 7 × 15 mm Querschnitt. Ich gehe hier in meinem Beispiel von 8 Stäben aus, in die Sie mit der Säge einen ungefähr 4–5 mm tiefen Einschnitt für die Aufnahme des Drahtes machen.
- Das Wichtigste dabei: Die Stärke des Drahtes und die Breite des Einschnitts müssen so aufeinander abgestimmt sein, daß Sie den Draht gerade noch hineindrücken können, dieser dann aber nicht wieder herausrutschen kann. Das ist das einfachste und zugleich schnellste Verfahren der Drahtmontage. Ich brachte bereits den Hinweis auf 1,8 mm Drahtstärke bei 2 mm Schnittbreite. Die preiswerten handelsüblichen Gehrungssägen haben eine eindeutig zu schmale Schnittbreite und sind hier nutzlos.

- Das Problem ist nun *die exakte Plazierung der Einschnitte:* Berechnen Sie die sich ständig vermindernde Höhe des in der Spirale kontinuierlich nach unten laufenden Drahtes von Haltestab zu Haltestab je nach der Zahl Ihrer Haltestäbe: also $9{,}0\,cm : 8 = 1{,}12\,cm$.
- Dann legen Sie die 8 Holzstäbe hochkant eng aneinander, und zwar so, daß jeder einzelne sauber gestaffelt immer genau $1{,}12\,cm$ seitlich weiter geschoben ist als der vorige, fixieren diese Position mit 2 kleinen Schraubzwingen und markieren sauber die 9 cm Abstand von einer Windung zur anderen.
- Jetzt können Sie in einem einzigen Arbeitsgang mit 8 Einschnitten Ihrer Säge, die Sie genau im rechten Winkel anbringen, sämtliche 64 Halterungen für die gesamte Spirale einschneiden.
- Numerieren Sie danach sofort die 8 Stäbe entweder oben oder unten in der richtigen Reihenfolge, sonst verlieren Sie jeden Überblick, wenn Ihnen die Haltestäbe bei der Montage einmal aus der Ordnung kommen.

Bauen Sie nun dieses Haltegerüst durch provisorische Verbindung der 8 Stäbe in umgekehrter Lage auf einem Tisch auf. Recht hilfreich ist dabei der oben erwähnte 60-cm-Reifen oder/und die Befestigung des Haltekreuzes aus 2 gekreuzten Holzleisten auf der oberen, der weiten Seite der Spirale, die jetzt unten auf dem Tisch aufruht. Das erleichtert die Montage und gibt der Spirale auch später mehr Festigkeit.

Binden Sie die jetzt oben liegenden und hier zusammenlaufenden 8 Stäbe im richtigen Abstand voneinander (die Öffnung von rund 5 cm Durchmesser!) provisorisch mit kräftigem Draht fest zusammen, den Sie gegen Ende der Montage, wenn das »Drahtgebäude« hinreichend Stabilität hat, wieder wegnehmen.

Anschließend können Sie die Drahtspirale durch Aufwickeln und Eindrücken des Drahts in die Einschnitte der tragenden Holzleisten von unten her in ihrer ganzen Länge aufbauen. Dabei gilt es, beim Zurechtbiegen des Drahtes immer die richtige Rundung entsprechend dem jeweiligen Durchmesser der Windung im Auge zu haben. Wenn Sie dabei die Ruhe nicht verlieren, ist es bei weitem nicht so schwierig, wie es zunächst scheinen mag.

Aufhängung der fertigen Spirale mit Schnur (nicht mit Draht) entweder am Kreuzungspunkt der waagerechten Stützleisten oder dreipunktmäßig an Haltestäben.

Sie werden die Mühe des Aufbaus bald vergessen haben, wenn Ihre Spirale in der richtigen Höhe hängt und Sie nur die zu energetisierenden Substanzen darunter zu legen brauchen.

Die im Text dieses Buches erwähnte Eutonie-Kassette, die Kassette Heilungsübungen zum Buch »Hoffnung auf Heilung«, die CD Heilung durch Klang sowie die Bücher »Im Einklang mit Kristallen« (mit originalen Mikroskopfotos), alle von Marie-Luise Stangl, können bezogen werden bei:
Thekla Häberli, Postfach 763, CH-4123 Allschwil
Fax: 004 161/4 812 375   E-Mail: th.haeberli@bluewin.ch
Hier Informationsblatt anfordern!

241

Anmerkungen

1 Eine ganze Reihe weiterer spezieller Bezeichnungen einzelner Forscher können Sie bei Marco Bischof, siehe Literaturverzeichnis, auf S. 401 und 402 nachlesen.

2 Die genannten Zahlen habe ich dem außerordentlich lesenswerten Buch von Jan Moewes »Für 12 Mark 80 durch das Universum«, siehe Literaturverzeichnis, entnommen.

3 Laut »Implosion« Nr. 94/6. 1984: René Louis Valeé, Kommissariat für Atomenergie, Paris, Shinicht Seike, Direktor für Schwerkraftforschung, Ehime/Japan, und Prof. W. A. Tiller, Stanford University, Cal. Zur Lichtgeschwindigkeit siehe das Buch von Wagner und Cousens, siehe Literaturverzeichnis.

4 Den Schlüssel zum Verständnis der besonderen Eigenschaften der Neutrinos vermittelt das Buch von Prof. Dr. K. Meyl, siehe Literaturverzeichnis.

5 Gemäß EL PAIS 12. 12. 1999, S. 42.

6 Dem daran besonders interessierten Leser kann das hervorragende Buch von Marco Bischof, siehe Literaturverzeichnis, warm empfohlen werden.

7 Genaueres dazu im Buch des Autors »Die vergessene Welt der Gefühle« im Kapitel »Die Hintergründe der sogenannten Leistungsfähigkeit, S. 141 ff.

8 Bei einem Vortrag in Berlin 1929 laut »Das Forum« 2/1992, S. 60.

9 In Schiller: »Wallenstein«, 3. Teil »Wallensteins Tod«.

10 »Raum und Zeit« Nr. 76/95.

11 Marco Bischof, siehe Literaturverzeichnis, S. 216.

12 »Psychologie heute« 2/94, S. 25.

13 Leider habe ich versäumt, mir sofort die Quelle zu notieren. Meiner Erinnerung nach war es »Psychologie heute«.

14 Siehe »Hoffnung auf Heilung – Seelisches Gleichgewicht bei schwerer Krankheit« von ML. und A. Stangl, siehe Literaturverzeichnis.

15 Im 1. Teil des Buches »Lebenskraft« mit einer wichtigen Ergänzung zur ausdruckspsychologischen Seite im einleitenden Teil des Buches »Die Sprache des Körpers«. Auch in meinen beiden Pendelbüchern habe ich bei der Besprechung der grundlegend wichtigen Tafel »Das rechte Maß« die weitgreifend lebenspraktische Nutzung dieses Zusammenhangs deutlich erklärt.

16 Siehe Anmerkung 2.

17 Zum Beispiel im Buch »Lebenskraft« im Kapitel »Die Kraft der Vorstellung«, im Buch Anmerkung 14 auf S. 78–84, im Buch »Heilen aus geistiger Kraft« auf S. 52–54 und an anderen Stellen, siehe Literaturverzeichnis.

18 Siehe im Buch »Lebenskraft« S. 32/33.

19 Siehe im Literaturverzeichnis die Bücher »Pendeln«, »Gesundheit und Lebenserfüllung durch Pendeln«, »Das Große Pendelbuch« (das die beiden erstgenannten in sich schließt) sowie »Der Schwingpendel« (das in völliger Neubearbeitung das frühere Taschenbuch »Der Energiesensor« ablöste).

20 Mit dem Ende des Jahres 2001 zieht sich der Autor weitgehend aus der Seminartätigkeit zurück.

21 »Esotera« 3/1991, S. 86.

22 Siehe Anmerkung 4.

23 Siehe »Das Große Pendelbuch« S. 257–263 sowie »Der Schwingpendel« S. 127–136. Hier sind auch gleich die reichhaltigen Angaben über die direkte und indirekte Auswertung dieser Orte der Kraft enthalten.

24 Laut »Esotera« 10/1997 im Bericht über das spagyrische Heilen.

25 Laut dem bekannten Wissenschaftler Dr. Dr. Otto Oesterle, NET-Journal 6. 1998, S. 33/34, neben einer ganzen Reihe anderer Forscher.

26 Siehe Literaturverzeichnis, S. 98–106.

27 Literatur: Dr. Kuzuiko Asai »Organisches Germanium – Eine Hoffnung für viele Kranke« und Dr. Sandra Goodman »Germanium – für eine bessere Gesundheit und ein längeres Leben«. Trotz aller Bemühungen sind diese Bücher nicht mehr erhältlich, auch nicht in der englischen Originalfassung.

28 Quelle: Sai Sanjeevini Foundation, 108/39 A Silver Oaks, DLF PHASE I; Gurgaon, Hariyana 122002, India.

29 Die Ergebnisse sind umfassend niedergelegt in »Das Große Pendelbuch« und »Der Schwingpendel«, siehe Literaturverzeichnis.

30 Alle diese Zusammenhänge sind hervorragend aufgezeigt in dem Buch von Marco Bischof, siehe Literaturverzeichnis.

31 Laut »Esotera« 6/1994.

32 So formuliert es der Spezialist für Lasertherapie Dieter Jossner in »Esotera« 6/99. Zugrundeliegend das Buch von Rupert Sheldrake »Das Gedächtnis der Natur«, siehe Literaturverzeichnis.

33 Siehe auch den trefflichen Beitrag zu diesem Thema »Die Macht

der morphischen Felder« von Dr. Rüdiger Dahlke in »Esotera« 10/99.

34 Siehe Literaturverzeichnis.

35 Besonders in »Hoffnung auf Heilung« und »Das Große Pendelbuch« (S. 163–173).

36 Insbesondere in »Hoffnung auf Heilung«, wo Sie auf S. 169 bzw. 243 (4. Aufl.) eine Übersicht aller Punkte finden: »Konkrete Ansatzpunkte zur restlosen Aktivierung der inneren Heilkraft: Stärkung der körpereigenen Abwehr- und Heilungsenergie«.

37 In beiden Büchern der Anmerkung 35, siehe jeweils das Inhaltsverzeichnis.

38 Siehe die Hinweise der Anmerkung 15 sowie im Buch »Hoffnung auf Heilung« z. B. S. 120/121 bzw. 171/172 (4. Aufl.) und in meinem Buch »Buddhismus« S. 92 ff., besonders S. 101 ff.

39 Eine knappe und hervorragende Einführung finden Sie in dem Taschenbuch »Die Welt der Chakren – Praktische Übungen zur Seinserfahrung« von Marie-Luise Stangl, siehe Literaturverzeichnis.

40 Wer praktische Hilfen und Anregungen sucht, beschaffe sich das Buch von Rüdiger Dahlke »Mandalas der Welt« oder den Block zum Ausmalen »Mandala Malblock«, siehe Literaturverzeichnis.

41 Genaue Information zur Eutonie finden Sie in dem zuständigen Hauptkapitel unseres Buches »Lebenskraft – Selbstverwirklichung durch Eutonie und Zen«, in dem Buch von Mariann Kjellrup »Bewußt mit dem Körper leben – Spannungsausgleich durch Eutonie« sowie eingestreut in verschiedenen Kapiteln des Buches aus Anmerkung 14 und in den ganz praktischen Übungen zur Selbsthilfe in diesem Buch sowie in »Jede Minute sinnvoll leben« von Marie-Luise Stangl. Sie hat auch eine Eutonie-Kassette besprochen, siehe S. 243 dort.

42 Im Buch von Anmerkung 7, Kapitel »Was Hemmungen sind und wie man sie überwinden kann«.

43 In »Die Grundlagen der Charakterkunde«, 8. bzw. 7. Kapitel.

44 Genaueres in dem Werk von Anmerkung 1 auf den Seiten 376/377.

45 »Heilen aus geistiger Kraft – Zur Aktivierung innerer Energien«, s. Literaturverzeichnis.

46 Auf den Seiten 295–300, als möglicherweise wertvolle Ergänzung zum Buch der Anmerkung 45.

47 »Esotera« 12/1995, S. 50–55.

48 Siehe die Übung »Schutzmantel« im Buch von Anmerkung 14, S. 213 bzw. 306 (4. Aufl.). Sie kann hervorragend helfen, sich gegen derartige Angriffe immun zu machen.

49 Zu diesem weiteren Bereich verweise ich auf das Buch von Marie-Luise Stangl »Engel – Das Licht in uns« sowie auf »Die heilende Kraft des Betens – Spirituelle Energien wecken und verstehen« von Savary und Berne, siehe Literaturverzeichnis.

50 Siehe das Buch von Anmerkung 14: Das so wichtige Kapitel über die Lebenskraft S. 39 ff. und die Übersicht über deren verschiedene Spannungszustände S. 44/45 bzw. 54 und 60/61 (4. Aufl.).

51 Im »Großen Pendelbuch«, Pendeltafel 42. Diesem Buch habe ich auch einen beachtlichen Teil des laufenden Textes dazu S. 168–170 entnommen. Er ist hier wie dort in gleicher Weise treffend.

52 Siehe an der gleichen Stelle die Pendeltafel 46 mit dem laufenden Text dazu auf S. 183 ff.

53 Siehe an der gleichen Stelle die Pendeltafeln 51–53 mit dem erklärenden Text dazu auf S. 205–210.

54 Im Buch von Gina Cerminara »Many Mansions« auf S. 174/175, s. Literaturverzeichnis.

55 In »Raum und Zeit« 31/1987, »Die Impulse des Heilers«.

56 In »Raum und Zeit« 27/1987, »Wer heilt, hat recht«.

57 In »Raum und Zeit« 61/1993, S. 6 ff.

58 Siehe Literaturverzeichnis.

59 Genaueres zum Beispiel in »Esotera« 12/1993, S. 24–26.

60 In »Raum und Zeit« 98/99, S. 22/23.

61 In »Esotera« 6/1999, S. 25.

62 Das Buch »Jede Minute sinnvoll leben« von Marie-Luise Stangl wird Ihnen dabei wie schon vielen Menschen eine ebenso einfache wie wirkungsvolle Hilfe sein.

63 Siehe Literaturverzeichnis.

Literatur

Die folgenden Literaturhinweise sind im besonderen für das vorliegende Buch bedeutsam. Darüber hinaus finden Sie in dem Buch des Verfassers »Das Große Pendelbuch« weitere reichhaltige Angaben zu diesem Themenkreis in dieser Aufgliederung:

Zum geistigen Hintergrund   Edelsteine
Radiästhesie   Farbtherapie
Psychologie   Karma und Wiedergeburt
Gesundheit   Magnete
Elektrosmog   Metalle
Im besonderen: Geistiges Heilen   Sterben, Tod, Nachtod
Sonstige spezielle medizinische Gebiete   Traum
Chakren

Beck, Dieter: Krankheit als Selbstheilung. Wie körperliche Krankheiten ein Versuch zu seelischer Heilung sein können. Frankfurt/ Main 1981

Becker, Robert O.: Der Funke des Lebens. Elektrizität und Lebensenergie. Bern, 2. Aufl. 1991

Berendt, Joachim-Ernst: Das Dritte Ohr. Vom Hören der Welt. Reinbek 1989

Bierach, Dr. Alfred: Bioelektrizität. Die geheimnisvollen Kräfte in unserem Körper. München 1984

Bischof, Marco: Biophotonen. Das Licht in unseren Zellen. Frankfurt/ Main, 7. Auflage 1996

Blofeld, John: Die Macht des heiligen Lautes. Die geheime Tradition des Mantra. Bern/München/Wien 1978

Bochnik, Martina / Danahanh: Terra Tachyon. Basic Principles for the Spiritual and Practical Work with Tachyon Energy. Oberuzwil 1997

Böhmig, Dr. med. Ulf: Das magische Feld des Menschen. Krankheiten in der komplexen Aura ertasten und heilen. Wien/München/Zürich 1998

Bruns, Margarete: Das Rätsel Farbe. Materie und Mythos. Stuttgart 1997

Cerminara, Gina: Many Mansions. The Edgar Cayce Story of Reincarnation. New York 1967. (Erregende Zeugnisse von Karma und Wiedergeburt. Freiburg 1978)

Cousins, Norman: Der Arzt in uns selbst. Anatomie einer Krankheit aus der Sicht des Betroffenen, die Geschichte einer erstaunlichen Heilung gegen alle düsteren Prognosen. Reinbek 1981

Dahlke, Rüdiger: Mandalas der Welt. Ein Meditations- und Malbuch. München, 8. Aufl. 1997

Dethlefsen, Thorwald, und Dahlke, Rüdiger: Krankheit als Weg. Deutung und Bedeutung der Krankheitsbilder. München 1983

Groddeck, Georg: Krankheit als Symbol. Schriften zur Psychosomatik. Frankfurt/Main 1983

Hartmann, Ernst: Krankheit als Standortproblem. Heidelberg o. J.

Hills, Christopher: Supersensonics. The Science of Radiational Paraphysics. Boulder Creek, Cal., 2. Aufl. 1978

Hills, Christopher: Supersensonic Instruments of Knowing. Boulder Creek, Cal., 1975

Hoffmann, Herbert: Wege des Heilens. Grundlagen und Praxis ganzheitlicher Heilmethoden. Freiburg 1998

Höpfner, Otto: Die feinstoffliche Strahlungsenergie. Erkennen – Verstehen – Nutzen. Güllesheim 1998

Höpfner, Otto: Einhandrute und Pyramidenenergie. Hilfsmittel für die Gesundheit. Arbeitsanleitung. Neuwied, 3. Aufl. 1996

Jakob, Dr. med. Georg: Das Medizinische Pendelbuch. Bietigheim 1973

Kirchhoff, Jochen: Klang und Verwandlung. Klassische Musik als Weg der Bewußtseinsentwicklung. München 1989

Kjellrup, Mariann: Bewußt mit dem Körper leben. Spannungsausgleich durch Eutonie. München, 6. Aufl. 1989

Klages, Ludwig: Die Grundlagen der Charakterkunde. Leipzig, 8. Aufl. 1936

Klages, Ludwig: Vom Wesen des Rhythmus. Zürich 1944

Knapp, Dieter: Gesundheit – Erkenntnis des Lebens. Aktuelle Informationen aus der Biophysik. Heidelberg, 2. Aufl. 1986

Krippner, Stanley, und Rubin, Daniel (Hsg.): Lichtbilder der Seele – Psi sichtbar gemacht. München 1980

Manning, Jeane: Freie Energie. Die Revolution des 21. Jahrhunderts. Düsseldorf 1997

Meyl, Konstantin: Elektromagnetische Umweltverträglichkeit. Freie Energie und die Wechselwirkung der Neutrinos. Teil 2. Villingen-Schwenningen, 2. Aufl. 1999

Moewes, Jan: Für 12 Mark 80 durch das Universum. Über Raum, Zeit und Liebe. Frankfurt/Main 1996

Neunhoeffer, Otto: Impuls- und Lithotherapie. Naturwissenschaftliche Grundlagen der Möglichkeit, heilende Impulse von Mensch zu Mensch zu übertragen. Nieby, 3. Aufl. 1995

Nielsen, Greg: Beyond Pendulum Power Entering Energy World. Reno, Nevada, 1988

van Ogtrop, Verena: Geist formt Körper. Energie-Therapie. Nieby 1992

Opitz, Christian: Unbegrenzte Lebenskraft durch Tachyonen. Der neue Weg zu körperlicher Heilung und geistiger Entwicklung. Waldfeucht 1996

Paris, Don, und Köhne, Peter: Die vorletzten Geheimnisse. Radionik – Wo Wissenschaft und Weisheitslehren zusammenfinden. Nieby 1996

von Pohl, Gustav Frhr.: Erdstrahlen als Krankheits- und Krebserreger. Feucht 1978

Popp, Fritz Albert: Neue Horizonte in der Medizin. Heidelberg, 2. Aufl. 1987

Riedel, Ingrid: Farben. In Religion, Gesellschaft, Kunst und Psychotherapie. Stuttgart, 2. Aufl. 1983

Russell, Peter: Die erwachende Erde. München 1984

Savary, Louis, und Berne, Patricia: Die heilende Kraft des Betens. Spirituelle Energien wecken und verstehen. München 1998

Schmidt, Paul: Symphonie der Lebenskräfte. Lennestadt 1986

v. Schulz, Johanna: Heilende Kräfte in der Musik. München und Engelberg 1982

Seifert, Helmut: Naturkraft. Salzkristall. Bioschwingungen für die Gesundheit. Ruhpolding, 5. Aufl. 1997

Sheldrake, Rupert: Das Gedächtnis der Natur. München. 8. Aufl. 1998

Sheldrake, Rupert: Das schöpferische Universum. Die Theorie des morphogenetischen Feldes. München 1983

Sonnenschmidt, Dr. Rosina: Sensitive Radionik. Analyse und Balancierung morphogenetischer Datenfelder. Sauerlach 1999

Stangl, Marie-Luise: Jede Minute sinnvoll leben. Vertrauen zu sich selbst gewinnen. Düsseldorf, 13. Aufl. 1995

Stangl, Marie-Luise: Die Welt der Chakren. Praktische Übungen zur Seins-Erfahrung. Düsseldorf, 10. Aufl. 1995

Stangl, Anton: Heilen aus geistiger Kraft. Zur Aktivierung innerer Energien. Düsseldorf und Wien, 7. Aufl. 1993

Stangl, Anton und Marie-Luise: Lebenskraft. Selbstverwirklichung durch Eutonie und Zen. Düsseldorf und Wien, 6. Aufl. 1992

Stangl, Anton und Marie-Luise: Hoffnung auf Heilung. Seelisches Gleichgewicht bei schwerer Krankheit. München, 4. Aufl. 1999

Stangl, Anton: Die vergessene Welt der Gefühle. Düsseldorf, 4. Aufl. 1995

Stangl, Anton: Die Sprache des Körpers. Menschenkenntnis für Alltag und Beruf. Düsseldorf, 6. Aufl. 1997

Stangl, Anton: Buddhismus. Buddhas Lehre und das Christentum. München, 5. Aufl. 1998

Stangl, Marie-Luise: Engel – Das Licht in uns. Düsseldorf und Wien 1995

Stangl, Anton: Pendeln. Persönlichkeit, Gesundheit, Lebensalltag, Geopathie. Mit 33 bewährten Pendeltafeln. München, 14. Aufl. 1998

Stangl, Anton: Das Große Pendelbuch. Persönlichkeit, Gesundheit und erfülltes Leben. Mit 84 Pendeltafeln. (Das Buch schließt den Inhalt der beiden früheren Pendelbücher in sich ein.) München, 2. Aufl. 1999

Stangl, Anton: Der Schwingpendel. Zum Austesten von Nahrungs- und Heilmitteln. (Erweiterte Neubearbeitung des vergriffenen Taschenbuches »Der Energiesensor«.) München 1999

Taniguchi, Masaharu: Die geistige Heilkraft in uns. Freiburg 1976

Tompkins, Peter, und Bird, Christopher: Das geheime Leben der Pflanzen. Bern 1973

Verbraucherzentrale Niedersachsen: Wir reden von Elektrosmog. Hannover 1995

Wagner, David, und Cousens, Dr. Gabriel: Tachyon Energie. Der Weg der ganzheitlichen Heilung. Aitrang 1999

Weinreb, Friedrich: Vom Sinn des Erkrankens. Gesundsein und Krankwerden. Bern 1979

Zeitschriften:

Esotera

Psychologie heute

Raum und Zeit

Wir alle verfügen über ungeahnte Kräfte, die zu nutzen wir lediglich erlernen müssen. Eine entscheidende Hilfe dabei kann der Pendel sein. Er bietet uns wertvolle Unterstützung bei der Schärfung unserer Menschenkenntnis, bei gesundheitlichen Problemen und auch im alltäglichen Leben. Zudem kann er unsere Persönlichkeit stärken. Denn mit Okkultismus oder Scharlatanerie hat das Pendeln – trotz zahlreicher Vorurteile – nichts zu tun. Vielmehr verbergen sich hinter der Technik eindeutige Gesetzmäßigkeiten und uralte Menschheitserfahrung. Das große Pendelbuch des bekannten Psychologen Dr. Anton Stangl verrät Ihnen gut verständlich, wie auch Sie die Kraft des Pendels nutzen können. Mit 84 bewährten Pendeltafeln.

Das Standardwerk endlich im Taschenbuch!

Anton Stangl

Das große Pendelbuch
Persönlichkeit, Gesundheit
und erfülltes Leben
Mit 84 Pendeltafeln

L o t o s

Econ | **ULLSTEIN** | List

Schon seit frühester Kindheit wird Merilyn von visionären Träumen begleitet. Sie ahnt, daß sie eine Mission zu erfüllen hat. Doch erst als ihr Freund stirbt, wagt sie den Aufbruch zum Ort ihrer Träume: den Tempelstädten der Maya. Inmitten der Ruinen von Palenque eröffnet sich ihr eine Welt zwischen Vision und Realität. Begleitet von einem Schamanen erfährt sie die mächtige Wirkung spiritueller Heilkräfte. Sie entdeckt auch an sich selbst die natürliche Gabe, Energien zu sehen und zu lenken. Doch muß sie den uralten Lehren der Schamanen gemäß erst den Tod gesehen haben, um andere heilen zu können. Voller Entsetzen stellt sie fest, daß sie selbst an einem tödlichen Virus leidet. Und sie weiß: Nur wenn ihr die Transformation in einen anderen Energiestatus gelingt, wird sie die Krankheit auf immer besiegen.

Merilyn Tunneshende

Träume den Traum des Schamanen
Die wahre Geschichte einer spirituellen Heilung in den Tempeln der Maya

L o t o s

Die faszinierende Geschichte einer körperlichen und spirituellen Heilung, erfüllt von schamanischem Wissen.

Econ | **ULLSTEIN** | List

»Ich kann keine bessere Hilfe auf dem Weg zu innerer Ganzheit empfehlen.«
Professor Michael Harner

Traumatische Erlebnisse führen aus schamanischer Sicht zum Verlust von Teilen der Seele. Ob es sich um Trennungsschmerz handelt oder um sexuellen Mißbrauch – ein Stück des Menschen entfernt sich, als könne es den Schock nur so überstehen. Der Zurückbleibende aber leidet, er fühlt sich seltsam unvollständig.

Einfühlsam berichtet Sandra Ingerman aus ihrer schamanisch-therapeutischen Praxis. Sie schildert, wie sie mit der Seele des Patienten kommuniziert und sie dazu bewegt, zurückzukehren.

Sandra Ingerman

Auf der Suche nach der verlorenen Seele
Der schamanische Weg zur inneren Ganzheit

Mit zahlreichen Abbildungen

L o t o s

Econ | **Ullstein** | List

Liebe und Partnerschaft – kein zweites Thema ist Quelle so vieler Mißverständnisse, Leiden und Verwirrungen. Iyanla Vanzant zeigt in ihrem hoffnungsfrohen Buch auf: Wir selbst können tatkräftig dazu beitragen, daß der Tag kommt, an dem sich all unsere Liebessehnsüchte erfüllen. In der Zwischenzeit müssen wir aber einen gründlichen »inneren Hausputz« veranstalten, indem wir uns mental reinigen, entrümpeln und neu ordnen. Denn die wahre Liebe liegt in uns selbst, wenngleich sie überdeckt ist von Selbstzweifeln und Ängsten. Befreien Sie sich vom Ballast vergangener Jahre! Seien Sie bereit für die Zukunft, öffnen Sie Ihr Herz für neue Erfahrungen und ungeahntes Glück!

Iyanla Vanzant

Zwischenzeit
Die Liebe, die du suchst,
ist in dir

Zwischenzeit *stand 44 Wochen lang auf der Bestsellerliste von* Publishers Weekly

L o t o s

Econ ǀ **ULLSTEIN** ǀ List

Persönliches Glück, finanzieller
Erfolg, innere Zuversicht – jeder
von uns kann diese Ziele
erreichen. Wir müssen dazu nur
die richtigen Fragen
formulieren. Das ist der Aladin-
Faktor, der Schlüssel zum Glück.
Die Bestsellerautoren Jack
Canfield und Mark Victor Hansen
zeigen anhand inspirierender
Geschichten und einfach
nachvollziehbarer Techniken, wie
auch Sie Ihre Zielsetzungen
anderen gegenüber klar
formulieren können. So werden
Ihnen – ganz ohne Wunderlampe
– die wahren Schätze im Leben
zuteil.

*Äußern Sie Ihre Wünsche – und
sie werden erfüllt!*

Jack Canfield/
Mark Victor Hansen

Der Aladin-Faktor
Das mentale Erfolgs-
programm für Privatleben
und Beruf

L o t o s

Econ | **ULLSTEIN** | **List**